PRATIQUE ET DROIT DES CHAMBRES DE COMMERCE ET D'INDUSTRIE FRANÇAISES

André-Pierre Nouvion
DOCTEUR EN DROIT

Avant-propos de
Didier Simond
Président de la Chambre régionale de commerce et d'industrie d'Ile de France
Membre du Conseil économique et social

Préface de
Roland Drago
Professeur à l'Université de Droit d'Economie et de sciences sociales de Paris
Membre de l'Institut

- 1999 -

DU MEME AUTEUR

- L'INSTITUTION DES CHAMBRES DE COMMERCE . POUVOIRS ET CONTREPOIDS.
  Préface de Roland DRAGO, avant-propos de Didier SIMOND.
  LGDJ 31 rue Falguiere Paris. 1992. 398 pages

- FASCICULE DU RÉPERTOIRE COMMERCIAL, ENCYCLOPÉDIE DALLOZ.
  Février 1995, mise à jour annuelle. 48 pages

31, avenue de La Bourdonnais. 75007 PARIS
ISBN : 2--9514368-0-7

En hommage au Président Robert Delorozoy, qui à la tête de l'institution et dans le respect scrupuleux des règles du droit a mis au service des chambres consulaires françaises et de l'idée européenne son expérience et son éminente connaissance des organisations professionnelles représentatives des moyennes et petites entreprises,

A Didier Simond, Président de la Chambre régionale de commerce et d'industrie Ile de France et Philippe-Georges Capelle, Directeur général .

A Jean-François Bernardin, Président de la Chambre de commerce et d'industrie de Versailles Val d'Oise- Yvelines et Jean-Luc Lebuy, Directeur général .

A Laurent Clément, Préfet honoraire,

A Agnès Noël, qui a assuré le secrétariat juridique, auxiliaire précieux d'un travail au long cours,

A mon épouse Françoise Calvayrac et à mes fils Jean-Baptiste, François et Arnaud.

An.	annexes
Bibliog.	bibliographie
Réf.	référence
CE	Conseil d'Etat
Crim	Chambre criminelle de la Cour de cassation
Req.	Chambre de requêtes de la Cour de cassation
Th.	thèse
S.	Recueil Sirey
D.	Recueil Dalloz, Dalloz périodique jusqu'en 1940, Dalloz critique et analytique à partir de 1944.
J.	jurisprudence
L.	législation
CCI	chambre de commerce de d'industrie
CRCI	chambre régionale de commerce et d'industrie
CCIP	Chambre de commerce et d'industrie de Paris
CCIV	Chambre de commerce et d'industrie de Versailles Val d'Oise-Yvelines
ACFCI	Assemblée des chambres françaises de commerce et d'industrie
AJDA	actualité juridique de droit administratif (revue de l').
APCA	Assemblée permanente des chambres d'agriculture
APCCI	Assemblée permanente des chambres de commerce d'industrie
APCM	Assemblée permanente des chambres de métiers
CAA	Cour administrative d'appel
CFE	centre de formalité des entreprises
GAJA	Grands arêts de la jurisprudence administrative Sirey 10 ème éd.
Gaz pal	Gazette du palais
JO	journal officiel
MEFI	Ministère de l'économie , des finances et de l'industrie
Op.cit.	Œuvre précédemment citée
p.	la référence à la page sans autre précision renvoie au recueil Lebon
ND Arch.	non diffusé - archives de la CCI de Versailles
RCS	registre du commerce et des sociétés
RM	registre des métiers
TC	tribunal de commerce

L'auteur prie le lecteur de bien vouloir l'excuser d'avoir rajouté aux abréviations d'usage courant quelques abréviations particulières à l'institution consulaire pour éviter l'effet de monotonie due aux répétitions.

SOMMAIRE

Le présent ouvrage est la suite pratique donnée au tome 14 de la bibliothèque de science administrative *L'institution des chambres de commerce* (LGDJ - Librairie générale de droit et de jurisprudence , 1992).

Il se situe dans le prolongement de la réflexion d'une science politique entendue selon le sens que Montesquieu donnait à l'expression "l'esprit des lois", à savoir la correspondance intime qu'un système juridique doit entretenir avec tout ce qui peut caractériser un pays saisi dans sa continuité historique.

Les deux parties du livre traitent d'une part de la pratique ordinaire du fonctionnement de l'institution et de son évolution depuis 1992 et d'autre part de la construction juridique qui en est la base.

Elles sont précédées d'une introduction et de développements sur l'histoire des CCI relatifs à l'esprit de l'ancien droit consulaire qui fonde la pérennité de l'institution en l'émancipant dans un terrain "libéral", dont la vertu est tempérée par ce que l'auteur appelle l'intervention d'un "optimum d'Etat" où est reconnu légitime le rôle modérateur et démocratique - mais non le primat -, des organismes sur les mécanismes du marché. Cette situation exceptionnelle l'écarte des pièges de l'ultra libéralisme (zéro Etat), du collectivisme (maximum d'Etat), et du colbertisme-corporatisme, tentation permanente et traditionnelle en France. Elle en fait cet "hybride excellent", d'une espèce " sui generis", reconnue par la Constitution de l'Etat républicain. Il s'agit d'un établissement administratif - "commune spéciale"- juridiquement identifié par la Constitution pour son rôle de représentant auprès des pouvoirs publics des intérêts commerciaux et industriels dans leur circonscription territoriale et pour sa libre contribution à la cohésion sociale nationale.

Quels que soient le régime et les traditions des Etats où elles ont établi leurs sièges sociaux, les chambres de commerce avec leurs relations transnationales représentent le peuple des commerçants et entreprenants qui dans le monde entier font la richesse des nations et la paix entre les peuples.

ABSTRACT

This work is presented as a practical guide to Volume 14 of the administrative science library *L'institution des Chambres de Commerce, pouvoirs et contrepoids* (LGDJ – Librairie Generale de Droit et de Jurisprudence, Paris 1992).

It concerns that which Montesquieu called *"L'esprit des Lois"* and the intimate communication a judicial system must have with a country's historical characteristics.

Its two sections reveal on one side the ordinary functions of the institution of chambers of commerce and its evolution since 1992, and on the other side, the judicial base upon which it was created.

They are preceded by an introduction and historical expansion on the chambers of commerce, which are relative to the spirit of ancient consular law upon which its durable foundations were laid

The virtue of the chambers of commerce as an emancipated body on liberal ground is tempered by what the author calls the intervention of an "optimum d'Etat", where the institutions legitimate role as democratic moderator, although not supreme, on the workings of the world market, is recognized.

This exceptional position moves the institution away from the traps of the ultra liberalism, the collectivism, and the "colbertisme-corporatisme" which is a constant and traditional temptation in France.

An "excellent hybrid", the institution of the chambers of commerce is legally identified by the Republican Constitution for its role as the mouthpiece of business and industrial interests regarding their dealings at the local level with public authorities, and for its generous contribution to the social cohesion of the Nation.

Whatever may be the governmental system and traditions where they have established their headquarters, chambers of commerce, with their transnational relations, represent the people and the manifest destiny of merchants and entrepreneurs worldwide who create rich nations and peace among Men.

Das vorliegende Werk ist die praktische Fortzetzung von Band 14 der Bibliothek der Verwaltungwissenschaft "Die Institution der Handelskammern"(LGDJ-Librairie générale de droit et de jurisprudence, 1992).

Es hat seinen Platz in der erlängerung der Reflektion einer Politikwissenschaft im Sinn den Montesquieu mit dem Begriff " der Geist der Gesetze" verband, nämlich der engen Verbindung welche ein juristisches System mit all dem eingehen muss was ein Land in seiner historischen Kontinuität charakterisiert .

Die beiden Teile des Buches handeln einerseits vom normalen Funktionieren, der Institution und ihrer Entwicklung seit 1992 und, andrerseits, von der juristischen Konstruktion die ihr zugrundeliegt.

Ihnen voraus geht eine Einleitung und Bemerkungen zur Geschichte der Industrie - und Handelskammern und des alten Kammerrechts das die Fortdauer der Institution begründet, indem es sie in einen " liberalen" Terrain emanzipiert, dessen Qualität relativiert wird durch das was der Autor die Intervention eines "Optimums an Staat" nennt, wo die moderierende und demokratische Rolle -- nicht aber die Vorherrschaft-- der Institutionen gegenüber den Marktmechanismen anerkannt wird.. Diese aussergewöhnliche Position bewahrt die Institution vor den Fallen des Ultraliberalismus (Nullstaat), des Kollektivismus (ein Maximum an Staat) und eines mit Colbertismus gepaartem Korporatismus, eine andauernde und traditionsreiche Versuchung in Frankreich. Die Institution der Kammern ist in Wirklichkeit ein vielseitiges und einzigartiges Gemeinwesen, ein"hybride excellent", anerkannt durch die republikanische Staatsverfassung. Sie ist in diesem Land eine Verwaltungseinrichting der "commune spéciale", juristisch identifiziert durch die Verfassung als Vertreterin der territorial definierten kommerziellen und industriellen Interessen gegenüber der öffentlichen Gewalt und als Institution die einen Eigenbeitrag leisteit zur sozialen kohäsion der Nation.

Unabhängig von der Riegerungsform und den Traditionen der Staaten wo sie ihren sozialen Sitz etabliert haben repräsentieren die Handelskammern mit ihren transnationalen Beziehungen das Volk des Händler und Unternehmer, die in der ganzen Welt den Reichtum der Nationen und den Frieden zwischen den Völkern ausmachen.

SUMARIO

Esta obra es la continuación práctica del tomo 14 de la Biblioteca de ciencia administrativa sobre el tema de la *Institución de las Cámaras de Comercio LGDJ - 1992.*

Esta obra es la prolongación de la reflexión sobre la ciencia política en le sentido que daba Montesquieu a la expresión "el espíritu de las leyes", es decir la correspondencia íntima que debe de tener un sistema jurídico con todo lo que caracteriza un país en su continuidad historica.

La primera parte del libro trata de la práctica ordinaria del funcionamiento de la institución y su evolución desde 1992 hasta hoy día y la secunda de la construcción jurídica que representa sus fundamentos.

Una introducción y elementos históricos de las Cámaras de Comercio y de la Industria (CCI), referente al espíritu del antiguo derecho consular, preceden las dos partes de la obra. El derecho consular define los fundamentes que confieren la perenidad de la institución emancipándola en un terreno "liberal", cuya virtud es moderada por lo que el autor llama la intervención de un "optimum de Estado", en el cual se reconoce legitimamente el rol moderador y democrático - pero no la supremacía- de los organismos sobre los mecanismos del mercado. Esta situación exceptional le permite evitar las trampas del ultra liberalismo (cero Estado), del colectivismo (el máximo de Estado) y del colbertismo-corporatismo, que es la tentación permanente y tradicional en Francia.

Esta situación crea este "hibrido excelente" de una especie "sui generis", reconocida por la Constitución del Estado francés en tanto que establecimiento administrativo, reconocido como una "comuna especial", identificado jurídicamente por la Constitución por su rol de representante ante los poderes públicos de los intereses comerciales e industriales dentro de la circunscripción territorial y por su libre contribución a la cohesión social a nivel nacional.

Mas alla de los regímenes o tradiciones de los Estados donde las Cámaras de comercio se han establicido, éstas han creado relaciones trasnacionales que hacen de ellas las representantes del pueblo de comerciantes y emprendedores, que en todas partes del mundo contribuyen a la riqueza de las naciones y a la paz entre los pueblos.

Questa opera è il seguito dato al volume 14 della biblioteca di scienze amministrative su *l'istituzione delle camere di commercio* (LGDJ - 1992).

Si situa nelle continuità della riflessione su una scienza politica intesa secondo il senso che Montesquieu dava all'espressione "lo spirito delle leggi", cioè l'intima correlazione indispensabile tra un sistema giuridico e tutte cio che caratterizza l'evoluzione di un paese nelle sua continuità storica..

La prima sezione del libro tratta del funzionamento ordinario dell' Istituzione e della sua evoluzione dal 1992. La seconda sezione, dei fondamenti giuridici che ne sono alla base.

Le due sezioni sono precedute da un introduzione e da un approfondimento della storia del CCI, relativi allo spirito dell'antico diritto consolare che fonda la perennità dell''istituzione emencipandola in un "terreno liberale" la cui virtù è temporata da quello che l'autore chiama l'intervento ottimo dello Stato, dove è riconosciuto legittimo il ruolo moderatore e democratico - ma non la supremazia - degli organismi sui meccanismi del mercato. Questa situazione d'eccezione permette di evitare le trappole del liberalismo ad oltranza (dove lo Stato è inesistente), del collettivismo (dove lo Stato è onnipresente) e del corporativismo "colbertiano, tentazione perenne e tradizionale in Francia. Ne fa questo "eccelente ibrodo" della specie, "sui generis", riconosciuta dalla Constituzione delle Stato repubblicano che, in questo paese è risconosciuto come un esercizio amministrativo ("*comune spéciale*") giuridicamente identificato dalla Costituzione per il suo ruolo di rappresentante presso i poteri pubblici degli interessi commerciali e industriali e per il suo libero contributo alla coesione sociale nazionale.

Qualunque siano il regime e le tradizioni dei paesi dove hanno le loro sedi, le camere di commercio, con le loro relazioni altre frontiera, rappresentano il popolo dei commercianti e degli impreditori che, attraverso il mondo intero, sono alla base della ricchezza delle nazioni e della pace tra i popoli.

PLAN DE L'OUVRAGE

INTRODUCTION GENERALE

PREMIERE PARTIE
PRATIQUE ORDINAIRE DE L'INSTITUTION

DEUXIEME PARTIE
CONSTRUCTION JURIDIQUE DE L'INSTITUTION ET SON EVOLUTION DEPUIS 1992

CONCLUSION
PERSPECTIVES POUR LE TROISIEME MILLENAIRE

Dans une remarquable étude publiée en 1992, André-Pierre NOUVION analysait le mécanisme du pouvoir à l'intérieur des Chambres de Commerce et d'Industrie et soulignait la contribution de ces dernières à la politique d'aménagement du territoire et leur rôle irremplaçable pour conseiller les entreprises. Ce nouvel ouvrage après avoir relaté l'historique de l'institution étudie plus particulièrement son évolution depuis 1992 et définit les différents scénarios possibles pour son adaptation aux réalités de notre temps sans porter atteinte à ce qui fait son originalité et son efficacité.

André-Pierre NOUVION est opposé au classement des CCI parmi les établissements publics industriels et commerciaux et souhaite qu'elles restent des établissements publics administratifs.

Il ne souhaite pas non plus qu'elles se transforment en conseils économiques locaux, car leurs membres doivent s'abstenir de défendre des intérêts catégoriels ou d'intervenir dans l'organisation des professions, ce qui est le rôle des syndicats et organisations professionnelles.

André-Pierre NOUVION fidèle aux conceptions déjà largement développées dans son premier ouvrage continue à définir les commerçants comme des entreprenants et le commerce, comme l'écrivait déjà Jean Baptiste SAY "l'industrie qui sert d'intermédiaire pour les échanges entre le producteur et le consommateur".

Il pense que pour satisfaire les intérêts généraux du commerce et de l'industrie, les CCI doivent demeurer libres comme le sont les communes dans le cadre politique de l'Etat de droit.

L'ouvrage riche en discussions juridiques de haut niveau ne néglige pas pour autant les réalités pratiques auxquelles sont confrontés les responsables des compagnies consulaires, donnant notamment en section III un dictionnaire des procédures pour les élections (complexes) aux CCI.

Je souhaite que cette étude remporte le succès qu'elle mérite et contribue à une meilleure connaissance d'une institution qui plus que jamais est appelée à jouer un grand rôle dans l'activité économique de notre pays.

Didier SIMOND
Membre du Conseil économique et social
Président de la Chambre régionale de commerce et d'industrie d'Ile de France

PREFACE

Il y a quelques années, l'auteur de cette préface avait le plaisir de présenter au public un ouvrage que venait de publier André-Pierre NOUVION sur les Chambres de commerce (1). Il s'agissait de la thèse de doctorat qu'il venait de soutenir et dans laquelle, avec l'indépendance l'esprit qui convient à la recherche mais aussi grâce à l'expérience acquise comme haut fonctionnaire des Chambres de commerce, il s'était livré à ce qu'on pourrait appeler une "analyse spectrale" de ces institutions si mal connues.
Il poursuit aujourd'hui ses recherches et ses réflexions et nous donne un ouvrage dont l'importance et l'autorité devraient être prises en compte non seulement par le monde du commerce et de l'industrie mais aussi par les politiques. C'est que les chambres de commerce et d'industrie sont, à notre époque, au centre de débats nombreux et contradictoires dont le récent rapport de l'Inspection générale des Finances est le signe. Il est certes facile de présenter leur originalité comme un carrefour de contradiction et de souhaiter qu'elles soient alignées sur des modèles considérés comme plus conformes au goût du jour. Cette administration des professions par elles-mêmes est, pour certains, un anachronisme. Car les chambres de commerce et d'industrie ne sont pas les seules qui sont visées et les critiques sourcilleuses visent aussi les Chambres d'agriculture et les Chambres de métiers.
Comment peuvent-elles être, les unes et les autres, des établissements publics administratifs ? Comment cacher l'autonomie de gestion et la tutelle administrative ? En ce qui les concerne plus spécialement, comment juger les divers systèmes électoraux et les rapports des chambres avec les tribunaux de commerce, à l'heure où ces derniers font l'objet de critiques dont on aimerait connaître les arrière-pensées ?
A lire des critiques fréquentes et souvent contradictoires, on se dit qu'il a fallu beaucoup de courage aux législateurs de 1898 pour instituer, avec prudence, un système de "corps intermédiaires" calqué sur l'organisation territoriale et visant à une organisation professionnelle décentralisée et à une représentation des intérêts dans un cadre de droit public. Dans leur inconscient, les gouvernants de notre époque sont hostiles à ces chambres comme ils le sont aux ordres professionnels, mais ils n'osent pas les attaquer de front. André-Pierre NOUVION reprend, à leur sujet, la belle expression de "communes spéciales" qu'employait Léon AUCOC (2). On pense aussi à la théorie de l'Institution telle que la présentait Maurice HAURIOU (3)
Il ne s'agit pas de dire que ce livre est une "défense et illustration" des Chambres de commerce. L'auteur en connaît les points faibles et les dérives. Il analyse tous les aspects de leur fonctionnement actuel en juriste et en praticien. Dans une troisième partie présentée sous forme d'une conclusion d'une trentaine de pages, il propose un certain nombre de solutions qui, sans faire disparaître les caractères fondamentaux des Chambres, les adapteraient au monde du début du prochain siècle. Les "scénarios" qu'il suggère doivent être considérés avec la plus grande attention.
On souhaite à ce livre un grand succès que méritent la science de l'auteur, son courage, sa pugnacité et son enthousiasme.

Roland DRAGO
Membre de l'Institut

(1) André-Pierre NOUVION, l'Institution des chambres de commerce. Pouvoirs et contrepoids, LGDJ (Bibliothèque de science administrative, tome 14), 1992, 381 pages
(2) Léon AUCOC (1828–1910), président de Section au Conseil d'Etat, membre de l'Institut V.F. BLANCPAIN, "Léon AUCOC, praticien et théoricien de droit administratif", Rev. Historique de droit français et étranger, 1974, p. 733, R. DRAGO, "Léon AUCOC", Histoire des cinq Académies, 1995, p. 390.
(3) Maurice HAURIOU, "La théorie de l'institution et de la fondation", La nouvelle Journée, 4ème cahier, 1925.

PREFACE

[illegible]

INTRODUCTION GENERALE
LES BASES DE l'INSTITUTION CONSULAIRE
DE LOUIS XIV AU SECOND EMPIRE
ET LEUR MODERNITE

Le long passé des chambres de commerce autoriserait un esprit critique ou caustique à classer l'institution parmi les chères et vieilles choses.
Et pourtant c'est bien à la base de l'évolution des sociétés que se situe le libre commerce entre de libres personnes humaines dont les faits et gestes situés dans un environnement physique, géographique et sociologique donné forment avec et par les institutions le courant de l'histoire elle-même résultant des forces et énergies matérielles et spirituelles qui les animent. Or ce n'est pas l'histoire qui fait l'homme mais l'homme qui fait l'histoire. Les progrès des CCI doivent s'apprécier sur un long terme de plusieurs siècles mettant en évidence la richesse des apports nombreux et divers de la classe des commerçants et entreprenants et de leurs institutions représentant les sociétés dans lesquelles ils sont insérés et acceptés. Or il est apparu que l'esprit de liberté opposé à toutes les idéologies et doctrines sectaires, intègre les valeurs défendues par les anciens avec une constante : la continuité de l'esprit consulaire qui fait de la vertu de "modération" le principe vital des chambres de commerce avec les trois piliers de sa sagesse - prudence, constance et clémence - et une commune croyance en la volonté d'hommes riches, éclairés et soucieux d'être "commerçants en perfection" qui sacrifient, lorsque cela est nécessaire, leurs intérêts et leur vie pour acquérir l'ordre et sa compagne inséparable, la liberté.
Suivant la voie d'André Conquet, l'auteur a voulu montrer que l'esprit consulaire contenu dans l'ancien droit inspire les héritiers partagés entre deux tendances - un souci constant des professions et des commerçants-entreprenants en général d'obtenir la protection des lois et au moins la reconnaissance d'un "statut", d'une "charte" privilégiés au sein de la société d'une part, et d'autre part un esprit novateur. Cet esprit novateur accompagne souvent le libéralisme mais n'est pas toujours son fait. Il est aussi et autant celui d'une strate sociale, celle des commerçants et entreprenants. Cette pérennité de la culture des commerçants est traitée en deux chapitres - Le premier chapitre a pour objet à l'aide d'extraits de montrer le droit consulaire à son apogée sous le règne de Louis XIV avec des témoignages d'anciens consuls et commerçants et d'un libéral avant l'heure, François de Fénelon. Ce dernier essaie en vain de convaincre le grand roi, par l'enseignement inculqué à son héritier dont il est le précepteur, de suivre "le modèle de libre et bonne gouvernance par le libre commerce" et de ne pas succomber à la tentation autoritaire de la facilité d'un commerce asservi par le Prince - Le second chapitre narre la naissance et le développement des institutions consulaires modernes sous le second Empire marqué par la personnalité à la fois impériale, républicaine et sociale de son fondateur Louis-Napoléon, premier président de la seconde république et empereur des Français.

CHAPITRE 1

L'ANCIEN DROIT CONSULAIRE A SON APOGÉE SOUS LE RÈGNE DE LOUIS LE GRAND

SECTION I

ORIGINES DU MOT CONSUL ET DES JURIDICTIONS CONSULAIRES JUSQU'À L'ÉDIT DE CHARLES IX

(D'APRÈS DES TEXTES D'ORIGINE DONT LES EXTRAITS IN EXTENSO CONSTITUENT CE CHAPÎTRE - VOIR EN ANNEXE BIBLIOGRAPHIE ET FAC-SIMILES DES OUVRAGES CITÉS)

- Le mot consul est utilisé pour la première fois par les légistes du roi Charles IX lorsqu'il établit les premières "juridictions consulaires".

Leur intention était de nommer les juges qui devaient les exercer "consuls" à l'exemple des romains qui donnaient ce nom à leurs premiers magistrats. De la même manière que les anciens Consuls du droit romain veillaient au gouvernement de la République de même aussi les Consuls veillaient au bon ordre du commerce et donnaient tous leurs soins au Public. Pour les légistes de Charles IX le commerce est leur principal emploi et ils en sont les "juges et arbitres". Toubeau note que presque partout dans le monde connu sous les noms différents de Civium Magister ou de Burgermeister, les juges des marchands sont nommés "quia reipublica plurinum consulant", consuls, le premier d'entre eux du latin consulare (veiller) parce qu'ils veillent à la chose publique à plusieurs. Etant nommé Bergierender, Borthalter der, Burgermeister, Consul regnans. Le mot de consul ne se prend guère pour Echevin que dans la Provence et dans le Languedoc. Dans l'Albigeois, ils se servent du mot Consul pour dire Juge Chatelain et du mot Consulat pour dire une Chatellenie.

- Le monde étant comme un corps politique, le commerce en est l'âme qui fait agir son vouloir et ses puissances. C'est quelque chose de si grand que bien des gens n'ont pas fait la difficulté de le comparer à la Royauté et à l'Empire.

- L'Etat repose sur trois colonnes, le Prince, la Religion et le Commerce. Sans cette troisième colonne, il est impossible aux princes de se soutenir et de se rendre indépendants et redoutables. C'est un ressort qui meut les Etats pendant la guerre et qui conserve et accroît les avantages de la paix.

- Etre privé du commerce est un des plus grands malheurs qui puisse arriver à un Etat. Au contraire, quand il s'y exerce en paix, rien ne lui est plus avantageux puisqu'il n'entre jamais qu'avec des couronnes de fruits et les mains pleines de richesses. Ce commerce est l'Ecole des arts; c'est par le moyen du commerce que nous avons toutes les choses nécessaires, que les Pauvres trouvent à travailler, nos terres nous rapportent tant de profit, il est enfin comme la Nourrice des Peuples, les Murailles de nos Royaumes, l'origine de nos richesses, le nerf de nos guerres et la terreur de nos ennemis.

- C'est le commerce qui fait connaître et immortaliser les habiles gens dans les parties du monde même les plus éloignées où il porte leurs Noms et la gloire de leurs Actions.

- Xenophon dit qu'il faut donner des Places honorables aux Marchands dans les Assemblées publiques, les loger et les régaler afin de les attirer parce qu'ils sont nécessaires. Dans les Villes, dans les Républiques et dans les Royaumes les plus policés, les Marchands ont toujours été en grande considération et pour les soutenir ou venger on en a fait des Affaires d'Etat.

- Les fameuses Républiques de Grèce ont donné aux Marchands les plus importantes charges, celle de Venise, de Gênes et de Hollande le font encore : La même chose se pratique à Florence et à Ancone.

- En France après Charles IX, Louis XIV par son Règlement du mois d'août 1690 voulut qu'il y ait toujours un Marchand Echevin dans toutes les Villes, ce qui avait déjà été ordonné pour la Ville de Paris par arrêt du 17 juillet 1617 et qui a été confirmé pour Bourges par Arrêté contradictoire du 7 mars 1677 quoique par cette charge ils y fussent anoblis eux et leurs enfants nés et à naître jusqu'à pouvoir parvenir à l'Ordre de Chevalerie.
  Par Arrêt du Conseil du 23 Décembre 1679 dans la ville de Sens, le Procureur Syndic doit être Marchand, de quatre Echevins il doit y en avoir deux Marchands et de deux ans en deux ans il doit y avoir un Marchand pour Maire. Outre les deux Echevins et le Syndic, les Villes de Troyes, d'Auxerre et plusieurs autres ont eu de semblables arrêts.

- S'il y avait Tribunal où la Justice s'administrât encore dans son ancienne candeur, ce serait sans doute dans la juridiction Consulaire où sans s'arrêter à de vaines formalités de chicane ou à de fausses subtilités de Lois ou par bonne foi et où on ne juge que par ex aequo et bono, droit animé et âme de la Loi.
  Quoiqu'il semble que dans cette Juridiction on n'ait besoin que de bon sens et de lumière naturelle et qu'ainsi les Juges et Consuls sont comme des Soldats Romains "qui magis arma quam jura scire debent", néanmoins l'ignorance étant la Mère des erreurs et de l'Injustice, il est de l'intérêt public et particulier qu'un Marchand ne devienne pas Juge sans avoir quelque notion de la Justice et sans savoir les Eléments du Droit Consulaire, un tel homme étant capable de faire beaucoup de fautes qui ne seraient pas moins dangereuses et sensibles pour être faites par ignorance.

  Avons permis et enjoint aux Prévôts des Marchands et Echevins de nommer et élire en l'Assemblée de cent notables Bourgeois qui seront pour cet effet appelés et convoqués trois jours après la Publication des présentes, cinq Marchands du nombre desdits cent ; le premier desquels nous avons nommé Juge des Marchands, et les quatre autres Consuls des Marchands.

  Charles IX
  Edit de 1563

- Presque partout le mot de Consul s'est aussi naturalisé, pour dire les Juges des Marchands.

Dans toute l'Europe, l'Asie et l'Afrique les juges des Marchands sont nommés Consuls ou ArchiConsul, Proconsul est la première des qualités que prennent les Magistrats de la

Hanse Teutonique ou des villes Hanséatiques qui mettent cette qualité devant celle de Sénateur.
Le mot de Consul ne se prend guère pour Echevin, que dans la Provence et dans le Languedoc. Dans l'Abligeois, ils se servent du mot de Consul pour dire Juge Châtelain et du mot de Consulat pour dire une Châtellenie.

Comme Marseille a été plus longtemps sous la domination des Romains, les Juges des Marchands se sont perpétués chez eux, car je connais par l'Histoire de cette ville et par le premier Article des Règlements faits par René, Roi de Sicile et de Naples, que dès l'année 1472, les Consuls y étaient déjà établis et que les Comtes de Provence qui l'ont suivi ont seulement autorisé et approuvé cette juridiction. Ainsi l'Edit de Charles IX du mois d'octobre 1565 n'est qu'une confirmation et cette juridiction est non pas une création ou une Election comme dans d'autres villes. Il n'y voulut rien changer pour le manière de l'élection quoique différente de celle présente par l'Edit de Juges et Consuls, il ne voulut pas même y augmenter le nombre des Juges qui n'est que de deux, quoique les Juges et Consuls ne doivent pas être ailleurs moins de trois.

- De la forme de procéder par devant les Juges et Consuls des Marchands

L'augmentation du commerce dans le royaume depuis l'établissement de cette juridiction est uns preuve sensible de l'avantage que le peuple en reçoit ; les Juges s'y appliquent avec toute l'exactitude imaginable à rendre la justice, ils terminent sommairement les affaires les plus difficiles concernant le négoce et le trafic des Marchands, sans recevoir aucunes épices salaires ni droits pour quelques expéditions que ce soit.
Le Roi Charles IX établit les premiers Juges et Consuls dans la Ville de Paris par Edit du mois de Novembre 1563. (Stile universel de toutes les cours et juridictions du royaume suivant l'ordonnance de Louis XIV Roy de France et de Navarre du mois d'août 1670 imprimé à Paris chez les Associés choisis par ordre de Sa Majesté - 1720).
La Juridiction des Juges et Consuls des Marchands est exercée à Paris par cinq Marchands, qui doivent être natifs du Royaume, dont le premier s'appelle Juge et les Quatre autres Consuls : leur charge ne dure qu'un an.

- Le monde étant comme un Corps politique, le commerce en est l'âme. Et dans tous les pays depuis l'Antiquité, les commerçants ont été reconnus au travers d'institutions qui leur sont propres, Corporations ou Chambres de Commerce et leurs tribunaux.
L'Edit de Charles IX d'Octobre 1565 a institué les juridictions consulaires après que l'expérience de la Bourse de Rouen établie par Henri II en 1560 en ait démontré l'intérêt pour le développement de cette ville et du Bien Public. "pour les exempter des frais et pour les tirer des langueurs des procédures". il y avait eu à Paris bien auparavant - en 1291 - une autre juridiction des Marchands qu'on appelait le "Parloir aux Bourgeois" et, dans l'Hôtel de Ville. Toubeau, ancien Prévôt des Marchands et Echevins de la Ville de Bourges dans son ouvrage magistral "Les Institutes du Droit Consulaire" signalait en 1700 que l'Hôtel de Ville de Paris avait pour marque "six sergens portant la qualité de sergens du Parloir aux Bourgeois" Il cite à ce propos Chopin, auteur d'un Commentaire sur la Coutume de Paris (Livre I Nomb. 12) qui rapporte une sentence rendue en cette juridiction en 1291, la juridiction étant présidée par un nommé Jean Arrode en qualité de "Prévôt de la

Marchandise de liane de Paris", disant que l'on écrivit et appelait cette justice "le Parloüet aux Borgeois".
C'est à notre connaissance la plus ancienne juridiction en terre des Francs.

SECTION II

HISTOIRE DES JURIDICTIONS DU COMMERCE ET DES ÉTABLISSEMENTS PROPRES AUX MARCHANDS DES ORIGINES AU GRAND ROI

(extraits de textes originaux de l'époque)

- "Merx" l'Espèce qu'on achète ou qu'on vend "Mercature" l'Action de commercer, vendre et acheter.
  Commerciaux vient de commutatis mercium (Changement et permutation de marchandise)
  "Negocium est quasi negansotium" qui ne donne point de repos parce que dans le commerce il y a toujours infiniment à veiller et à travailler.

- Arrêt du Parlement de Dijon du 10 avril 1581
  "Il est permis aux greffiers des Consuls de délivrer des mandatements et jugements sur des obligations concernant la marchandise".

Arrêt du 29 avril 1627 par lequel le greffier des Consuls peut recevoir tous jugements des parties en les faisant signer par lesdites parties sur des registres et parapher par un des Consuls.

- La charge de "Sénéchal" mot corrompu de l'anglais signifie chevalier. Il a pour équivalent le mot "Baillis" qui vient de "Baillés par le roi" plaintes pour faire fonction, recevoir contre les Prévôts Viguiers et Vicomtes desquels ils réformaient les jugements dans leurs assises.
  "Les baillis et sénéchaux revendiquaient les matières consulaires sous prétexte qu'elles ont été démembrées de leur juridiction nonobstant une longue possession où ils disent qu'ils étaient auparavant".
  Au contraire, selon Pierre de Fontaines, Conseiller de Saint louis, auteur de l'Ordre judiciaire de France, des marchands disent que les chevaliers étaient obligés d'obéir aux juges des marchands en ce qui concernait leur commerce à peine de déchéance et d'être dépouillés de l'Ordre des chevaliers et de leur dignité.

- "Etablissement de la Bourse de Thoulouse par Henri II au mois de juillet 1549. "Voulons que les marchands puissent élire et faire chacun an, un Prieur et deux Consuls d'entre'eux en première instance de tous et chacuns les procez en différens qui pour raison desdites marchandises, changes assurances comptes et autres choses cy après meûs et intentés entre les marchands et trafiquants en notre ville de Thoulouse".

- Edit de création ou confirmation des juges des Marchands de Marseille du mois d'octobre 1565.
  Il répète mot pour mot la déclaration du 28 avril 1565 laquelle a été prise "pour contenir aussi bien les juges et consuls que les autres dans leur devoir, et les renfermer dans les limites qu'il leur avait données, déclare statue ordonne et veut qu'elle ait lieu et soit gardée, observée et entretenue inviolablement suivant la forme et teneur, en toutes les villes du royaume où il y a juridiction consulaire".
  L'Edit de confirmation du mois d'octobre 1565 adjoûte "ad majorem cautelam" :

"Pour ôter toute occasion à nos mes officiers de Marseille de troubler à l'avenir les Juges des Marchands en l'exercice de leur juridiction, Nous avons déclaré et déclarons, voulons et nous plaît que la juridiction desdits Marchands Négocians tant par Mer que par Terre et qu'ils puissent connaître et soient juges de tous contrats, controverses et différens qui seront mûs entre Marchands, pour fait de Marchandise vendue, achetée et délivrée en notredite ville de Marseille".

Dans le même sens et devant la résistance des officiers et gens de justice ordinaires, par lettres patentes du 4 septembre 1570 il fut interdit et défendu au Sénéchal d'Auvergne, à son lieutenant, gens tenant le siège Présidial, Juges Inférieurs et tous autres, de ne directement ou indirectement faire ni entreprendre chose qui soit au préjudice des juridictions consulaires.
Il est en fait de même au profit des Juges et Consuls d'Orléans de Bourges et d'Angers ayant obtenu cette reconnaissance par Patente du 8 mars 1571.
Il est fait de même au profit des Juges et consuls de Lyon. Henry III à propos de difficultés intervenues relativement aux privilèges des Foires. Par Patente du 18 février 1578 de défenses aux juges ordinaires de Lyon " interdisons à nos juges et officiers de Lyon, et tous autres qu'ils appartiendra, fors audit conservateur des foires, toute juridiction et connaissance en première instance des Procès et différens intentés entre nos sujets Marchands et étrangers pour raison de lettre créances procédures et autres Actes concernant le fait négoce et trafic desdites foires."

De même un arrêt du 4 décembre 1597 dans les Recueils de la juridiction consulaire de Rouen et de Saint Malo, un arrêt relatif au conflit de juridiction entre le Bailly de Rouen et les Consuls de la même ville. Sur la nature d'un dépôt, le Parlement de Rouen renvoya par devant lesdits Juges et Consuls, Nicolas Bailleur, Daniel L'Oyseleur, Antoine Solesme, commis du Trésorier général des Etats de Flandres et Gilles Foüan Marchand Flamand, héritier sous bénéfice d'inventaire dudit l'Oyseleur, pour y être jugés.

L'institution consulaire des juges et consuls entre en crise avec les guerres civiles et Henri IV trouve nécessaire de rétablir "le consulat aussi bien que le commerce " dans sa Déclaration du 2 décembre 1602 vérifiée au Parlement de Paris le 23 janvier 1604.
L'institution a dû lutter contre le refus de reconnaissance opposé à elle par les juges ordinaires et aussi les patentes du 8 mars 1571 obtenues par les juges et consuls d'Orléans, Bourges et Angers contre les baillis et prévôts de leurs villes par lesquelles le roi enjoint à tout huissiers et sergens de faire tous exploits et exécutions concernant les juridictions consulaires à peine de privation de leurs états et offices "défenses à tous juges d'aucunement empêcher les sergens faisans et exécutans les mandatements et sentences des juges et consuls à peine de répondre en leurs noms et dépens dommages et intérêts."
Par déclaration de Louis XIII du 4 octobre 1611 vérifiée au Parlement le 16 janvier 1612, il est défendu "à tous juges de surseoir ou empêcher l'exécution des jugements des juges et consuls".
Louis XIV dans son ordonnance achèvera l'évolution protectrice du droit consulaire. Et c'est par cette tradition que depuis, l'Etat protège ses "consuls" du commerce, des empiétements de la justice ordinaire et des cabales des milieux professionnels jaloux des prérogatives consenties aux juridictions et magistrats consulaires.

SECTION III

LOUIS XIV ET LES GRANDES ORDONNANCES APOGÉE DE L'ANCIEN DROIT ET DU STILE UNIVERSEL DE TOUTES LES COURS ET JURIDICTIONS DES ROYAUMES

Le règne de Louis XIV est empreint de sa grandeur qui s'identifie à celle de la France jusque dans le "stile" et le plus petit détail du fonctionnement des institutions de la royauté bourbonienne, une, grande, et dont les sujets sont libres d'obéir à leur souverain.

Malgré les hésitations de l'orthographe marquée encore par les origines latines de la langue, le français est bien stabilisé, langue claire et précise des juristes et des diplomates du grand règne.

Héritier lointain des Missi Dominici, les baillis pour le roi remplissent leur mission centralisatrice jusque dans les villes lointaines et les campagnes de la France profonde.

En 1731, année des grandes ordonnances, le droit de la France est prêt à subir sa mutation par des réformes qui auraient pu ou dû être réalisées par la royauté et ses institutions prêtes à la modernisation.

La modernisation n'aura pas lieu sous la royauté. Ce sera la Révolution qui fera le tri entre les usages obsolètes ou barbares, inégalitaires et injustes encore en vigueur. Il faudra encore 58 ans pour que les essais de réformes aient une chance de parvenir au but : une modernisation que s'appropriera la Révolution Française et ses hommes tous épris de liberté et d'égalité mais tous issus du terreau de la Royauté finissante et victime des cabales de ses princes.

L'apogée des efforts inachevés pour une modernisation des institutions nées de la tradition royale française, se situe à l'époque des grandes ordonnances de Louis XIV. C'est là que "in illo tempore", il faut situer le droit consulaire de l'ancien régime d'où sont issus les tribunaux de commerce qui ont traversé toutes les crises de la société jusqu'à nos jours.

En 1748, le 10 juillet, G. Touzy, conseiller du roi au Présidial et Sénéchal de Brive achetait pour sa bibliothèque la *Nouvelle Pratique Civile Criminelle et bénéficiale* ou le *Nouveau Praticien Français* réformé suivant les nouvelles Ordonnances du Roi Louis, XIVème du nom par feu M. Lange, Ancien Avocat au Parlement et dédié à Messire Denis Talon Conseiller du roi en ses conseils et Président en sa cour de Parlement, dernière édition. Sur l'imprimé à Paris, A Cologne, chez Pierre Motiens, 1731 avec privilège du Roi.

Instrument de travail, l'ouvrage publié sous forme d'un livre in quarto comprenait 396 pages incluant outre la pratique civile et bénéficiale, un traité du Droit d'Indult et un traité de la Juridiction Ecclésiastique ainsi qu'un nouveau "style des Lettres de la Chancellerie suivant l'usage qui se pratique à présent par M. Pimont, conseiller Rapporteur Référendaire et la même Chancellerie, avec à la fin différents modèles de Requêtes et Ecritures d'Avocats suivant l'Ordonnance de Louis XIV de 1667".

Touzy, Sénéchal pour le roi, appliquait en son Baillage de sa bonne ville de Brive, le "stile universel" de toutes les cours et juridictions du Royaume pour l'instruction des matières civiles suivant l'Ordonnance de Louis XIV, roi de France et de Navarre du mois d'avril 1667", imprimé à Paris chez les Associés choisis par ordre de Sa Majesté pour l'Impression des stiles et Formules suivant les nouvelles Ordonnances en 1720.

C'est avec émotion que le chercheur découvre l'existence du Bailli Sénéchal de Brive dans son état ordinaire et dans sa vie itinérante entre Brive, Limoges et Bordeaux entre le Limousin riant portail du midi et la Guyenne d'Alienor d'Aquitaine. L'avantage des grands in-quarto est de disposer de beaucoup de pages blanches. Et en pays de Brive proche des manants de Jacquou le Croquant, le papier est rare et Touzy, tout Bailli et Sénéchal qu'il soit a pris soin de transcrire sur les pages vierges du précieux ouvrage - ses essais de plume (sa signature) - ses recettes non pas de cuisine mais "pour faire de bonne encre", ses itinéraires pour visiter les cours et sujets du roi sous sa "juridiction", il y consigne les petits faits de sa vie d'officier royal chargé de justice et c'est ainsi que nous apprenons outre cette recette de bonne encre et l'itinéraire du Bailli - que le 9 août 1763, quinze ans après l'achat du précieux livre "à Limoges le 10 juillet 1748", ce livre lui a coûté 4 livres 10 sols et que "le" "appartient à moi Touzy"
- que le 9 août 1763 exactement, "massoutre procureur à vigeois (sic) est décédé".
- que l'arrêt du Parlement de Bordeaux du 6 juillet 1740 a fait défense à toutes personnes de faire pacager les bestiaux dans les propriétés d'autrui à peine de 500 livres d'amende
- que Marie Laleu a été mariée avec Jean Besse "lequel étant devenu mort", sa veuve se remarie deux fois ayant eu de chaque lit plusieurs enfants et que "d'après des avocats" consultés à Uzerche "ils ont décidé que l'hérédité de ladite Laleu était indivisible" et c'est ainsi que sans doute l'auteur par la famille de sa grand-mère paternelle, s'est trouvé en possession 350 ans plus tard de la bibliothèque de Touzy à sa mort, l'ayant reçu de Soutet, notable "praticien laboureur", l'ayant reçue lui-même de Besse, premier occupant en 1674 de la demeure dans le grenier duquel était remisée la bibliothèque dudit Touzy à Ayen en Limosin sur les terres du duché du même nom et de Noailles. Parmi les ouvrages en sa possession, figuraient les deux tomes des instituts du droit consulaire ou les éléments de la jurisprudence des marchands. Voir en annexe, les premieres pages extraites des *Institutes du droit consulaire*, op. cit. supra.

SECTION IV

TÉMOIGNAGE DE TOUBEAU PRÉSIDENT DU PARLEMENT DE BOURGES

J'ai eu l'honneur d'être plusieurs fois élu Consul et Prévôt des Marchands.
Quoique dès avant ma première Election j'eus en qualité d'Arbitre décidé plusieurs affaires , néanmoins étant élevé en la charge de Juge-Consul, je connus qu'il y avait bien de la différence entre un juge volontaire et un juge ordinaire et nécessaire car dans l'un on ne se charge d'affaires qu'autant qu'on le veut et dans cette charge on doit la justice à tous ceux qui la demandent, dans l'un on ne se charge que des affaires que l'on croit être capable de juger et on prend tout son temps pour les examiner, mais dans l'autre à une audience vous devez votre jugement sur le champ à un nombre infini de procès, qui très souvent à moins d'une très grande expérience ou d'une profonde science demanderaient une plus longue attention que ne peut souffrir une Audience.
Après m'être fait une peur épouvantable des menaces que Dieu fait aux juges qui ne savent et qui ne font pas leur devoir : Quoique je ne vis dans un tribunal dans lequel effectivement on

ne juge presque que suivant le Droit naturel, et où l'on dit qu'il n'y a que le bon sens et la raison qui doivent présider. Néanmoins et sachant qu'un juge méchant et savant n'est pas tant à craindre qu'un juge ignorant; n'ayant pas l'intention de faire des injustices, je voulus tâcher à me mettre en état de n'en pas faire par ignorance.
Tout le monde présentement veut être Marchand pour gagner et pour se faire payer mais personne ne veut payer et ne veut être poursuivi comme Marchand...

SECTION V

TÉMOIGNAGE DE FRANÇOIS DE FENELON, ÉXILÉ EN POITOU PAR LA CABALE DES PRINCES

Victime de l'ingratitude des Grands, il rend hommage au grand roi au travers de son Télémaque pour la certitude qu'il ose exprimer à son gouvernement et à sa personne : son plus cher désir est de parvenir à le convaincre de suivre le modèle de libre et bonne gouvernance par le libre commerce dans les pays bénis des dieux que lui présente Mentor, guide avisé et sage de Télémaque. Pour y accéder, il faut engager et poursuivre une voie aussi longue que difficile, celle de la toujours présente et persévérante Pénélope et ne pas succomber à la tentation autoritaire de la facilité d'un commerce asservi . La tristesse des peuples est de ne pas parvenir assez tôt en ces beaux lieux où le commerce est libre.

Ils sont industrieux, patients, laborieux propres sobres et ménagers ; ils ont une exacte police ; ils sont parfaitement d'accord entre eux ; jamais peuple n'a été plus constant, plus sincère, plus fidèle, plus sûr, plus commode à tous les étrangers. Voilà, sans aller chercher d'autres causes, ce qui leur donne l'empire de la mer, et qui fait fleurir dans leurs ports un si utile commerce. Si la division et la jalousie se mettaient entre eux ; s'ils commençaient à s'amollir dans les délices et dans l'oisiveté ; si les premiers de la nation méprisaient le travail et l'économie ; si les arts cessaient d'être en honneur dans leur ville ; s'ils manquaient de bonne foi envers les étrangers ; s'ils altéraient tant soit peu les règles d'un commerce libre ; s'ils négligeaient leurs manufactures, et s'ils cessaient de faire les grandes avances qui sont nécessaires pour rendre leurs marchandises parfaites, chacune dans son genre, vous verriez bientôt tomber cette puissance que vous admirez.
Mais expliquez-moi, lui disais-je, les vrais moyens d'établir un jour à Ithaque un pareil commerce. Faites, me répondit-il, comme on fait ici : recevez bien et facilement tous les étrangers ; faites-leur trouver dans vos ports la sûreté, la commodité, la liberté entière ; ne vous laissez jamais entraîner ni par l'avarice ni par l'orgueil. Le vrai moyen de gagner beaucoup est de ne vouloir jamais trop gagner, et de savoir perdre à propos. Faites-vous aimer par tous les étrangers ; souffrez même quelque chose d'eux ;craignez d'exciter leur jalousie par votre hauteur ; soyez constant dans les règles du commerce ; qu'elles soient simples et faciles : accoutumez vos peuples à les suivre inviolablement ; punissez sévèrement la fraude, et même la négligence et le faste des marchands, qui ruinent le commerce en ruinant les hommes qui le font. Surtout n'entreprenez jamais de gêner le commerce pour le tourner selon vos vues. Il faut que le prince ne s'en mêle point, de peur de le gêner, et qu'il en laisse tout le profit à ses sujets qui en ont la peine ; autrement il les découragera : il en tirera assez d'avantages par les grandes richesses qui entreront dans ses états. Le commerce est comme certaines sources : si vous voulez détourner leurs cours, vous les faites tarir. Il n'y a que le profit et la commodité qui attirent les étrangers chez vous ; si vous leur rendez le commerce moins commode et moins utile, ils se retirent insensiblement et ne reviennent plus, parce que d'autres peuples, profitant de votre imprudence, les attirent chez eux, et les accoutument à se passer de vous. Il faut

même vous avouer que depuis quelque temps la gloire de Tyr est bien obscurcie. Oh ! si vous l'aviez vue, mon cher Télémaque, avant le règne de Pygmalion, vous auriez été bien plus étonné ! Vous ne trouverez plus maintenant ici que les tristes restes d'une grandeur qui menace ruine. O malheureuse Tyr ! en quelles mains es-tu tombée ! Autrefois la mer t'apportait le tribut de tous les peuples de la terre.
Pygmalion craint tout, et des étrangers et de ses sujets. Au lieu d'ouvrir, selon notre ancienne coutume, ses ports à toutes les nations les plus éloignées, dans une entière liberté, il veut savoir le nombre des vaisseaux qui arrivent, leur pays, les noms des hommes qui y sont, leur genre de commerce, la nature et le prix de leurs marchandises, et le temps qu'ils doivent demeurer ici. Il fait encore pis, car il use de supercherie pour surprendre les marchands et pour confisquer leurs marchandises. Il inquiète les marchands qu'il croit les plus opulents ; il établit, sous divers prétextes, de nouveaux impôts. Il veut entrer lui-même dans le commerce, et tout le monde craint d'avoir quelque affaire avec lui. Ainsi le commerce languit ; les étrangers oublient peu à peu le chemin de Tyr, qui leur était autrefois si doux ; et si Pygmalion ne change de conduite, notre gloire et notre puissance seront bientôt transportés à quelque autre peuple mieux gouverné que nous. Au contraire, d'ici on traite avec honneur tous ceux qui réussissent !

SECTION VI

LE MONDE DE LA BOUTIQUE, DE L'ARTISANAT ET DE LA BOURGEOISIE D'AFFAIRE REPRÉSENTÉ AUX ASSEMBLÉES DE DISTRICT LORS DES ÉLECTIONS DE 1790 DANS LE DÉPARTEMENT DE SEINE ET OISE (1790-1964)

La Seine et Oise fut en étendue, le plus grand des départements français. Il est né en 1790 par l'Assemblée constituante. Son chef lieu fut Versailles avec ses districts devenus arrondissement par la loi du 28 pluviose de l'an VIII (1800). Ce département-clef de la Révolution a fait l'objet d'une analyse méthodique et précise permettant de saisir sur le vif les caractéristiques des catégories socioprofessionnelles du monde de l'artisanat, de la boutique et de la bourgeoisie d'affaire (négociants et entrepreneurs). Il s'agit de travaux de M. Jean-Claude Attuel, docteur d'Etat en histoire du droit dont la thèse sur la mise en place des tribunaux de district en Seine et Oise paru en 1989 a été publiée avec le concours de l'Université Paris XII - Val de Marne (voir bibliographie).
L'auteur observe que la catégorie sociale du monde de l'artisanat et de la boutique et celui de la bourgeoisie d'affaire constituent un fort groupe d'intérêt au sein des assemblées électorales de 1790. Ainsi dans le district de Gonesse, boutiquiers et commerçants forment 13,3 % des maires choisis : un artisan du bois à Soisy, dans le canton de Montmorency, un épicier à Moisselles dans le canton d'Ecouen. Dans le district de Corbeil, ils forment 23,50 % des maires élus : un maître-maçon est maire de Soisy-sous-Etiolles, un charpentier est maire de Ris, tous deux du canton de Corbeil.
Même constatation au sein des assemblées électorales de Montfort et de Mantes, d'Etampes, de Saint Germain en Laye, de Versailles et de Pontoise. Ainsi, un menuisier est maire de Santeny, un charron est maire de La Queue, tous deux du canton de Sucy. Un boutiquier est élu dans le district de Montfort, un jardinier dans celui de Mantes.

Le district de Versailles compte peu de cette catégorie professionnelle : un serrurier à Ville d'Avray, un plombier ou fontainier à Wissous, un aubergiste à Meudon, un épicier à Montigny.
Dans le district de Mantes, on trouve un négociant à Argenteuil, un marchand d'arbres à Aubergenville. Dans celui de Saint Germain en Laye, un marchand-meunier à Triel. Les négociants et entrepreneurs de la bourgeoisie d'affaires sont mieux représentés dans les districts de Versailles (18 %) et Corbeil (23,5 %).
Une autre partie du monde des entreprenants et commerçants est constituée par la catégorie des "négociants" et "entrepreneurs" de la bourgeoisie d'affaire. Cette catégorie est bien représentée dans les districts de Versailles (18 %) et de Corbeil (23,5 %). Ils sont moins nombreux dans les districts de Pontoise, Montfort, Etampes, Dourdan et donc moins significatifs en influence. Il s'agit là d'éléments permettant de penser que les districts et arrondissements du département ont en général intégré dans leurs assemblées le monde des boutiquiers, commerçants, artisans, négociants et entrepreneurs jusqu'à une période que l'on peut situer à la fin du 19ème siècle. Leur catégorie sociale et professionnelle constituerait un fort groupe d'intérêt notamment au sein des assemblées électorales de Corbeil et Gonesse pour les boutiquiers et artisans et de celles de Versailles et Corbeil pour la bourgeoisie d'affaires (négociants, entrepreneurs). Cette caractéristique aurait perduré tout le 19ème siècle. On peut s'étonner de devoir constater que cette catégorie sociale mutante n'ait pas ressenti plus tôt le besoin ni l'utilité de se rassembler dans une association multiprofessionnelle, par exemple d'arrondissement, départementale ou dans une chambre de commerce avant 1899, année de la création des CCI de Versailles, Corbeil, Meaux et Melun, chambres récentes si l'on veut bien constater que de nombreuses assemblées consulaires ont vu le jour dès le 16ème siècle avec des sommets sous le second Empire et la IIIème République. (*L'institution des chambres de commerce*, op. cit. pp. 1 à 3).
La fin du département de Seine et Oise résulte de la loi n° 64-707 du 10 juillet 1964 portant sur la réorganisation de la région parisienne. Le département de Seine et Oise fut supprimé et remplacé par les départements des Yvelines, du Val d'Oise et de l'Essonne. Voir section I et II du chapitre 3 de la 1ére partie.

I- Répartition sociale et professionnelle des électeurs des districts de Seine et Oise aux élections de 1790

	VERSAILLES	ST GERMAIN EN LAYE	MANTES	MONTFORT	DOURDAN	ETAMPES	PONTOISE	CORBEIL	GONESSE
CLERGÉ	2,7 %	2,7 %	2,5 %	1,7 %	2,2 %	2,7 %	5 %	2,8 %	1,6 %
NOBLESSE	9,4 %	2,7 %	2,5 %	6,8 %	2,2 %	5,5 %	2,5 %	2,8 %	4,8 %
BOURGEOISIE	54,7 %	46,8 %	34,1 %	32,7 %	31,1 %	29,1 %	33,7 %	39,4 %	54,8 %
ARTISANAT ET BOUTIQUE	11,4 %	6,3 %	5 %	0 %	2,2 %	8,3 %	7,5 %	19,7 %	17,7 %
PAYSANNERIE	20,9 %	41,4 %	54,4 %	58,6 %	62,2 %	52,7 %	50 %	32,3 %	37,7 %
INDÉTERMINÉ	0,6 %		1,2 %	0 %	0 %	1,3 %	1,2 %	2,8 %	3,2 %

D'après M. Jean-Claude Attuel. Voir bibliographie.

II- Ordre dans le classement par district

1 Corbeil 19,7 %

2 Gonesse	17,7 %
3 Versailles	11,4 %
4 Etampes	8,3 %
5 Pontoise	7,5 %
6 St Germain	6,3 %
7 Mantes	5 %
8 Dourdan	2,2 %
9 Montfort	0 %

CHAPITRE 2

LES INSTITUTIONS CONSULAIRES, LA PHILOSOPHIE CONSULAIRE DE LA RÉVOLUTION AU SECOND EMPIRE, NAPOLÉON III, LOUIS PHILIPPE IER, LAMARTINE, PRÉCURSEURS DE L'ETAT MODERNE LIBÉRAL ET MONDIALISÉ DU TROISIÈME MILLÉNAIRE

SECTION I

LES PRÉCURSEURS. LOUIS XVIII, CHARLES X, LAMARTINE, LOUIS-PHILIPPE

Témoignage de LOUIS XVIII modérateur des ultras, auteur de la Charte de 1814 et de CHARLES X qui en fut le fossoyeur

Avec la Charte, « nous étions tombés d'accord sur la nécessité d'adopter une politique de pondération du pouvoir et de la liberté, de réconciliation et de rapprochement de tous les hommes de loyauté et de bonne foi, d'appel à tous les sentiments honnêtes d'union de tous les cœurs vraiment français sous le drapeau de la légitimité ». Richelieu, Ministre de Louis XVIII, 1814.

Avec la suppression des libertés octroyées et garanties constitutionnellement par la Charte, et la suspension de la liberté de la presse, Charles X, par les ordonnances de 1830 est responsable de sa chute. Il donne l'occasion au tribunal de commerce de Paris de manifester son indépendance et sa rectitude dans l'application du droit relatif au pouvoir accordé au roi par la Charte. En sa séance du mois de mai 1830 et sous la présidence de son président M. Ganneron, le tribunal se réfère à l'article 14 de la Charte qui dispose que le roi est *« le chef de l'Etat »... « qu'il fait les règlements et ordonnances nécessaires pour l'exécution des lois et la sûreté de l'Etat ». Il considère que l'imprimeur Gaultier de Laguionie a été condamné à imprimer le journal « le Courrier français » dans les 24 heures pour tout délai, attendu « qu'en vain, pour se soustraire à ses obligations, Gaultier de Laguionie oppose un avis du préfet de police contenant injonction d'exécuter une ordonnance du 25 de ce mois ; que cette ordonnance, contraire à la Charte, ne saurait être obligatoire ni pour la personne sacrée et inviolable du roi ni pour les citoyens aux droits desquels elle porte atteinte ; qu'aux termes même de la Charte, les ordonnances ne peuvent être faites que pour l'exécution et la conservation des lois et que l'ordonnance précitée aurait au contraire pour effet la violation des dispositions de la loi du 28 juillet 1828... »*, Victor Nouvion, *Histoire de Louis Philippe* 1er, op. cit . Bibliog. S'agissant de la liberté de la presse et des imprimeurs et éditeurs, la lutte pour la liberté était l'opportunité du moment de voir accordées, maintenues et garanties aux élus des chambres et tribunaux leurs franchises consulaires, comparables sinon identiques à celles traditionnelles des universités et corporations universitaires depuis leur fondation. Ce bel exemple de fierté et d'indépendance consulaires explique sans doute pourquoi la notion de "charte" est encore une référence en cette fin de siècle pour les élus des chambres et tribunaux de commerce, réminiscence de la Charte de 1814 dans leur mémoire collective d'entreprenants.

Témoignage de LOUIS PHILIPPE, roi des Français devant les élus consulaires du tribunal de commerce de Bernay dans l'Eure, août 1833.
Bibliog. Eric le Nahour, «*Les deux Restaurations* et Victor Nouvion, *Histoire de Louis-Philippe 1er*, *1847-1851* .
Le règne de ce roi "gentilhomme bourgeois" a été enrichi au sens propre et figuré par *la « bourgeoisie pleine du sentiment de sa force, ajoutant à son bon droit le mérite de sa modération et de sa longanimité »*, toutes deux vertus éminemment consulaires . (Voir *l'institution des Chambres de commerce*, op. cit. pp. 301 et suivantes). La restauration louis-philipparde fut une période de paix, sans événement notable ni dramatique ni conflits majeurs, « sans souffrance excessive, sans dictateurs, la Restauration de Louis-Philippe comme celle de ses deux prédécesseurs Louis XVIII et Charles X offrent toutes deux l'image d'un ronronnement paisible d'une société qui n'aspire à rien de moins qu'un confort et à la tranquillité. »
Extrait de séance du tribunal de commerce de Bernay, août 1833. Discours de Louis-Philippe, roi des français : *« ... Sans doute, il faut que la vérité arrive aux rois, mais il faut aussi qu'elle arrive aux nations. Aujourd'hui, les nations ont leurs flatteurs comme jadis les rois avaient les leurs ; et ces flatteurs savent aussi bien tronquer la vérité par la flatterie que la comprimer par l'insulte et l'obscurcir par la calomnie. C'est au temps et à la raison publique à en faire justice et ce n'est qu'en repoussant l'optique de la passion et de la partialité que l'esprit du peuple parvient à juger sainement les choses et à démêler ses véritables intérêts. C'est ainsi qu'on peut apprécier les avantages réels dont on jouit et qu'on ne s'expose pas à les compromettre pour courir après les chimères que vous avez si justement signalées en rappelant les malheurs qu'elles ont fait peser sur la France ».*

Témoignage de LAMARTINE, homme d'Etat et poète
.Bibliog. Gérard Unger in « *Lamartine, poète et homme d'Etat* », Sylvie Giulg, Droit et économie, ANDD, Association nationale des docteurs en droit, n° 84, 1998.
Selon ces auteurs, la pensée politique de Lamartine illustre le passage de la monarchie de droit divin à la démocratie dans une république modérée et laïque. Sa vision à trop long terme des évolutions vers une démocratie sociale, l'a conduit à être abandonné par tous ses soutiens de gauche comme de droite. Le progrès qui s'incarne dans l'égalité et la liberté l'a amené à défendre des conceptions économiques somme toute libérales, mais tenant compte d'une intervention modérée de l'Etat pour réguler le marché : *« L'Etat est garant du travail pour tous et de la libre concurrence, mais n'intervient pas dans les relations entre employeurs et employés et ne doit pas être propriétaire des moyens de production »... « Puisqu'ils veulent que le gouvernement démocratique possède, instruise, travaille, produise , vende et achète, pourquoi ne le chargeraient-ils pas aussi de parler, d'écrire et de penser pour tout le monde. La tyrannie serait plus complète et la servitude mieux assurée. »*
La controverse à propos de la publication dans le « *Journal des économistes* » en 1845 entre les tenants d'un libéralisme tempéré par la démocratie sociale entre Bastiat et Lamartine est restée célèbre (1). Elle conduit à envisager l'hypothèse que l'esprit novateur n'est pas par nature le fait du seul libéralisme doctrinaire et encore moins des vertus de l'intervention d'un « Etat » dans l'économie fût-elle modérée, mais d'une strate sociale, celle des commerçants et entreprenants.

L'Institution des Chambres de commerce, op. cit., p. 301

SECTION II

TÉMOIGNAGE DE LOUIS NAPOLÉON, EMPEREUR DES FRANÇAIS ETAT DES INSTITUTIONS CONSULAIRES SOUS LE SECOND EMPIRE

Napoléon III, comme Président de la IIème République puis Empereur, fut comme Lamartine coureur de popularité avec les mêmes assises de pouvoir économique, celles d'une bourgeoisie affairiste, avisée et moderne. Louis XVIII, Charles X, Louis-Philippe ont en commun avec Louis Napoléon et Lamartine de ne pas avoir été à même d'observer de leur vivant les bienfaits de l'action personnelle qu'ils ont eu quelquefois sans le savoir , plus rarement encore sans le vouloir (Charles X), sur les évènements du courant de l'histoire et sur toute la société. Les hommes de la IVème République ont connu une situation similaire, œuvrant à la reconstruction du pays et préparant les « trente glorieuses années » qui ont suivi. Le jugement des historiens est aujourd'hui moins injuste… Oublié après avoir été décrié par l'opinion des élites, tour à tour ou simultanément républicain, autoritaire, tyran débonnaire, impérial et social, Louis Napoléon ne manquait ni de courage ni de générosité. Il était plutôt sympathique. Il aimait le peuple et la chose publique. Il a fait pour eux plus qu'aucun de ses anciens Rois mais il n'a pas su trouver le dénouement de son aventure.

Article 1 – Témoignages de Lamartine, ministre du gouvernement provisoire de la république et poète, et de Louis Napoléon, Président de la IIème République, puis Empereur des Français.

Le second Empire occupe une place à part. Il aura été la période la plus riche pour la progression de l'idée et de la pratique consulaire des chambres de commerce et des tribunaux de commerce, l'empereur président ayant joué un rôle de promoteur avant l'heure d'une économie libérale républicaine et sociale. Alors que triomphait partout en Europe le libéralisme des économistes classiques, c'est bien sous le second Empire qu'ont été renforcées et développées les institutions consulaires maintenant et développant les chambres de commerce mais aussi les tribunaux de commerce, les tribunaux des prud'hommes, les tribunaux des baux ruraux, institutions professionnelles corporatives liées à l'économie sociale et facteurs de cohésion sociale. L'historien, lors de la défaite de 1870, de même que l'homme de la rue, s'est demandé à juste titre pourquoi cette joie en apprenant la chute de Badinguet," tandis que l'autre, là-haut sur sa colonne de bronze, dressait plus rayonnant que jamais dans le ciel orageux la gloire de sa tyrannie militaire ? " C'est que l'un avait su tomber tandis que l'autre s'était laissé choir …alors que se concrétisait parallèlement à sa destinée, le rêve de liberté et de réconciliation américain de Georges Washington et Abraham Lincoln. (voir *L'institution des chambres de commerce* ; op. cit. pp. 127 et suivantes). Dans le même esprit, Napoléon III, comme les autres grands hommes dont le nom est inscrit au Panthéon de l'histoire de France et de l'humanité, a participé au progrès économique et social, à la naissance et au développement des économies à vocation mondialiste et de libre commerce nées d'un droit nouveau reconnu aux peuples des cinq continents à disposer d'eux-mêmes. Il a sa place dans le courant de l'histoire (*l'Institution des Chambres de commerce*, op. cit., p. 296) aux côtés de celle du peuple des Etats-Unis dont la « *manifest destiny* » est aussi d'être tout ensemble et par excellence un peuple de commerçants épris de liberté. L'existence d'un courant de l'histoire n'exclut pas l'influence des hommes de progrès. Napoléon III en fait partie avec Louis Philippe et Lamartine. Cette qualité ne leur a pas été reconnue de leur vivant par les élites. Aujourd'hui, des historiens, publicistes leur rendent justice (voir notamment l'ouvrage de Philippe Seguin, *Louis Napoléon le grand*, op. cit. Bibliog.). Sur un des monuments de la ville de Washington, dédiés à la mémoire des fondateurs des Etats-Unis, sont inscrits les mots « *What is past is prologue* ». Le passé est le prologue du futur. Et en effet, il porte la société des hommes qui la composent vers le progrès de l'humanité et l'espérance renouvelée en une promotion des sciences par une constante mise à jour des idées et des connaissances révélées ou acquises avec le siècle des lumières. L'administration et le droit du second Empire, tout à la fois et tour à tour, impérial, autoritaire, républicain et social ont, sinon fondé, du moins arrêté les bases d'un droit public consulaire moderne. Ils ont en effet contribué à établir le principe du marché et les valeurs managériales du futur en suggérant : - que la loi du marché, si elle s'impose, n'est pas une fin en soi, mais un moyen d'améliorer le fonctionnement des entreprises, sociétés, commerçants et entreprenants - que le marché n'est pas sans loi mais doit être régulé par un Etat, fût-il d'inspiration libérale (influence de Lamartine et de Louis-Napoléon) - que l'Etat libéral se doit de veiller constamment et scrupuleusement (optimum d'Etat) au respect de ce minimum de règles indispensables pour que la société ne livre pas, sans recours et sans frein ni impunité, le faible au fort dans une société de capitalisme sauvage en y mettant un minimum de moyens mais juste suffisants pour obtenir le maximum d'effet compatible avec le jeu du marché en économie de libre commerce et concurrence. Cela suppose que la règle de droit soit appliquée dans toute sa rigueur et à l'exécution avec le minimum de discussion : dura lex sed lex.

Bibliog. *Mercure de France N° XIX 1er Germinal An 9*
Actes officiels du gouvernement provisoire, 1848.
E.N Rocheverre, *L'héroïque folie, 1899.*

<u>Article 2 – Etat des institutions consulaires sous le second Empire</u>

Plusieurs institutions sont censées avoir pour mission de veiller aux intérêts du commerce, des services, de l'industrie manufacturière et d'assurer leur prospérité.

Les chambres de commerce sont la transformation des assemblées de commerçants qui, sous la monarchie ancienne d'avant 1789, s'étaient formées dans certaines villes pour s'entendre sur leurs intérêts particuliers de commerçants et entreprenants.

En 1789, elles étaient au nombre de 13.

Les décrets du 3 septembre 1851 et du 30 août 1852 en déterminaient l'organisation tandis qu'un décret impérial (Napoléon III) fixait leur circonscription et le nombre de leurs membres.

Les membres des chambres selon ces décrets étaient désormais élus et choisis parmi les individus exerçant ou ayant exercé (anciens membres) une profession industrielle ou commerciale. Ils étaient nommés pour six ans et renouvelés par tiers tous les deux ans et indéfiniment rééligibles. Les attributions des chambres étaient de deux sortes : celles qui leur appartiennent comme organes officiels du commerce auprès du gouvernement et celles qui leur reviennent comme mandataires du commerce pour la gestion d'intérêts collectifs.

Comme organes officiels du commerce, les chambres ont droit de présenter au gouvernement leurs vues sur les améliorations à introduire dans la législation commerciale et sur les moyens d'accroître la prospérité de l'industrie et du commerce. etc... Elles fournissent au gouvernement les renseignements qui leur sont demandés sur tout ce qui peut intéresser le commerce et l'industrie : législation, tarifs, création de tribunaux de commerce, de banques, de bourses, etc... Enfin, elles nomment les membres du conseil général du commerce.

Comme mandataires du commerce pour la gestion d'intérêts collectifs, elles sont chargées de l'administration de la bourse, s'il en existe dans la ville où elles siègent, ainsi que de l'administration des établissements créés pour l'usage du commerce tels qu'entrepôts, conditions pour les soies, cours publics pour la propagation des connaissances commerciales et industrielles lorsque

toutefois ces établissements ont été formés au moyen de contributions spéciales sur les commerçants.
Noter que les CCI modernes ont conservé, à quelque exception près, les mêmes prérogatives. Par rapport aux chambres de 1850, le renouvellement par des élections partielles a lieu tous les trois ans pour un mandat de neuf ans au lieu de deux ans pour un mandat de six ans et les attributions dans leur champ d'activité sont restées quasiment identiques.
Les chambres consultatives des arts et manufactures ont été établies par la loi du 22 germinal an XI (13 avril 1803) dans les villes qui renfermaient une agglomération de fabriques créées pour un même genre de productions manufacturières. Elles diffèrent des chambres de commerce seulement en ce qu'elles embrassent une circonscription beaucoup moins étendue et en ce qu'elles sont entretenues par les villes qui les possèdent au lieu d'être comme les chambres de commerce, à la charge de tous les patentés compris dans leur circonscription. L'organisation des chambres consultatives a été réglée par un décret du 30 août 1852. A l'époque leurs membres sont au nombre de 12 et nommés par la voie de l'élection. Leurs attributions consistent à donner à l'administration les avis et les renseignements qui leur sont demandés sur les activités dans lesquelles les intérêts industriels et commerciaux des ressortissants ont des intérêts dont ils assurent la défense et la promotion.
La création du conseil général du commerce et des manufactures remonte à Louis XIV (29 juin 1700) et son organisation "moderne", a été réglée par les décrets du 1er février 1850 et du 9 avril 1851. A cette époque, c'est une assemblée accidentelle et transitoire que le ministre de l'agriculture et du commerce convoque quand il le juge convenable et dont il règle à son gré la durée de la session. Le nombre de ses membres n'est pas déterminé.
Le conseil de 1850 se composait de 236 membres sur lesquels le ministre en avait nommé 120, les chambres de commerce 65 et les chambres consultatives des arts et manufactures 51.
Un conseil supérieur du commerce, de l'agriculture et de l'industrie avait été créé en 1824. Régi par un décret de 1853, il comprenait 18 membres nommés par le ministre chargé du commerce et de l'agriculture qui les choisissait "parmi les plus hautes notabilités". Comme le précédent, ce conseil donnait son avis sur les questions commerciales et industrielles que le gouvernement jugeait à propos de leur renvoyer notamment en ce qui concerne les douanes, les traités de commerce et de navigation, etc...
En 1805 existait près du ministre des travaux publics un conseil ou comité consultatif des arts et manufactures dont la création remontait au 16 ventose an XIII (7 mars 1805). Ses membres étaient nommés par le gouvernement et, contrairement aux autres conseils, rétribués. Ils avaient pour fonction de donner leur avis sur toutes les questions industrielles se rattachant à l'hygiène publique. Le conseil consultatif des arts et manufactures a cessé d'exister, de même le Conseil général du commerce et des manufactures qui comprenait tous les secteurs d'activité de l'économie et pas seulement le commerce. Le Conseil national du commerce n'en est pas l'héritier institutionnel, il est peut être celui des organisations patronales représentatives des professions du commerce (syndicats et organisations professionnelles patronales)...

Ces développements en introduction se veulent une contribution à la science administrative juridique et politique particulière aux établissements publics administratifs nationaux (de l'Etat). La première partie traite de la pratique ordinaire de l'institution consulaire ; elle a pour objet de décrire. La seconde partie traite des règles du droit dont elle se réclame dans la société.

Première partie

PRATIQUE ORDINAIRE DE L'INSTITUTION

La pratique consulaire est le libre jeu des activités volontaires de l'institution dans sa façon concrète d'exercer le pouvoir tel qu'il lui est conféré par le peuple des commerçants et entreprenants et tel qu'il lui est reconnu par la Constitution en tant que corps constitué.

Les chambres de commerce sont l'exemple même de l'institution "située", c'est à dire occupant une certaine place dans la hiérarchie socio-économique à un certain point de la durée et dans le courant de l'histoire. (*l'institution des chambres de commerce* op. cit. p. 296).

Par sa présence, la strate sociale des commerçants et entrepreneurs représentée par l'institution des chambres de commerce élue exerce au sein de la société où elle est insérée une fonction de paix et de modération propice aux affaires et au libre exercice du commerce.
L'institution "située" est comme une personne heureuse qui donne aussi dans son être le meilleur d'elle-même parce qu'elle se sent "bien" là où elle exerce ses activités, dans son milieu culturel particulier et propre à la civilisation dont elle est en quelque sorte le produit.
Les chambres donnent le meilleur d'elles-mêmes là où sont implantés des régimes politiques dits de "libertés" par opposition aux régimes d'"autorité", où en raisons de circonstances particulièrement difficiles de leur histoire elles sont ou ont été de simples courroies de transmission du pouvoir des partis au pouvoir en place. Ce libéralisme démocratique " consulaire ", tempéré par une structure à élasticité jouant un rôle compensateur et modérateur des appétits matériels comme des abus des forces spirituelles doctrinaires ou cléricales (Etat libéral modéré) pourrait- il leur convenir ? Voir l'institution des chambres de commerce , op. cit. pp. 132, 303.
L'idéal est tracé entre le colbertisme de l'Etat omniprésent et un libéralisme utopique par opposition au régime d'autorité peu tolérant du grand Roi. L'environnement le plus favorable au développement des chambres est le terreau libéral dans une économie libre mais l'avenir reste plus que jamais lié à la nature d'un régime politique de libertés sans lequel elles n'ont pas la possibilité de pouvoir laisser jouer librement leur système interne de direction et de balance des pouvoirs. (L'institution des chambres de commerce op. cit. pp. 269 et 305). Et cela reste vrai spécialement pour les chambres françaises qui ne sont inféodées de façon collective ou concertée à aucune idéologie philosophique ou doctrinale militante spiritualiste ou matérialiste, se gardant bien toutefois de rompre tout lien avec l'Etat auprès duquel elles sont les représentants des intérêts industriels, commerciaux et des entreprenants. A cet égard, l'institution devrait continuer à se développer non pas "contre" ou "sans" ou "nonobstant" mais "avec" l'appui des pouvoirs publics, du Parlement et de la Constitution (CCI, pouvoir constitué, cf. l'institution des chambres de commerce op. cit. p. 304).

Les chapitres I et II qui suivent ont fait l'objet d'exposés devant les ministres et hauts fonctionnaires des départements du commerce du Cambodge (Phnom Penh 1993) et du Mexique (Mexico 1996) intéressés par les institutions consulaires "à la française" pour une transition vers une économie plus "libérale".

CHAPITRE 1

LES CHAMBRES DE COMMERCE, INSTITUTIONS ISSUES DE LA TRADITION NAPOLÉONIENNE

GÉNÉRALITÉS

Dans tout Etat existe un régime légal et une autorité suprême, le Parlement qui fait la Loi (pouvoir législatif) et un pouvoir exécutif, par exemple un président qui la met en œuvre par voie de décret, d'arrêtés, de circulaires exerçant le pouvoir réglementaire. Qu'il soit unique ou collégial exercé par une assemblée ou un parti (dans les régimes de pluripartisme ou de parti unique) le régime de gouvernement considère le pouvoir des chambres comme subordonné. Collectivité secondaire particulière, celle des commerçants et entreprenants, la chambre de commerce reste soumise à l'Etat de droit tel que l'a sécrété la sociologie du peuple commerçant et entreprenant et dont il fait partie intégrante sans pouvoir se soustraire à la loi ordinaire. La loi s'applique de façon égalitaire et à tous, selon les principes du service dû aux citoyens, par l'Etat, par les collectivités territoriales et socio-politiques autorisées par la Constitution (ou ce qui en est le correspondant), région, département, communes des villes et villages.
L'histoire des chambres, quand elles existent, appartient au peuple des commerçants et entreprenants avec leur art particulier à l'exercice d'activités que la tradition observe dans le monde entier, travail de ceux qui achètent transforment pour revendre ou qui distribuent des biens et prestations en services et en industries, industries manufacturières, industries de la communication, informatique, sciences de la communication qui ont généré des activités permettant de collecter et de traiter toutes les informations utiles pour l'exercice du commerce et de l'industrie et pour le gouvernement des Etats, dans une économie mondialisée où l'économique a pris le pas sur le politique.
Les chambres situent leurs interventions "ordinaires" dans le tissu social et économique à trois niveaux sans hiérarchie entre eux :
- les chambres locales, chambres de base
- les chambres régionales
- les chambres de niveau national qui sont l'émanation des chambres locales et régionales. Les chambres locales et régionales ne peuvent se substituer à l'instance souveraine qui est le peuple des commerçants et des entreprenants représenté par ses assemblées, ses conseils et ses élus. Ce sera par exemple en France l'Assemblée des Chambres Françaises de Commerce et d'Industrie (ACFCI).

Leur nature profonde les lie à l'Etat et au peuple, elles sont dans le peuple et élues par le peuple des commerçants et entreprenants qui élisent leurs représentants. Elles sont "consulaires" car issues de l'élection et de ce fait à vocation publique.

Elles sont des personnes de droit public mais elles sont à l'intersection, au carrefour du secteur public et du secteur public lié au gouvernement de l'Etat et du secteur privé soumis à la loi du marché.

Personne morale de droit public		Personne morale de droit privé
	Les chambres de commerce établissement public au carrefour du secteur public et du secteur privé	

Dans aucune nation du monde tel qu'il est, n'existe à l'état pur un secteur public unique sans secteur privé ou ni un secteur privé sans secteur public. La société est toujours mixte avec plus ou moins d'Etat.
La tradition napoléonienne des chambres de commerce est liée à l'histoire de France par ses racines à la fois centralisatrices et révolutionnaires (Révolution des Lumières de 1789 et 1793). Elle s'oppose au libéralisme du commerce "sans Etat". Elle est située dans une société de l'optimum d'Etat respectant les mécanismes du marché. La chambre de commerce consulaire élue est un établissement public économique (économique = qualité de ce qui a trait à l'analyse et à la pratique du jeu libre des mécanismes de l'offre et de la demande en économie de marché), dans le respect des règles imposées par l'Etat de droit issu de la culture du peuple situé par son milieu social et le moment de son histoire tel qu'elle l'a façonné et dont fait partie le peuple particulier des commerçants et entreprenants.

Au cours des dernières années du 20ème siècle, la politique a perdu la primauté dans la société au profit des forces du marché. Paradoxalement, les excès du pouvoir économique donnent une nouvelle chance aux institutions consulaires. Ainsi, la situation mixte des chambres les met dans une situation stratégique favorable : en effet, l'institution reçoit par délégation du Parlement (du peuple) les délégations de service public et de concessions ainsi que l'autorité et l'aptitude pour lever l'impôt et recevoir aides et subventions des autres personnes publiques (collectivités territoriales, collectivités publiques). La souveraineté des chambres est toutefois limitée. Seul le Parlement fixe les règles relatives à l'assiette au taux et aux modalités de recouvrement des impositions de toute nature dont elles peuvent bénéficier. Les chambres se voient seulement reconnaître la fixation du taux à l'intérieur des limites que leur aura fixé le Parlement. Le Parlement qui représente le peuple autorise une collectivité partielle, composée de commerçants et d'entreprenants caractérisée par leur fonction au sein de la collectivité populaire qui est d'acheter pour revendre des biens et prestations, à prélever sur les contribuables les impôts nécessaires au fonctionnement et aux actions en faveur de l'intérêt général représenté par l'institution consulaire organe élu des intérêts commerciaux et industriels de sa circonscription (ressort territorial). Par convention pour la suite de notre propos, nous donnerons au mot "consulaire" la signification d'"élu", au mot chambre celle de "lieu des séances des membres" et aux termes "compagnie consulaire" celle d'établissement géré par la chambre et ses élus.
Le tableau comparatif ci-après entre le modèle napoléonien français issu du droit romain et partiellement du droit romano-germanique, et le modèle anglo-saxon de la "common law" permet de mieux appréhender l'intérêt de l'un ou de l'autre système d'institution pour représenter et défendre les commerçants et les entreprenants (commerce, industrie, services).

Modèle anglo-saxon de la common-law	**Modèle napoléonien et du droit romano-germanique**
- club privé - personnalité juridique de droit privé	- établissement public sous tutelle - personnalité juridique de droit public
- cotisation privée ; libre entrée sur recommandation de 2 ou plusieurs membres - adhésion à un "club"	- monopole : art. 1 loi de 1898 ; elles sont auprès des pouvoirs publics les organes représentant les intérêts commerciaux et industriels de leur circonscription. - cotisation fiscale - imposition additionnelle à la taxe professionnelle pour frais de CCI
- pouvoirs de représentation ayant force de droit privé sans prérogative d'Etat	- élection au suffrage universel, scrutin uninominal majoritaire à un tour - pouvoirs de représentation - acteur économique ayant des prérogatives de puissance publique (prérogative d'Etat, pouvoir exorbitant du droit commun ; exemple pouvoir d'expropriation pour cause d'utilité publique). - gestionnaire d'équipements collectifs.
- peut faire faillite - peut être saisie de ses biens	- ne peut pas faire faillite - pérennité de l'institution - ne peut pas être saisie de ses biens.
- juridiction de droit commun privé en cas de procès.	- juridiction des tribunaux de l'ordre administratif public compétente en cas de contentieux
- arbitrage : procédure privée.	- en France, justice privée de la Cour d'arbitrage européenne.
- pas de lien institutionnel avec un tribunal de commerce	- lien institutionnel avec le tribunal de commerce local : origine commune des CCI et des tribunaux, droit d'exception en faveur du groupe social des "commerçants" (industriels, commerçants, prestataires de services)
- rappel de la déontologie des commerçants : notions d'honneur, d 'honorabilité et de probité	- lutte contre la corruption, application des articles 432-12 et 432-17 du code pénal (délit d'ingérence, prise illégale d'intérêts)
	- répartition géographique : au moins une chambre par département. Chaque CCI est rattachée individuellement à l'Etat et non au département ou à la région sous le contrôle d'un ministère de tutelle. Mais la législation relative à la déconcentration des décisions administratives individuelles intéressant les CCI a déconcentré plusieurs décisions entrant dans le champ des compétences du ministre chargé de la tutelle des chambres, la compétence du préfet de département étant désormais de droit commun. *

* Voir JO du 18 janvier 1997 p.918 et JO du 27 décembre 1997 p. 46.036 déconcentration des décisions administratives individuelles.

CHAPITRE 2

MISSIONS GÉNÉRALES ET PARTICULIÈRES DES CHAMBRES DE COMMERCE

Il s'agit des fonctions ou tâches assurées par les chambres en tant que participant à l'exercice de la puissance publique (missions de service public exercées directement ou par délégation avec des prérogatives exorbitantes du droit commun).

SECTION I

MISSIONS GÉNÉRALES

Les missions générales des chambres sont celles autorisées par la loi fondamentale et l'acte réglementaire qui les a créées et installées au lieu choisi pour leur implantation territoriale. Les conditions de la création et de la suppression d'une chambre sont précisées dans la loi fondamentale du 9 avril 1898 modifiée. Lors de sa création, cette loi assure à la nouvelle chambre une base locale indispensable pour son futur fonctionnement dans le milieu économique (bassin économique) où elle est située. L'avis - favorable - du maire ou du chef de la commune où elle est installée et qui en tient lieu en est la garantie. Il en est de même en cas de suppression d'une chambre par l'autorité légale. L'avis de la collectivité qui a "accueilli" la chambre doit être obtenu, et un avis favorable est déterminant sauf à créer des conflits avec la population locale de la commune ou du village.

1- Les chambres ne sont pas laissées sans contrôle de l'Etat. Elles sont l'objet d'un contrôle de tutelle non hiérarchique en référence à la loi et au règlement. Le bloc de légalité (loi et règlement) applicable aux chambres françaises est constitué par les lois du 9 avril 1898 modifiée, celle du 16 juillet 1987 et par le décret du 18 juillet 1991 relatif à leur fonctionnement.
Cette législation complétée par des décrets d'application des arrêtés et des circulaires peut être consultée dans les centres de documentation des chambres françaises (Recueil des textes applicables aux chambres de commerce disponible au centre de documentation de la CCI de Versailles Val d'Oise-Yvelines 1998).

En droit français des CCI les CCI ne sont pas soumises par la loi à un contrôle hiérarchique mais à un contrôle spécial qui respecte les relations d'association existant entre eux et l'Etat (Th. Bazex op.cit) le principe du contrôle non hiérarchique sur les chambres subit une seule exception : lorsque les élus de la chambre n'ont pu se mettre d'accord pour proposer une répartition cohérente des sièges affectés à la représentation du commerce, des services et de l'industrie. Dans ce cas, le préfet représente l'Etat (tutelle), il prend lui-même la décision, se substituant aux élus consulaires après qu'il ait consulté la commission. Outre le préfet président, la commission comprend trois conseillers généraux désignés par le conseil général (assemblée du département qui représente la population de cette circonscription dans son ensemble), un président et deux juges des tribunaux de commerce (tribunaux élus par les commerçants et entreprenants de l'industrie et des services).
En cas de contentieux entre la chambre et des tiers, la juridiction administrative est seule compétente. En France, le Conseil d'Etat exerce son rôle de conseiller de l'Etat et son rôle de juridiction au niveau national d'ultime recours contre les décisions et actes administratifs.

En dessous du Conseil d'Etat existent dans les départements des tribunaux administratifs. Devant le tribunal administratif toute personne y ayant un intérêt peut contester les actes de la chambre de commerce. En régime démocratique, l'appel d'une décision administrative est toujours possible. Il a lieu devant une cour intermédiaire entre le Conseil d'Etat juge suprême et le tribunal administratif local. En France, cette juridiction intermédiaire est la Cour Administrative d'Appel (CAA), compétente pour les contentieux en appel relatifs aux élections des chambres.
Les chambres sont soumises au contrôle administratif (budget et finances) d'une Cour des comptes nationale. Les chambres régionales des comptes jouent ce rôle pour les questions qui sont dans ses attributions, de telle sorte que la Cour des comptes nationale ne soit pas saturée ce qui serait inévitable si le législateur laissait s'effectuer ces contrôles par une seule instance centralisée.
Les chambres régionales des comptes ne sont rendues indispensables que par suite du trop grand nombre des contrôles et de leur importance ralentissant le traitement des affaires. Le système français a pu s'en dispenser, jusqu'à une époque récente.

-2- Les chambres sont des établissements publics administratifs à spécialité économique et à caractère propre (sui generis)
-21- Elles sont rattachées à l'Etat et non à ses collectivités territoriales subordonnées ou décentralisées
Le gouvernement sollicite les avis des chambres et les reçoit librement.
Il les consulte obligatoirement avant de légiférer sur certains textes relatifs au commerce et plus généralement à l'entreprise des trois secteurs (commerce, industrie, services), facultativement sur les autres. (sur la répartition entre les missions obligatoires, celles qui sont facultatives, on se référera aux rubriques 165 et 166 du *répertoire commercial Dalloz*). Toute chambre est libre de donner son avis sur l'orientation politique du gouvernement relative au commerce. Elle communique librement sans être soumise à aucune censure avec l'Etat, les collectivités publiques territoriales et non territoriales, l'opinion publique (presse).
L'Etat peut leur déléguer certaines de ses prérogatives de puissance et de service publics. De même, les autres collectivités publiques peuvent consentir ces délégations
- soit par des délégations permanentes : service public concédé au sein de syndicats mixtes public-privé au sein de sociétés d'économie mixte ou par des concessions de ports et aéroports
- soit par des délégations en période exceptionnelle (crise-guerre) lorsque le secteur public est défaillant (tel a pu être le cas en France de la monnaie, du courrier postal), ou lorsque le secteur privé s'est désintéressé par exemple d'activités non rentables mais indispensables à la vie collective (exemple : absence de commerce d'alimentation dans une zone rurale).
Le mandat du président (pouvoir exécutif de la chambre) est limité à 3 ans. La chambre consulaire (élue) établit des plans à 3 ans. Le plan triennal est exécuté après que la chambre réunie en assemblée générale l'ait voté chaque année (principe de l'annualité budgétaire) au fur et à mesure de sa réalisation.
-22- Les chambres sont des collectivités publiques non territoriales, locales ou régionales.
L'institution d'une chambre régionale permet d'associer les chambres locales à des actions concertées ou communes sur un espace plus vaste (bassin économique)

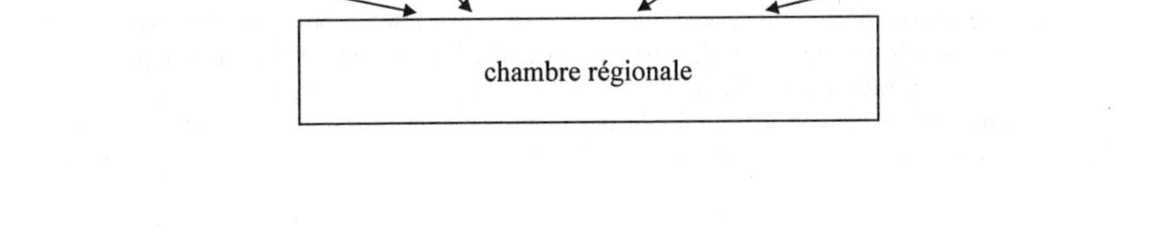

-3- Les chambres participent au service public.
Elles gèrent les services publics dont elles ont la charge en direct (gestion en régie) ou par délégation (gestion concédée - déléguée, concession de ports, aéroports, magasins généraux). Egalité, gratuité et continuité sont les trois grands principes du service public à la française.
Leurs tâches se répartissent selon leur influence locale, régionale ou nationale.

- Les missions de service public des chambres s'exercent dans le cadre de leur spécialité.
Les missions de représentation et gestion des équipements et infrastructures relatives à l'exercice du commerce (spécialité économique de l'établissement public administratif chambre de commerce) sont dévolues aux chambres locales.
- les missions de représentations et d'études à vocation régionale (bassin économique) sont dévolues aux chambres régionales.

SECTION II

MISSIONS PARTICULIÈRES

1- Elles s'articulent selon 3 volets
- Promotion des idées et des connaissances économiques
- Promotion des hommes (actions d'enseignement et de formation)
- Promotion des équipements

2- Elles s'exercent dans certaines structures de l'Etat au niveau local
- dans les commissions départementales d'équipement commercial (CDEC) chargées de résoudre les problèmes posés par les relations entre le commerce traditionnel et les grandes surfaces ("la grande distribution").
- dans les commissions départementales des impôts qui sont des instances d'exception chargées d'apprécier non le droit fiscal mais l'existence ou l'inexistence du fait générateur de l'obligation du paiement des impôts dus par les commerçants et entreprenants.

3- Elles impliquent pour les CCI certaines obligations
- obligations pour les membres de respecter les règles relatives aux incompatibilités de mandat : le mandat de membre de CCI est incompatible avec celui de délégué consulaire, de membre du bureau d'une chambre de métiers (institution propre à la France et à l'Allemagne et dont l'électorat est partiellement le même que celui des CCI), de membres d'un conseil de prud'hommes, tribunal chargé de régler les litiges entre les salariés et leurs employeurs.
- obligations des membres et des délégués consulaires relatives à l'honnêteté et à la probité. Le délit d'ingérence (prise illégale d'intérêt) est constitué par le fait pour une personne dépositaire de l'autorité publique ou chargée d'une mission de service public ou par une personne investie d'un mandat électif public, de prendre, recevoir ou conserver, directement ou indirectement, un intérêt quelconque dans une entreprise ou dans une opération dont elle a, au moment de l'acte, en tout ou partie, charge d'assurer la surveillance, l'administration, la liquidation ou le paiement. Le code pénal français punit le coupable d'une peine de 5 ans d'emprisonnement et de 500 000 F. d'amende.

SECTION III

COMPOSITION - FONCTIONNEMENT DES CHAMBRES DE COMMERCE

Le terme générique de chambre de commerce inclut le commerce et l'industrie avec le secteur des services à l'industrie et au commerce (secteur dit tertiaire marchand). La chambre représente et défend les intérêts commerciaux et industriels de sa circonscription. Elle en est l'émanation. La chambre ne représente pas les professions "libérales" ni les personnels salariés des entreprises.

Article 1 : Composition des chambres de commerce - Pesée économique - Représentativité

Une analyse du tissu économique permet tous les neuf ans d'adapter la représentativité de la CCI à la réalité économique : c'est la pesée économique effectuée sous le contrôle d'une commission présidée par le préfet (commission dite de la composition de la chambre). Ainsi et par exemple :

Catégorie d'activité	sous-catégorie 2	sous-catégorie 1
COMMERCE	0 à 9 salariés	10 salariés et plus
INDUSTRIE	0 à 49 salariés	50 salariés et plus
SERVICES	0 à 9 salariés	10 salariés et plus

Les membres titulaires sont élus au suffrage universel uninominal majoritaire à un tour.
Les membres associés représentent les organismes professionnels, syndicats patronaux. Ils sont cooptés lors de la première assemblée générale de la CCI par les membres titulaires.
Les membres titulaires et associés siègent :
1- en assemblée
2- en bureau et parfois en conférence des présidents (bureau et présidents des commissions)
3- dans les commissions. Il existe deux catégories de commissions : les commissions intérieures "permanentes" et les commissions constituées pour une action particulière et pour une durée déterminée, par exemple la commission des marchés.
A leur côté, peuvent aussi siéger, si le règlement intérieur de la CCI le permet, des conseillers techniques représentant les directions locales de l'administration ou des grandes entreprises de l'Etat (ils facilitent ainsi les liens entre le secteur public et le secteur privé).
Ni les membres associés, ni les conseillers techniques n'ont le droit de vote lors des scrutins sur les budgets ou sur les affaires essentielles de la compagnie consulaire. Leur rôle est seulement et exclusivement consultatif. Le rythme des sessions de l'assemblée générale est souvent mensuel mais peut être moins fréquent si l'activité de la chambre ne le justifie pas. Le préfet est présent "de droit" aux séances de l'assemblée générale, mais sa présence n'est pas exigée pour leur validité.

Article 2 : Fonctionnement des chambres de commerce

1- Conditions d'exercice du droit de vote des électeurs et des membres des chambres

- Aux élections, chaque électeur vote dans sa catégorie et dans sa sous-catégorie d'activité économique.
- A l'assemblée générale, les membres n'ont pas le droit de voter ni de se réunir par catégorie et sous-catégorie. Comme établissements publics professionnels "économiques", les CCI ont

le devoir de défendre les intérêts commerciaux et industriels dont elles ont la garde et sont les organes auprès des pouvoirs publics (art. 1er et art. 11 3° de la Loi de 1898 modifiée).

2 - Electorat

2.1 Conditions pour être électeur des membres titulaires

- Electorat "de droit" : nationalité du pays où la chambre est installée. En France, la nationalité française est exigée.
- Electorat "désigné" : être de nationalité française et majeur (18 ans révolus)
remplir les conditions exigées par la loi pour être électeur.
Le chef d'entreprise peut être électeur supplémentaire
en tant que mandataire au titre d'une société ou en tant que
conjoint de commerçant.

2.2- Conditions pour être électeur des délégués consulaires (droit de vote)

Les mêmes que pour être électeur des membres élus.
Les cadres salariés occupant une fonction de direction technique, administrative dans les sociétés peuvent être électeurs et éligibles à la fonction de délégué consulaire s'ils remplissent les conditions légales.

3- Eligibilité

- Eligibilité des membres titulaires : être électeur et répondre aux conditions légales.
condition d'âge : 30 ans, présence à la direction d'une société d'au moins cinq ans d'âge ou diriger une entreprise individuelle comme propriétaire de l'entreprise pendant cinq ans de façon continue ou discontinue (concerne les dirigeants d'entreprises qui n'ont pas pris la forme d'une société, mais sont inscrits en tant que personnes physiques exerçant le commerce au registre national du commerce et des sociétés).
- Eligibilité des délégués consulaires : être électeur, répondre aux conditions légales, pas de condition d'âge ou d'ancienneté de la société.
Le délégué consulaire a pour fonction :
- d'élire les juges du tribunal de commerce,
- d'être le correspondant dans son canton ou dans sa commune de la CCI locale.
Pour l'élection des délégués consulaires, grands électeurs des juges, le principe un homme une voix (unicité de vote) s'applique comme aux élections politiques.
Pour l'élection des membres titulaires, les électeurs le sont autant de fois qu'ils ont d'entreprises individuelles ou de sociétés. En outre, les sociétés les plus importantes en nombre de salariés ont pour les représenter des électeurs supplémentaires désignés par le PDG (sociétés anonymes) ou le gérant (sociétés à responsabilité limitée).

4- Le déroulement d'une élection, organisation et calendrier

L'exemple des élections en France (voir tableau du calendrier des élections du 21 novembre 1994 et extraits en annexe de l'Institution des chambres de commerce LGDJ 1992 ainsi que le calendrier des élections du 17 novembre 1997).
Voir le lexique des questions juridiques pour l'organisation des élections avec leur réponse pratique (Section III infra). Ce lexique des élections constitue en quelque sorte le dictionnaire pratique succinct de la technique relative à l'organisation et au fonctionnement des élections des chambres.
Noter les précautions prises pour éviter la fraude électorale. Les listes électorales sont tenues disponibles simultanément :
- au greffe du tribunal de commerce
- au siège de la chambre de commerce
- à la préfecture du siège de la chambre de commerce
- à la mairie dont dépend l'électeur où est implantée l'entreprise au titre de laquelle il exerce son droit de vote.

Noter aussi le respect de la volonté de l'électeur qui dispose de nombreuses possibilités d'appel devant les juridictions et commissions compétentes, s'il estime devoir contester le classement dans la catégorie et la sous-catégorie, la candidature de tel ou tel électeur ou l'organisation elle-même de l'élection (contentieux en annulation des élections).

Article 3 : Mécanismes de contrôle et administration de l'institution des chambres de commerce. Exemple pris d'une grande chambre

§1 - L'administration de la chambre par son président (pouvoir exécutif) et les élus (pouvoir délibératif de l'assemblée générale)

1-1- L'équipe de direction dans un schéma "président directeur général" (strong president)
Elle est constituée de membres élus, du directeur général, des directeurs généraux adjoints, directeurs et chefs de services selon un schéma à trois niveaux :
- élus
- président
- permanents de l'administration de la chambre

Voir l'Institution des chambres de commerce, op. cit p. 47, 59, 183, 184, l'autre type de direction (weak president) où la fonction de président et celle de directeur général sont distinctes et séparées.

Elus	Président seul	Administratifs
Bureau	2 vice-présidents de délégation territoriale	directeur général
Assemblée générale	autres vice-présidents	directeurs généraux adjoints
Commissions	cabinet du président	directeurs
Présidents de commission Vice-président de commission rapporteur		chefs de service
Rôle particulier du trésorier (comparaison avec les comptables publics)		

a) La présidence de la chambre de commerce et d'industrie
La fonction de président : Il est le "patron" de l'exécutif, ainsi que du personnel. Il nomme librement et seul le directeur général des services de la CCI. Cette nomination n'est pas en France soumise à homologation par le ministère de tutelle ou par le gouvernement.
Il peut déléguer certaines de ses compétences (délégation de signature) et certains de ses pouvoirs de représentation (cas des délégations territoriales), pourvu que l'assemblée générale de la CCI l'y ait autorisé et que les formes prescrites de procédure et publicité en général prévues dans le règlement intérieur soient respectées.
Le président est ordonnateur des dépenses, fonction séparée de celle de trésorier (fonction comptable). Il respecte le principe de la séparation entre ordonnateurs et comptables.
Le président peut être assisté d'un "cabinet" composé de collaborateurs et éventuellement de conseillers techniques qu'il consulte sur les orientations données à sa politique.

b) Les commissions permanentes et ad hoc.- Les présidents de commissions
Elles manifestent le souci d'obtenir l'adhésion des ressortissants aux actions de la CCI. Elles sont consultatives et d'études. Elles ne sont pas des services gérés.
Leur ordre du jour est soumis au préalable au président.
La saisie d'une commission se fait obligatoirement par l'intermédiaire du président et du bureau. Les travaux des commissions et leurs propositions éventuelles sont soumis au bureau, puis si le président le décide, à l'assemblée générale qui peut autoriser ou non la publication d'un projet d'avis, d'étude ou de correspondance engageant la compagnie consulaire.
La fonction de vice-président de commission est en principe honorifique.
La fonction de rapporteur est exercée soit par un rapporteur général, soit affaire par affaire par un rapporteur spécialement désigné. Son rôle est de faire connaître dans son rapport l'avis de la majorité. Il est lui-même nommé à la majorité des voix des membres présents. Il peut refuser ou abandonner la charge du rapport, s'il ne partage pas l'opinion de la majorité de la commission.
Les délégués consulaires peuvent y siéger avec l'accord explicite du président de la commission et du président de la chambre. Deux exemples :
- Une commission économie générale est souvent à l'origine de nombreuses études et de nombreux projets portant des appréciations sur le bien fondé de telle ou telle proposition ou de telle ou telle loi en préparation et relatif au commerce et à l'industrie.
- Une commission tourisme-hôtellerie appelée à donner un avis sur les transferts de licence (autorisation donnée par l'Etat de faire le commerce de boissons alcoolisées) et pour lesquels l'avis de la CCI doit être obligatoirement obtenu. Cet avis est transmis au président de la CCI qui le transmet à l'administration locale chargée du tourisme et de l'hôtellerie dans les délais impartis par le législateur.
c) Le règlement intérieur de la chambre de commerce et d'industrie établit les règles de fonctionnement de l'assemblée, du bureau et des commissions.

1.2- Les délégués consulaires

a) Rôle
Grands électeurs des juges, électeurs au second degré, ils sont correspondants de la CCI locale dans leurs cantons ou dans leurs communes. Ils sont réunis une fois par an en assemblée générale des délégués consulaires au cours de laquelle l'assemblée générale de la chambre locale rend compte de ses activités en présence du préfet et du procureur de la République (ministère de la justice).
b) Mission
Les délégués consulaires apportent notamment leur concours aux commissions de la CCI locale, à ses actions d'animation, aux plans d'occupation des sols (POS), aux conseils d'administration des écoles aux côtés des membres de la chambre.

§2 - Les mécanismes de contrôle (souci "républicain" du législateur de limiter les possibilités d'abus et risques d'accaparement de l'institution par les plus riches ou les plus habiles).
a) Les mécanismes fonctionnels propres aux CCI : des butoirs et limites légaux et réglementaires peuvent être prévus par exemple : la fixation du nombre de délégués consulaires entre une limite inférieure et une limite supérieure. Sont autorisés le vote par correspondance et par procuration pour inciter à une meilleure participation électorale. L'établissement d'un régime particulier pour les CCI interdépartementales a pour but un meilleur équilibre capitale-province (regroupement des moyens) lorsqu'elle est estimée utile (taille critique). La règle est une CCI par département.
Le législateur a institué des mécanismes de sauvegarde contre la fraude et la corruption. Il a prévu l'existence de cas de perte de la qualité d'électeur et d'éligibilité. Exemple : perte des droits civiques consécutive aux délits de banqueroute frauduleuse, d'ingérence (prise illégale d'intérêts), la création d'une commission de discipline des juges consulaires et des greffiers qui a

pour objet de pouvoir sanctionner les manquements à l'honneur et à la probité. Ainsi existe une procédure de démission d'office (à l'encontre d'élus défaillants), sous le contrôle des juridictions compétentes.
Surtout le suffrage universel, rempart de la démocratie consulaire, sélectionne les candidats les meilleurs pour être membres ou délégués consulaires. L'organisation du scrutin est réalisée par voie réglementaire (décret, arrêté, circulaire ministérielle). Mais tous les inscrits au registre du commerce et des sociétés présentant les conditions légales pour être électeurs et éligibles peuvent voter et concourir à l'élection.
Historique du suffrage universel dans les chambres françaises
- 1792-1802 de la 1ère République à Napoléon Bonaparte, Empereur.
- 1830 - suffrage universel censitaire
- 1848 - Louis Napoléon, prince et premier président de la 2ème République, puis empereur des Français sous le nom de Napoléon III en 1852 institue un suffrage universel d'abord censuré par l'administration impériale mais qui peu à peu s'élargit pour devenir le suffrage universel libéré.
- 1908 - Institution du suffrage universel avec vote par catégorie au sein des chambres françaises.

b) Les organes de contrôle sur l'institution consulaire. Le registre du commerce et des sociétés et les tribunaux de commerce (*L'institution des chambres de commerce* op. cit. pp. 61 et suivantes et index), assurent le contrôle juridique. Le contrôle administratif sur les chambres est exercé par l'inspection générale de l'industrie et du commerce (IGIC)et par l'inspection générale des finances(IGF).

1- Le registre du commerce et des sociétés - RCS et le centre de formalités des entreprises (CFE)
- Historique du registre
- Organisation du registre
- Le CFE et le fichier électoral consulaire
- Les organes du contrôle :
  - le greffier
  - le juge commis à la surveillance du fichier et des activités commerciales. Le juge commis est garant de la véracité des informations contenues dans le fichier des entreprises inscrites au registre du commerce et des sociétés : notions d'établissement principal, d'établissement secondaire et des informations relatives à l'état et à la capacité des personnes :

individus (personnes physiques), personnes morales (sociétés). *Voir l'Institution des chambres de commerce*, op. cit. p. 137 et suivantes et index aux mots clefs.

<u>§3 - Les tribunaux de commerce</u>

- Rappel : distinction entre les juridictions de l'ordre administratif (public) et de l'ordre judiciaire (civil).

- Place des tribunaux de commerce au sein des juridictions.

Ordre civil	Ordre administratif
- Tribunal d'instance - Tribunal de grande instance - Cour d'appel - Cour de cassation	- Tribunal administratif - Cour administrative d'appel - Conseil d'Etat

Les tribunaux de commerce sont des juridictions d'exception élues. Elles se situent à part des juridictions de l'ordre civil, mais au même niveau dans la hiérarchie des juridictions que celui des tribunaux d'instance.

- Les juges consulaires

a) Composition du tribunal de commerce :
- les juges prêtent serment
- le greffier assume l'administration et sa fonction

Pas de ministère public. Pas d'obligation d'avocat. Le tribunal de commerce est "populaire", émanation du peuple des commerçants et entreprenants. Il juge "au nom du peuple" (En France "au nom du peuple français"); voir infra l'index général au mot tribunal et échevinage. L'échevinage introduit au sein du tribunal de commerce des juges professionnels, la présidence restant ou non acquise à un juge consulaire, les juges élus partageant ou non avec eux les formations de jugement. Un régime de ce type existe pour les départements d'Alsace et Moselle.

b) L'élection des juges
- les délégués consulaires, grands électeurs.
- le système électoral - les élections sont annuelles

<u>Article 4 : Missions exercées par une chambre de commerce à partir de l'exemple d'une grande chambre. Réseau consulaire.</u>

<u>§1- Rappel du fonctionnement des commissions et des missions des élus et des administratifs de la CCI.</u>

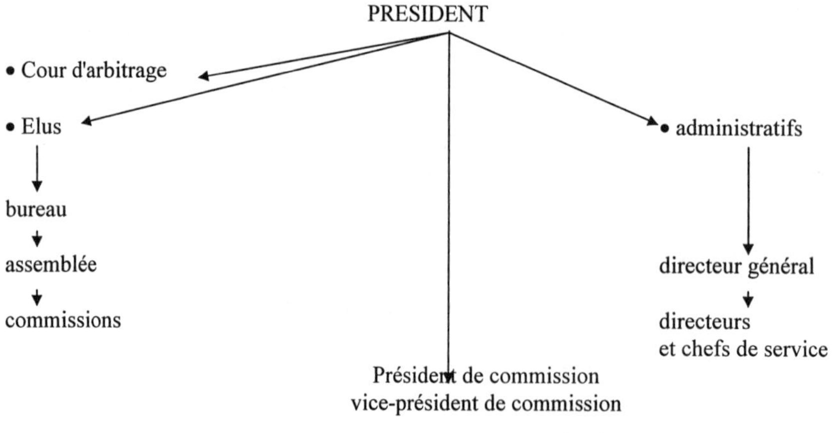

A chaque commission est rattaché mais sans lien hiérarchique, un service dirigé par un chef de service ou directeur hiérarchiquement rattaché au directeur général des services par l'intermédiaire d'un directeur général adjoint ou directement.

<u>§2- Les actions exercées par la chambre pour le développement économique de sa circonscription et notamment son action en matière d'enseignement et de formation.</u>

<u>a) Les actions d'enseignement et de formation menée par les services spécialisés des CCI</u>

Elles sont financées par les employeurs au moyen de taxes dues à l'Etat sous forme d'un pourcentage prélevé en proportion des salaires versés à leurs salariés (en France elle est de l'ordre de 2 % dont 1,2 % pour la FPC (formation professionnelle continue), 0,6 % pour la taxe d'apprentissage y compris la taxe complémentaire de 0,1 %). Noter que le % de masse salariale concernée et cumulée est de l'ordre de 2,5 % si on comprend l'effort de construction de l'ancien 1 % patronal ramené à 0,45 %.

- La taxe d'apprentissage est réservée au financement des actions de première formation. Elle est due par les employeurs occupant au moins un salarié. Le rôle de la CCI est de rechercher et de contrôler les maîtres d'apprentissage, chefs d'entreprise pour l'enseignement technique et professionnel des futurs apprentis placés avec un contrat de salarié. L'apprenti partage son temps alternativement en entreprise et dans l'école de son choix, par exemple : dans un établissement d'enseignement des compagnies consulaires.

- La taxe pour le financement de la formation continue est réservée aux actions de formation de ceux qui occupent des fonctions de salariés et veulent se perfectionner dans leur spécialité professionnelle.
A la différence de la taxe d'apprentissage, la taxe pour la formation est due par tous les employeurs. Elle est en France de l'ordre de 10 % de la masse salariale.
Les employeurs peuvent confier à la chambre le soin de verser leur taxe à l'administration fiscale. En contrepartie, le service collecteur de la chambre remet à l'entreprise un justificatif attestant avoir payé la taxe due, faute de quoi l'entreprise doit reverser au percepteur la somme qu'elle a l'obligation de dépenser pour le personnel.
Noter que l'accès à l'enseignement consulaire n'est pas soumis à l'obligation de réussir un concours d'entrée. Il n'en est pas de même des grandes écoles prestigieuses gérées par les CCI comme le groupe ESSEC (Ecole supérieure de sciences économiques et commerciales), dont le président du directoire est un membre de la chambre de commerce de Versailles, au coût de scolarité élevé, mais rendue accessible aux plus méritants par un système de bourses et de prêts aux étudiants moins fortunés ainsi que par une formation en alternance étude à l'école et apprentissage en entreprise formule inventée, initiée et développée par la grande Ecole dans les années 1990.

- Les chambres de commerce disposent de services d'orientation professionnelle qui recensent les écoles et les offres en main d'oeuvre des entreprises.

- Une cellule de coordination des actions d'enseignement coordonne les services et anime les missions de la CCI.

- Parmi les établissements voués à la formation première en alternance, on distingue deux types d'établissements gérés :

• les établissements ayant pour vocation la formation première, gérés directement par les services de la CCI; principe de base : tous les apprentis-élèves ont droit à une rémunération, fraction du salaire minimum interprofessionnel de croissance (SMIC salaire "garanti").
• les établissements ayant pour vocation la formation première en alternance gérés en partenariat avec d'autres organismes. Exemple : le partenariat de la CCI de Versailles avec l'Ecole Centrale de Paris.
• les établissements d'enseignement supérieur de la chambre : par exemple en ce qui concerne la CCI de Versailles, l'ISIPCA (Institut Supérieur International du Parfum, de la Cosmétique et de l'Aromatique), le groupe ESSEC.

- La chambre peut offrir :
Sur place en France et dans divers pays, l'appui logistique de ses services et du réseau consulaire partout où cela est souhaité: par exemple, Etats d ' Europe centrale, Afrique, Algérie, Tunisie , Maroc, Cambodge, Laos, Etats d'Amérique latine, d' Amérique du Nord , du Sud, d'Amérique Centrale, du Moyen Orient, Syrie, Liban, Libye, etc..

En France, l'accueil de délégations, de techniciens susceptibles de recevoir l'aide qu'ils attendent de l'institution.
L'enseignement consulaire y est donné "à côté" de l'Etat, en complément et en liaison avec l'Etat républicain.
Tous les organismes d'enseignement consulaire doivent être agréés par l'Etat. C'est là un autre intérêt non négligeable de l'institution publique française de type napoléonien.
b) Les autres actions pour le développement économique menées par les services de certaines chambres de commerce et selon la spécialité du bassin économique où elles sont insérées, par exemple :
promotion commerciale; promotion du tourisme et de l'hôtellerie de l'industrie; de la recherche et de l'environnement; relations internationales et exportation (1); aménagement-équipement (ports-aéroports-zones industrielles, etc...) ; information juridique, économique et documentaire.; services "allo-conseils", renseignements et études pour l'entreprise ; fichier des entreprises de la circonscription,fichiers des personnalités ,des organismes économiques; organisation consulaire; service des études économiques; centres de documentation, bases et banques de données; fichier répertoire des entreprises de la circonscription. Les services économiques et d'information de l'ACFCI mettent à disposition des ressortissants des chambres et du grand public les organigrammes et les statistiques relatives aux CCI et à leur rôle de développeur économique dans leur circonscription.(cf. *L'institution des chambres de commerce* op. cit. p. 173).Voir supra p. 26 les mission particulières des chambres, section II 1-2.

Article 5 : Les moyens administratifs et financiers - l'élaboration et le contrôle du budget des chambres de commerce.

§1- Direction des CCI par un binôme "Président - directeur des services", généralités sur l'administration des CCI.
Les services des CCI sont dirigés par un directeur ou directeur général lorsque l'importance de la chambre le justifie, l'un ou l'autre étant nommé par le président et placé sous son autorité directe. En France, cette nomination n'est pas soumise à l'homologation du gouvernement, pas plus que ne l'est celle du président élu. Le directeur, directeur général de la chambre et plus spécialement des services, est l'homme de confiance du président et il est indispensable qu'il ait effectivement cette confiance. Aussi, le président peut révoquer le directeur à tout moment.
Le président peut lui déléguer certains de ses pouvoirs selon les modalités autorisées par la loi et le règlement en vigueur.Le directeur général a pour mission de diriger les services répartis en grandes directions ou départements, eux-mêmes organisés en services avec à leur tête des chefs de service ou des directeurs.Les directions sont centralisées (direction générale centralisée) ou décentralisées selon le mode de gestion retenu par le couple binôme "président - directeur général". Dans les grandes CCI, le président réunit autour de lui dans son cabinet, une équipe d'hommes de confiance et de techniciens qui travaillent directement sous son autorité en dehors de la hiérarchie verticale.En fonction de leur personnalité, on peut distinguer deux types de présidences. *L'institution des chambres de commerce*, op. cit. pp. 183, 184.

---

(1) avec les chambres consulaires franco-étrangères (franco-africaines, franco-arabe, franco-algérienne, franco-marocaine, franco-tunisienne, franco-asiatiques, franco-américaines du Nord, franco-américaines du Sud. (voir *L'institution des chambres de commerce*, o.p. cit.p.289))

a) les présidences centralisatrices (strong president) dont le style de direction utilise peu les délégations de signature et de représentation.
b) les présidences décentralisatrice (weak president) au style en général plus consensuel qui délèguent largement leurs compétences dans les limites prévues par la législation et la réglementation.
Dans les deux cas de figure, les pouvoirs des présidents et du directeur des services doivent rester distincts.
Le président est l'exécutif de la CCI. Il décide (souveraineté des élus).
Le directeur général exécutant de l'exécutif, dirige les services (compétence).
En cas de conflit, la compétence du directeur général cède devant la souveraineté de l'élu : primauté de l'élu-président sur l'administratif-directeur général.
Le pouvoir du président procède de l'élection. Le président répond de l'exercice de son mandat de président, directement devant l'assemblée générale et devant les électeurs de la circonscription consulaire.
Le pouvoir du directeur général procède de celui du président qui a signé un contrat de travail le liant "ad nutum" au président qui est l'exécutif d'une part de la chambre, établissement public économique et d'autre part de son assemblée générale élue.

§2- Les moyens financiers des chambres de commerce

Ils proviennent de cinq sources :

2-1- L'impôt

En France, l'impôt n'est consenti par le peuple que s'il est levé par une assemblée élue au suffrage universel. Tel est bien le cas de l'imposition additionnelle à la taxe professionnelle (IATP). Toutefois, à la différence des autres impôts, l'IATP est prélevée au sein d'une catégorie sociale particulière : celle des commerçants et industriels et entreprenants, ressortissants et inscrits au registre du commerce et des sociétés.
Cette singularité explique et justifie que l'impôt soit levé par leur chambre réunie en assemblée générale après accord avec les assemblées élues (Parlement), le ministère de tutelle et le ministère des finances.

a) La taxe professionnelle

En simplifiant, la taxe professionnelle est un impôt local qui frappe tous les commerçants, prestataires de services, industriels, professions libérales. Il est levé au profit de l'Etat, des régions, des départements, des communes dont il constitue une des principales ressources aux côtés de la taxe foncière (bâti et non bâti) et de la taxe d'habitation.
La tendance des collectivités territoriales est d'imposer plus fortement les commerçants et autres ressortissants des chambres que les autres contribuables. De là, de nombreuses et parfois violentes protestations à la suite du poids croissant de leur impôt et des inégalités qui existent d'une commune à l'autre, chaque maire étant libre de doser le prélèvement fiscal comme il l'entend, dans le cadre de la législation et de la réglementation en vigueur.
En ce qui concerne les entreprises individuelles, la base de la taxe professionnelle est constituée par :
- les investissements des entreprises : l'immobilier et le matériel
- la masse salariale. Ce paramètre sera progressivement supprimé à partir de la loi de finances pour 1999 et la nouvelle base du fait de ce "déflateur" conduira nécessairement à une diminution de l'imposition.

Le calcul des investissements s'effectue à partir d'une évaluation du patrimoine, selon la valeur cadastrale et le chiffre d'affaires (et non pas selon l'investissement réalisé).
En ce qui concerne les autres entreprises (celles qui sont gérées en société), le fisc tient compte des chiffres déclarés au bilan. Un contrôle fiscal est possible par les vérificateurs de l'administration.
Un "guide du contribuable vérifié" est à la disposition du chef d'entreprise, pour qu'il puisse utiliser ses droits lors des opérations de vérification qui peuvent avoir lieu à tout moment.

b) Comment est fixé le montant de l'IATP, impôt consulaire ?

L'imposition additionnelle à la taxe professionnelle consiste donc en une masse d'imposition, pourcentage de la taxe professionnelle dont le poids est réparti par les communes et les départements sur les entreprises contribuables selon leur richesse en immobilisations, masse salariale et matériels.

La chambre demande l'autorisation de prélever une partie de la taxe professionnelle au ministère de tutelle. Elle évalue des besoins en imposition pour faire face aux dépenses que son assemblée générale a votées dans le cadre de l'année budgétaire.

Une phase de négociation sur le montant de l'IATP permet au président de chaque chambre de se mettre d'accord avec le ministère de tutelle et le ministère des finances (voir plus haut) sur un montant qui sera réparti sur les ressortissants inscrits au registre du commerce et des sociétés, par les services collecteurs de l'impôt selon le taux d'imposition calculé par l'administration pour abonder le budget autorisé par le ministère de tutelle.

Voir ci-après le calendrier de la procédure d'établissement d'un budget type.

PROCEDURE D'ETABLISSEMENT DES BUDGETS

	JUILLET-AOÛT	SEPTEMBRE	OCTOBRE
PHASE I	enquête budgétaire dans les services	commission du budget Elus	projet de budget
	OCTOBRE	OCTOBRE	OCTOBRE
PHASE II	bureau	Assemblée	tutelle générale
	JANVIER-AVRIL	MAI	JUIN
PHASE III	notification de l'IATP	commission du budget-élus	Budget
	JUIN	JUIN	JUIN
PHASE IV	bureau	assemblée générale	tutelle générale

c) Rappel du système d'imposition pour frais de chambre de commerce en France. Place de l'imposition additionnelle à la taxe professionnelle

L'assiette de l'impôt est constituée par :

- l'immobilier de l'entreprise (terrains, constructions) et toutes les immobilisations corporelles (mobilier de bureau, matériel roulant, etc...)
- les salaires plafonnés à seulement 18 % de leur masse et toutes les recettes et rémunérations, exemple : celle des gérants majoritaires.

Certains redevables ont droit à des abattements sur le montant de la taxe. En ce qui concerne les salaires dont la masse constitue un paramètre essentiel pour le calcul de la taxe professionnelle et de l'IATP, voir supra les conséquences de sa suppression progressive. (supra section III, article 5 §2).

Le législateur a plafonné le montant des prélèvements à un pourcentage de la valeur ajoutée de l'entreprise, par exemple 4 %.

La valeur ajoutée est la différence entre le prix de vente et le prix d'achat de ce qui est incorporé dans le prix. C'est le chiffre d'affaires hors taxe, diminué du prix de ce qui a été acheté à l'extérieur de l'entreprise.
Le taux de l'IATP pour frais de chambre de commerce figure aux côtés du taux départemental, du taux communal, du taux régional, du taux syndical des communautés urbaines, des taux particuliers aux chambres des métiers.
La partie IATP attribuée aux chambres est prélevée selon la même assiette que celle de la taxe professionnelle.
2-2- Les subventions : elles sont attribuées pour réaliser certaines opérations. Par exemple un centre d'apprentissage géré par une CCI peut recevoir tout ou partie-- de son financement par l'Etat ou par la région.
Chaque collectivité locale détermine la subvention qu'il lui sera possible de prélever sur son budget pour l'attribuer à la CCI, si telle est la volonté de son assemblée délibérante.
2-3- Les emprunts : ils sont accordés à l'emprunteur par l'organisme de crédit compétent, banques et autres.
Les CCI, institutions publiques, peuvent recourir à l'emprunt.
Elles doivent dans ce cas, obtenir l'autorisation de leur ministère de tutelle et du ministère des finances.
Les emprunts sont placés par les organismes de crédit auprès de la bourse de Paris.
2-4- Les ressources propres des chambres. Il s'agit des produits, recettes en paiement de prestations vendues par les CCI à leurs ressortissants, par exemple : les frais de scolarité payés par les élèves des écoles.
Il s'agit des produits, produits financiers provenant des excédents de trésorerie placés à intérêt par les compagnies, institutions publiques élues de droit français.
En conclusion, l'ensemble des produits de ces quatre ressources est utilisé pour le financement du service particulier des chambres (les services qui assurent le fonctionnement ordinaire des chambres, par exemple : ceux qui ont pour objet l'administration comptable et financière).
2-5- Les collectes facultatives de taxes destinées à la promotion de l'enseignement, de la formation et à la promotion du logement des salariés
Les chambres sont chargées par l'Etat républicain de recueillir le produit de certaines taxes qu'elles ont l'obligation de redépenser pour l'objet particulier de la mission qu'elles ont choisi d'assumer (missions facultatives) ou que l'Etat leur a confiée (missions obligatoires ; au sujet des missions, voir répertoire commercial Dalloz, rubriques 165 et 166). Dans le cas particulier de ces collectes, cette mission est facultative. Elles l'exercent aux côtés d'autres organismes publics, mais elle est particulièrement utile et appréciée par les ressortissants des chambres s'agissant d'institutions publiques économiques élues et expérimentées, qui se sont spécialisées dans ce secteur clef du développement économique. Il s'agit essentiellement de la taxe d'apprentissage pour la formation des salariés et du "1% patronal" (devenue 0,45 %), contribution pour la construction des logements et l'amélioration de l'habitat (PEEC Participation des employeurs à l'effort de construction).

§3 La taxe d'apprentissage et la taxe pour la formation permanente continue des salariés des entreprises ressortissantes des chambres.
- La taxe d'apprentissage ne touche que les entreprises de 1 salarié et plus. Elle est utilisable pour toutes les entreprises recrutant des apprentis et tous les types d'enseignement, de l'enseignement technique à l'enseignement universitaire.
- La taxe pour la formation permanente continue ne touche que les entreprises occupant 10 salariés et plus. Elle n'est pas utilisable pour les enseignements de type général, de type universitaire par exemple. Il s'agit d'un enseignement destiné à des professionnels qui travaillent dans l'entreprise et pour une spécialité liée à leur profession.
- Destination des deux taxes : leur montant est affecté par le contribuable :
- soit à une école de la chambre
- soit à une école autre de son choix

- Procédure : le principe est que la chambre reçoit pour le compte du contribuable, l'imposition et la redistribue selon la volonté exprimée par l'entreprise contribuable.
• les écoles sont demandeurs. La répartition de l'imposition s'effectue sous le contrôle de l'administration de l'enseignement technique (Education nationale française), l'entreprise contribuable faisant le choix de l'école à sa convenance.
• Le service de répartition de la collecte de la taxe est très lourd, car il doit fournir aux verseurs contribuables, le justificatif prouvant que l'entreprise a versé sa contribution. Si l'entreprise n'a pas indiqué son choix, le montant collecté est versé par la CCI au trésor public (administration fiscale, voir *Répertoire commercial Dalloz, rubriques 285 et suivantes* et *l'Institution des chambres de commerce* op. cit. pp. 13 et 241).

3-2- La participation, (aide) des employeurs à l'effort de construction (PEEC)dite 1 % patronal (devenu 0,45 %)

Cette contribution, créée en France dans les années 1950 pour aider à la reconstruction après la deuxième guerre mondiale, est attribuée librement par le chef d'entreprise pourvu qu'il destine son montant au logement des salariés de l'entreprise. Le chef d'entreprise peut procéder :
• soit en réalisant lui-même le logement
• soit en octroyant des prêts à des salariés à des taux d'intérêts peu élevés, par exemple : 3 % au lieu du taux habituel plus élevé habituellement pratiqué. Actuellement, le 0,45 % (au lieu du 1 % d'origine) reste seul à pouvoir être attribué librement par le chef d'entreprise. Les 0,55 % qui ne le sont plus sont réservés au financement du logement des étrangers (immigrés notamment) et du logement dans les zones sensibles des villes.
La déontologie des chambres leur interdit de faire concurrence au secteur privé, mais leur nature originale d'institution publique, établissement public économique administratif et élu lié à l'Etat, les place au premier rang parmi les compagnies consulaires collecteurs de cette contribution (chambres d'agriculture, chambres de métiers, etc...) étant à l'intersection du secteur privé et du secteur public et pourvus de prérogatives de puissance publique.
Voir 2ème partie, chapitre 1, section II.

§4- L'élaboration et le contrôle des budgets des chambres

Le budget des CCI comprend :
- Le budget particulier (propre au fonctionnement des services ordinaires de la CCI)
- les budgets annexes.

A l'intérieur du budget lui-même on distingue la partie "budget de reconduction" et la partie "opérations nouvelles".

4-1- L'élaboration du budget

Elle se fait en quatre phases au sein de l'assemblée générale et des services. Voir répertoire commercial Dalloz, rubrique 238, les quatre phases de la procédure d'établissement des CCI à partir de l'enquête budgétaire menée par les services chargés de la direction administrative et financière de la chambre.
Les directives et orientations sont données par le président assisté si besoin en est des compétences au sein du bureau.
Les techniciens de la direction administrative et financière de la CCI évaluent les recettes provenant des opérations nouvelles, des emprunts et subventions. L'imposition additionnelle à la taxe professionnelle pour frais de chambre est sollicitée pour la différence sous réserve de l'accord de l'assemblée générale en juin, après que les tractations menées par le président, assisté de son directeur général, aient si possible abouti à un consensus, un conflit sur cette question peut mener à la remise en cause du mandat du président voire de l'assemblée générale devant les électeurs (cas très exceptionnel).

Le ministère de tutelle peut, de par ses prérogatives régaliennes de puissance publique sous le contrôle des juridictions légalement compétentes, refuser à la chambre la collecte du montant que son assemblée générale exigerait.
Le pouvoir des assemblées générales des chambres est secondaire et subordonné par rapport au pouvoir du parlement élu par la Nation qui veille à empêcher les empiétements éventuels des assemblées consulaires. Elles sont en effet élues au suffrage universel, mais leur nature est corporative en raison de ce qu'elles représentent un groupe particulier de citoyens : celui des commerçants et entreprenants, industriels et prestataires de services. (*l'institution des chambres de commerce* op. cit. pp. 212 à 215).
Une construction jurisprudentielle du Conseil d'Etat français confirmée par une décision du Conseil constitutionnel du 14 septembre 1995, d'ailleurs en évolution, fait des chambres des établissements publics administratifs rattachés à l'Etat (établissements publics nationaux).

4-2- Le contrôle du budget des chambres de commerce

4-2-1- Rappel du rôle des intervenants à l'élaboration et au contrôle des budgets
a) le trésorier payeur général du département (en France) mandate à la CCI le paiement du montant de l'IATP; les services du trésorier payeur général qui procèdent matériellement au recouvrement de l'impôt au moyen de leurs percepteurs.
b) le trésorier membre élu de la chambre, effectue les opérations de paiement-mandatement. Dans les chambres d'agriculture, ces fonctions sont assurées par un comptable public. Les CCI constituent une exception en droit public français.
c) le président de l'assemblée générale de la chambre procède à l'ordonnancement des dépenses.
La différence est très importante avec une mairie. Dans une mairie, c'est le percepteur-fonctionnaire non élu, qui paye. Le maire comme le président d'une CCI ordonne la dépense (séparation des ordonnateurs et des comptables). L'IATP représente 27 % en moyenne des ressources des chambres, le reste des ressources provient comme indiqué plus haut des subventions, emprunts et ressources propres diverses particulières.

4-2-2- Le contrôle des juridictions
a) Les chambres sont soumises au contrôle de la Cour des comptes comme toutes les autres collectivités publiques et instances administratives de l'Etat et des collectivités territoriales.
L'examen des juridictions porte sur les dépenses, les recettes, tous les actes. Il consiste en la vérification de leur régularité par rapport aux règles relatives aux garanties d'emprunt accordées aux sociétés d'habitation à loyers modérés, aux établissements d'enseignement, ports, aéroports, etc... gérés par les chambres.

b) en droit public des institutions consulaires napoléoniennes françaises, la notion d'amortissement des biens au bilan n'existe pas, contrairement au régime des organismes de droit privé. Or, les CCI sont propriétaires de leurs biens. Une réflexion est en cours au plus haut niveau de l'Etat pour envisager les conséquences positives ou négatives pour l'institution consulaire d'un alignement de leur régime particulier sur celui des sociétés privées. Une telle possibilité serait de nature à permettre aux chambres de produire un bilan rassurant lors de leurs demandes d'emprunts ou de garanties auprès des organismes habilités, banques et collectivités locales par exemple. Toutefois, le patrimoine des chambres est comparable à celui des autres établissements publics administratifs de l'Etat et, de ce fait, insaisissable par les voies de justice de droit commun.

c) l'obligation existe pour une chambre de présenter un budget en équilibre.
Lorsque les résultats donnent lieu à un excédent de trésorerie, il est versé dans un fonds de réserve. En général, ce fonds de réserve correspond à un montant permettant une autonomie de plusieurs mois de fonctionnement des services de la chambre.

Le principe est l'annualité budgétaire et l'assemblée générale ne peut rectifier l'imposition en cours d'année.
Un budget rectificatif peut être cependant voté par l'assemblée générale pour l'autoriser (avec l'accord du ministère de tutelle) à prélever sur son fonds de réserve les sommes dont la chambre aurait besoin (par exemple, des dépenses imprévues). La règle d'or est de ne pas prélever sur le fonds de réserve hors circonstance exceptionnelle.

d) Le contrôle du budget par la Cour des comptes est sévère
La cour publie officiellement au Journal Officiel de la République Française un rapport annuel. Elle peut être amenée à constater la réalisation des conditions du délit d'ingérence selon les articles 432-12 et 432-17 du code pénal français.
L'élu coupable peut être poursuivi devant les juridictions pénales compétentes dans le respect des formes légales et réglementaires. Les fonctionnaires et assimilés relèvent pour la sanction des fautes qu'ils commettent dans l'exercice de leur fonction, d'une cour de discipline.

Article 6 - La direction générale centralisée, méthode de l'administration des gouvernements d'empire.

Elle permet de gérer les contradictions entre la nécessité de maintenir uni des entités groupées en un ensemble distinct de plusieurs entités de peuples, religions, cultures et ethnies ou tribus. Contrairement à l'apparence, la direction de l'empire n'est pas décentralisée; la centralisation reste à son niveau de commandement le plus général et lointain, reposant sur la loyauté des autochtones locaux acceptant le joug de l'empire géré localement par les élites du terroir disposant mais sous la surveillance de moyens militaires dotés de l'ubiquité, de l'immédiateté, de l'instantanéité par la force physique et l'information dirigés et contrôlés par la puissance impériale.
Bien que comparaison ne soit pas raison, une approche "confédérale" de la problématique du style de gouvernance propre aux grandes compagnies dans le monde mène à penser que les CCI françaises ont en elles le secret des règles "a minima" des méthodes qui ont fait et font encore la force des confédérations et des armées d'empire.

La direction générale centralisée "a minima" applique des règles frappées au coin des vertus du "bon sens" prêtées au "monarque". A l'image de "Monsieur Thiers", elle est "volontairement sans imagination, sans entrailles, sans honneur et sans style, exemple de toutes les vertus dangereuses: c'est notre image du bon sens et il est horrible"; sur le terrrain elle est dénuée de toute connotation "morale" autre que bureaucratique et de fait très efficace sanctionné en cas d'échec par la division, l'éclatement, la dispersion des confédérations d'ethnies, tribus, cultures, religions, Etats etc...(*L'institution des chambres de commerce*, op. cit. pp.86 et 87). Jean Prévost en avait résumé l'essentiel en dix commandements pratiques: 1/ Connaître les affaires à la fois par les états ou chiffres d'ensemble complets et par des revues ou examens minutieux de quelques détails. 2/ Dès qu'un chiffre change, il faut refaire tout le tableau. 3/ La revue de détails doit toujours être menée à fond par le plus grand chef. 4/ On risque toujours d'oublier la balance financière; il faut sans cesse l'avoir sous la main. 5/ Pour transmettre les ordres (communication), jamais le secrétaire du chef ne doit avoir de secrétaire; la volonté du chef doit être transmise par voie hiérarchique pour l'exécution et en même temps à tous les degrés pour l'information. 6/Un projet qui dépend de budgets successifs ne doit jamais être entrepris tout d'une fois, mais par parties indépendantes et complètes. 7/ Tant que l'exécution n'a pas commencé, il faut préparer des projets en surnombre. 8/ Quand le chef doit parler à ses subordonnés, même du dernier rang, il doit prendre sur lui une information objective et complète. 9/ Les inspecteurs du travail fait doivent être étrangers à son exécution. 9/ Dès que le rendement d'une œuvre n'est pas nul, la durée compte plus que le rendement. 10/ Dans l'exécution, il n'y a pas de détails: tout est de même importance.

La direction générale centralisée repose en tant qu'administration sur la puissance de la conviction, l'habileté par le savoir faire, le savoir faire faire et le savoir faire croire. Cette alliance de la communication, de l'information et de la "bonne gouvernance" est le secret qui donne la vraie victoire, la gloire et le bonheur des empires, le bonheur des peuples de rester eux mêmes (peuples des commerçants et entreprenants). La bonne gouvernance s'obtient par sagesse, sapience, prudence, constance et clémence, (voir aux mots de l'index . "Elle ne s'obtient pas par la pression physique et morale exercée sur les hommes. Richelieu se sent plus proche d'un homme de culture que du monarque, fut - il son meilleur allié". (*L'institution des chambres de commerce*, op.cit. p. 313, J. Carmona. Richelieu, bibliog.).
Alexandre le grand, Napoléon, les hommes de guerre et de culture des grands empires, ont su adapter leur administration au gouvernement des peuples et de leurs armées d'occupation . Leur culture les a fait participer aux valeurs des inventeurs des règles de l'administration d'empire, anticipant l'actuel et brutal avènement des valeurs de l'information et de la communication. Adaptée aux cultures des peuples des nouveaux empires, en cours de gestation en ce début du vingt et unième siècle à l'échelon des continents (puissances impériales de l'Amérique, de la Chine, du Japon, de l'Inde ou d'autres encore), la nouvelle gouvernance coïncide avec celle des entreprises transnationales du nouveau secteur tertiaire mondialisé et de ses valeurs centrales d'information et de connaissance mondialisées d'intelligence économique qui se sont substituées à une partie importante de l'industrie jusqu'alors vouée à la seule production et transformation des biens des secteurs primaire (agriculture) et secondaire (matières premières, métallurgie, chimie, textile etc...)

CHAPITRE 3

PRATIQUE DES ÉLECTIONS AUX CHAMBRES DE COMMERCE ET D'INDUSTRIE ET AUX TRIBUNAUX DE COMMERCE

SECTION I

EVOLUTION DE L'ÉLECTORAT DES CHAMBRES L'ÉLECTORAT ET LES LISTES ÉLECTORALES DE 1908 À 1987 Exemple pris de la CCI de Versailles (1)

De 1908 -loi du 19 février 1908- à 1959 décret du 3 août 1961 précité-, selon une tradition constante, la liste des électeurs du ressort de chaque tribunal de commerce était préparée pour chaque commune par la chambre à partir des renseignements figurant sur le répertoire des rôles des patentes.(Bibliog. "L'Institution des chambres de commerce" op. cit. p. 320).

§1- Avant les décrets des 3 janvier 1959 et 3 août 1961 la liste comprend tous les électeurs qui remplissent au 15 juillet de l'année les conditions particulièrement sévères, (règle des cinq ans d'exercice dans l'activité et relatives à la probité), exigées par les articles précédents de la loi du 14 janvier 1933 pour l'élection des membres des tribunaux de commerce. Elle est envoyée aux maires aux fins de contrôle dans la première quinzaine du mois d'août. Le maire communique dès le 1er septembre la liste ainsi vérifiée à une commission. Ensuite, ce sont les maires eux-mêmes qui établissent seuls les listes d'électeurs et ce jusqu'au décret n° 5994 du 3 janvier 1959 relatif aux tribunaux et aux chambres. A partir de cette date, l'établissement des listes est confié non plus aux maires mais à une commission.
Les listes ainsi contrôlées sont envoyées par le président de la commission au préfet ou au sous-préfet qui fait déposer la liste générale, regroupée au greffe du tribunal de commerce ainsi qu'à la chambre de commerce, avec la liste spéciale de chacune des communes.

Les conditions mises à l'électorat des juges et des membres de la chambre étaient donc identiques : maintien de la règle des 5 ans d'exercice dans l'activité et exclusion de tout candidat à l'égard duquel est ouverte une procédure à la suite d'un dépôt de bilan ou d'une action pénale. Ils étaient nommés par les mêmes électeurs et dans les mêmes conditions que les présidents juges titulaires ou suppléants de tribunaux de commerce (loi du 19 février 1908 art. 2 § 1)

- ce n'est qu'en 1955 (décret du 20 mai) que la liste électorale a pris pour base juridique le registre du commerce prévu au titre IV du livre 1er du code de commerce sans plus se référer aux patentes. Le maire doit communiquer dès le 1er novembre la liste ainsi préparée à une commission instituée au siège du tribunal de commerce ou du tribunal civil en tenant lieu et chargée d'en vérifier les exactitudes.

1- il leur faut être depuis 5 ans au moins commerçant patenté ou associé en nom collectif et bénéficier d'une inscription personnelle au rôle de la patente également depuis 5 ans au moins et cela sans interruption. Il faut en plus être commerçant au registre du commerce.
2- Sont aussi électeurs, à condition de justifier de 5 ans de service, les personnes limitativement énumérées par l'article 1 de la loi du 14 janvier 1933 modifiée par du 18 mars 1936.

---

(1) Voir infra Section III du chapitre 3, les raisons du choix de cette compagnie consulaire interdépartementale comme référence.

Sont concernés : les pilotes lamaneurs réunissant 5 ans d'exercice, les capitaines au long cours, les capitaines de la marine marchande réunissant 10 ans de navigation effectuée en qualité d'officier depuis l'obtention de leur brevet dûment constatée par les services de l'Inspection maritime, les administrateurs délégués, les directeurs des établissements filiales ou succursales de sociétés ou entreprises françaises de finance de commerce ou d'industrie (en cas de succursales multiples dans une même circonscription un seul de leurs directeurs désignés par le siège social est électeur), les gérants des sociétés à responsabilité limitée, les agents de change et courtiers d'assurances maritimes, courtiers de marchandises, courtiers-interprètes et conducteurs de navires en vertu des articles 77, 79 et 80 du code de commerce les uns et les autres après 5 années d'exercice.
3- Sont électeurs sans avoir besoin d'être inscrits à la patente les membres anciens ou en exercice des tribunaux et chambres de commerce. Cette exception (rare) perdure encore aujourd'hui. Ainsi *la circulaire du préfet de Seine et Oise* Roger Léonard du 16 septembre 1945 était relative à la révision des listes électorales pour les chambres et les tribunaux de commerce de ce grand département. La règle des cinq ans était encore d'appréciation très stricte : une inscription personnelle au rôle de la patente depuis 5 ans et sans interruption était encore exigée ainsi que des conditions de moralité "draconiennes". Toutefois les pouvoirs publics issus de la résistance montrent leur esprit d'ouverture et le bon préfet rappelle dans sa circulaire que "*la jouissance du droit de vote est accordée sans distinction de sexe aux trois groupes d'électeurs citoyens*". Le document se réfère encore cependant au tableau des catégories professionnelles de la vieille patente, où figurent, à côté des entrepreneurs de peintures en bâtiment, les fabricants ou marchands de tonneaux, les fabricants ou marchands d'encriers perfectionnés, les marchands de plumes pour la plumasserie etc...

§2- Dès 1961 (décret n° 61-923 du 3 août 1961) les élections sont préparées avec l'institution d'un scrutin à deux degrés, les délégués consulaires étant les grands électeurs des juges et sont assouplies les conditions sévères imposées jusque là pour être électeur ; ainsi s'explique la forte augmentation du nombre des électeurs à partir de cette année là...
Depuis l'entrée en vigueur des dispositions de l'article 13 de la loi du 16 juillet 1987 relatif aux candidatures aux élections des CCI, la législation a fait preuve d'une exigence de plus grande souplesse quant aux conditions d'électorat exigées des candidats aux fonctions de membres et délégués consulaires d'une CCI.
• Poursuivant l'évolution engagée en 1959, le décret du 3 août 1961 modifié et complété par de nombreux autres se réfère au code électoral mais ne précise plus (il n'en est plus besoin), que les membres de tribunaux de commerce sont élus par les "citoyens français" de l'un ou l'autre sexe (cela va de soi). Les femmes ont acquis le droit de vote depuis longtemps et surtout la loi n'exige plus pour l'électorat la règle des cinq ans d'exercice...Comme on le verra plus loin.
• La loi de 1987 ne revient pas sur cette question. Les élections ont lieu tous les trois ans et désormais tous les électeurs inscrits au registre du commerce sont électeurs. Les conséquences de la nouvelle législation sont rapidement perceptibles. C'est ainsi que la CCI de Versailles enregistrait seulement 15 023 électeurs en 1939 (pour 59 000 rôles de patentés). Ce chiffre resté stable de longues années, a évolué progressivement avec des hauts et des bas, 12 000 puis 30 000 à partir de 1961, pour atteindre le chiffre élevé de 43 303 électeurs (avec 66 922 assujettis à la taxe professionnelle contribution ayant remplacé celle de la patente en 1971). Les conditions d'accès à l'électorat ont été facilitées et surtout, tous les inscrits au registre et les sociétés sont électeurs et classés selon une nomenclature d'activité modernisée et plus fiable que l'ancienne. On rappellera que pour la France tout entière, le nombre de patentés était estimé en 1829 à 25 000, en 1835 à 26 000 et en 1844 à 29 000 ! Cf . *L'institution des chambres de commerce* op. cit. pp. 336-1066. Le changement dans la législation a pour conséquence de faire exploser le nombre d'électeurs ayant droit de vote. Voir supra section II.

§3- Conséquences de la réforme de 1961 et du décret de 1959 qui l'a précédé. Le législateur s'est avisé que les conditions de la société ayant changé, il y avait lieu d'envisager une

démocratisation des élections aux chambres de commerce, et de ne plus exiger des conditions d'électorat aussi strictes.
Le décret de 1959 abroge la règle des 5 ans d'exercice en ce qui concerne l'électorat des membres. Cette obligation ne concerne plus que l'éligibilité. Le collège électoral comprend désormais tous les commerçants et industriels inscrits au registre du commerce au 1er janvier. Ce délai limite a été reporté depuis au 31 mars (circulaire du 31 mars 1988, JO du 7 mai). Les électeurs élisent les membres des chambres au suffrage universel et direct. Ils élisent les juges dans les mêmes conditions. L'élection des magistrats consulaires se fait par un scrutin à deux degrés. On évite ainsi les excès d'élections annuelles à deux tours comme celles du 16 décembre 1959 à la CCI de Versailles où sur 44 137 électeurs seulement 7 279 s'étaient déplacés, un 2ème tour avait été nécessaire, le quorum du quart des électeurs inscrits n'ayant pas été atteint au 1er tour : Le législateur ne se réfère plus pour dénommer les ressortissants aux "citoyens" (article 1er de la loi du 14 janvier 1933, décret du 20 mai 1955) car "cela va de soi" mais aux "commerçants", aux "chefs d'entreprises" aux "personnes physiques" aux "sociétés". Le scrutin n'est plus majoritaire à deux tours mais à un tour, le principe des textes n'est plus "civique" mais "économique".

- En 1959, dernière année d'élection commune avec celle des membres de la chambre de commerce de Versailles Seine et Oise, le nombre d'électeurs à l'élection des juges des tribunaux de commerce fait plus que tripler de volume passant comme on l'a indiqué supra, de 12 364 à 44 137 dont 26 230 pour le tribunal de Versailles et 17 909 pour celui de Pontoise ! On a utilisé les rôles de la patente pour situer juridiquement les électeurs faute d'avoir d'autres références en attendant la mise à jour du fichier électoral géré à partir des informations du RCS lequel n'était pas alors estimé suffisamment opérationnel, d'où le chiffre d'électeurs particulièrement élevé.
  Lors de ces élections "rénovées", les catégories demeurent celles de la circulaire n° 1 866 du préfet de Seine et Oise du 16 septembre 1945 et de l'Ordonnance du 11 septembre 1945 (JO du 16), et la liste a été établie par le maire assisté de deux conseillers municipaux désignés par le conseil municipal. Les taux d'abstention étaient les suivants :
  - Elections de 1949 à la CCI de Versailles : inscrits 12 364, votants 3 294, taux de participation 23,63 %, taux d'abstention 76,37 %. Voir infra section II - 3.
  - Elections de 1959 aux tribunaux de commerce de Versailles et de Pontoise : inscrits 44 137, votants 7 279, taux de participation 16,66 %, taux d'abstention 83,34 %.

§4- La réforme de 1987

Le législateur s'avisant de ce que le décret de 1961 avait modifié une loi (celle du 14 janvier 1933) dans un domaine relevant de l'article 36 de la Constitution, a rectifié l'anomalie et rédigé un nouveau texte reprenant l'essentiel des dispositions du décret.
Ainsi la loi du 16 juillet 1987 relative aux juridictions commerciales est encore en vigueur. Et c'est à elle qu'on se réfère pour interpréter la règle des cinq ans, et aux usages qui l'ont précédé en ce qui concerne l'éligibilité des membres des CCI. L'article 13 de la loi de 1987, relatif aux conditions d'éligibilité des membres et notamment la règle des cinq ans précitée doivent être interprétés en tenant compte des dispositions législatives et réglementaires existantes. L'article 13 assume l'héritage juridique de cette règle sévère, ce qui explique l'application encore très stricte de la règle par la commission préfectorale chargée de veiller à la régularité des dépôts de candidatures (voir ci-après).
En 1997, le taux d'abstention à l'élection des CCI avoisine 86 %, par contre, l'élection des juges aux tribunaux de commerce se fait à deux degrés depuis la réforme de 1961 qui a créé le collège électoral des délégués consulaires (voir infra), le taux d'abstention aux élections des juges des tribunaux de commerce dépasse rarement 50 %. La participation des grands électeurs atteint souvent plus de 50 %. Voir infra section II, article 2, le taux de participation avoisine celui des élections d'avant la réforme qui était du même ordre. Exemple : en 1955, le taux était de 55 % pour 10 833 inscrits. En 1998, les taux de participation étaient de 50,13 %

- au tribunal de commerce de Versailles et de 55,6 % au tribunal de commerce de Pontoise, le scrutin était à deux degrés et les juges élus par les membres et les délégués consulaires.

§5- Intérêt de cette évolution pour l'avenir, conséquences pratiques pour l'interprétation de l'article 13 de la loi du 16 juillet 1987 sur les conditions relatives à l'éligibilité.

Selon les rédacteurs de l'article, et en ce qui concerne les électeurs à titre personnel (1° de l'article 5 de la loi), ils doivent justifier "...qu'ils sont inscrits depuis cinq ans au registre du commerce et des sociétés...". Le législateur a entendu ainsi faire en sorte que seuls puissent être candidats aux fonctions de membre d'une CCI les électeurs ayant "une certaine ancienneté" et donc une "certaine expérience" comme commerçants. Dès lors cette condition peut être considérée comme remplie même si les cinq ans ne sont pas consécutifs.

Le représentant non-électeur à titre personnel, quant à lui, est tenu de justifier que l'entreprise au titre de laquelle il a été désigné réunit cinq ans d'activité. Là encore et selon une tradition bien établie, la règle qui prévaut est la prise en considération de l'ancienneté et de l'expérience dans l'activité.

Dans le même esprit, on doit admettre que l'ancienneté continue à courir même dans le cas où le statut juridique de l'entreprise a changé, en considérant qu'il y a continuité de la même entité économique. Par contre, le cumul de durées de représentations dans deux ou plusieurs entreprises différentes même si leur activité (code APE, activité principale exercée) est identique, ne saurait être admis pour répondre aux conditions d'ancienneté et d'expérience. En tout état de cause il reviendrait aux tribunaux de se prononcer, particulièrement dans les cas où l'évolution du droit des affaires vers une plus grande mobilité des situations du "commerçant" ou de "l'entreprenant" pourrait servir à couvrir des abus. Les juridictions de l'ordre administratif sont compétentes pour traiter des recours formés par les candidats contre les rejets de dépôts de candidatures par le préfet (décret n° 91 739 du 18 juillet 1991 art. 25 et infra conclusion chapitre 2 articles 4 et 5).

SECTION II

LES ÉLECTIONS DE 1959 ; POINT DE DÉPART DE LA BAISSE TENDANCIELLE DE LA PARTICIPATION, EXEMPLE PRIS DE LA CCI DE VERSAILLES (I)

Les élections du 2 décembre 1959 ont eu lieu pour la première fois en deux scrutins séparément et le même jour en vue d'élire les membres des CCI et les nouveaux "délégués consulaires" : (circulaire préfectorale du 7 octobre 1959 du préfet de Seine et Oise).

Le collège électoral ne comprend pas encore tous les commerçants et industriels inscrits au registre du commerce et des sociétés (RCS) à la date du 1er janvier 1961 et cela en application du décret n° 59-94 du 3 janvier 1959. Les listes électorales ont été établies par la commission de l'article 7 de ce décret en prenant pour base le registre du commerce. Ce sont les mêmes électeurs qui participent aux élections pour les tribunaux et pour les chambres de commerce mais pour ces dernières, les électeurs sont répartis en catégories professionnelles (quatre pour la chambre de Versailles, trois pour celles de Corbeil-Essonne) au motif que cela facilitera l'organisation de l'élection.

(I) Cette compagnie consulaire interdépartementale, seule à l'être avec la CCIP, a été prise pour exemple en raison de sa taille et de sa masse critique au sein de la CRCI Ile de France et de sa situation "pilote" qui était celle des arrondissements-districts de l'ancienne Seine et Oise depuis son origine. Voir à ce propos le chapitre 1 Section VI de l'Introduction générale : le district de Corbeil, futur département de l'Essonne, avait la meilleure représentativité en son temps, du monde de la boutique, de l'artisanat et de la bourgeoisie d'affaire (bibliog. Attuel; La Justice. La Nation. Versailles sous la Révolution 1789-1792. Thèse. Université Paris XII, Val de Marne 1988).

DEMOCRATIE

Le principe de la démocratie se corrompt non seulement lorsqu'on perd l'esprit d'égalité, mais encore quand on prend l'esprit d'égalité extrême, et que chacun veut être égal à ceux qu'il choisit pour lui commander. Pour lors, le peuple, ne pouvant souffrir le pouvoir même qu'il confie, veut tout faire par lui-même, délibérer pour le sénat, exécuter pour les magistrats et dépouiller tous les juges. Il ne peut plus y avoir de vertu dans la république.

Un corps libre pour quelques instants doit mieux résister à la corruption que celui qui l'est toujours; le premier en vendant sa liberté la perd; le second ne fait pour ainsi dire que la prêter et l'exerce même en l'engageant.
Ainsi, les circonstances font le vice et la vertu des nations.

Montesquieu, L'esprit des lois. Tome I
Livre 8, chapitre II
Œuvres de Montesquieu
À Paris, chez Lefèvre, libraire
1836.

Dans un but de simplification, il n'a été dressé pour chaque commune qu'une seule liste sur laquelle les électeurs ont été inscrits et numérotés par ordre alphabétique dans chaque catégorie représentée. Des difficultés notables ont fait que certains d'entre eux n'ont pas pu être classés avec exactitude. Ils ont été portés sur la liste électorale dans la dernière catégorie celle des petits commerçants et marqués d'une croix permettant de les identifier avec plus de facilité...(risque statistique minimum). Les sociétés ont été inscrites sur une liste distincte mais en continuant le même numérotage dans chaque catégorie. La liste électorale servira donc à la fois pour le scrutin au tribunal de commerce et pour le scrutin à la chambre. Deux colonnes d'émargement ont été prévues à cet effet. Les directives préfectorales sont empreintes du bon sens pratique qui a tendu à considérer qu'en 1959 le registre du commerce n'était pas encore réputé définitivement à jour et qu'il convenait d'en tirer les conséquences. Ce n'est qu'à partir de 1961 qu'il devrait constituer une référence d'utilisation à la fois simple, pratique et sûre. En attendant on utilisera le fichier des patentes fourni par l'administration fiscale et ce sont les maires qui devront procéder aux vérifications. (sagesse...).
Ils devront notamment signaler :
- les électeurs décédés ou ayant quitté la commune
- les électeurs n'exerçant plus leur activité ou ne remplissant plus les conditions requises pour figurer sur la liste.
- les électeurs frappés d'incapacité électorale en précisant la nature de la condamnation entraînant cette incapacité.

On notera l'intérêt de ce rappel de l'historique de l'évolution de la procédure dans la mesure où certaines des réformes envisagées à l'aube de l'an 2000 pourraient consister en un retour aux procédures d'avant le décret de 1959. Il en est ainsi de la présentation de la liste électorale aujourd'hui en deux listes distinctes, l'une pour les membres de la CCI, l'autre pour les délégués consulaires. Le retour à la liste électorale unique membres et délégués consulaires et de la règle des cinq ans d'exercice (supra) de 1959 pour les conditions de l'électorat, serait aujourd'hui une simplification et une incitation à une meilleure participation électorale.
L'analyse de cette évolution du droit électoral des CCI mène à deux constatations :

1- Première constatation, l'analyse de cette évolution du droit électoral des CCI met en évidence que la dernière élection au suffrage universel direct et à un seul degré des juges aux tribunaux de commerce a eu lieu le 2 décembre 1959 sans difficulté majeure, mais que les taux de participation se sont effondrés à l'image de ce qui devrait être constaté lors des élections ultérieures (voir infra) pour l'élection des membres.
Les membres de la CCI sont élus en même temps que les juges. Pour être élu il fallait avoir obtenu un nombre de voix égal au quart des électeurs inscrits; un 2° tour a été nécessaire et l'on distingue pour la première fois les performances des électeurs du tribunal de commerce de Versailles de ceux du tribunal de commerce de Pontoise.

ELECTION DES JUGES AU SUFFRAGE UNIVERSEL DIRECT	INSCRITS	VOTANTS	EXPRIMES	TAUX DE PARTICIPATION
TRIBUNAL DE COMMERCE DE VERSAILLES	26 230	4 132	3 829	15,75 %
TRIBUNAL DE COMMERCE DE PONTOISE	17 907	3 147	2 951	17,57 %

Le fichier utilisé a été celui des patentés, plus opérationnel en attendant la modernisation alors à ses débuts du fichier extrait du registre du commerce. Les élections de 1959 ont eu lieu pour la première fois au suffrage universel sous le contrôle de la commission d'organisation des élections - instance nouvelle - un second tour pour l'élection aux tribunaux de commerce avait été nécessaire; moins du quart des inscrits ayant voté au 1er tour pour la première fois au suffrage universel tous les électeurs ayant eu droit de vote. Au 2ème tour le taux d'abstention est resté aussi élevé qu'au premier tour avec seulement 17 % de votants. Le suffrage universel a suscité moins d'enthousiasme que lors des élections au suffrage universel restreint par la condition des cinq ans d'exercice, le taux de participation atteignant ou dépassant alors 50 %...

2- Deuxième constatation, la baisse de fréquentation des urnes ne s'explique principalement ni par la mauvaise qualité des fichiers électoraux ni par une mauvaise adaptation des catégories électorales à la réalité sociologique des strates de commerçants entreprenants dont elles représentent les activités.

3- Conclusions tirées à partir de ces deux constatations

Sur la qualité des fichiers électoraux

Peu de remarques sinon que l'amélioration constatée s'est étendue sur plusieurs dizaines d'années. Il ne faut pas chercher les causes de la faible participation du corps électoral dans la mauvaise qualité des fichiers ni dans l'inadaptation des catégories professionnelles au titre desquelles les électeurs devaient pouvoir voter. Cette réforme a eu lieu (voir notamment l'ouvrage l'Institution des CCI op. cit. pp. 25 à 31). L'amélioration du fichier électoral s'est produite au fur et à mesure de celle apportée à la tenue du RCS. La tenue à partir du seul registre des patentes n'a été en 1959 qu'un pis aller et une exception non renouvelée particulière à la circonscription électorale de Versailles.

Sur les vraies causes de l'abstention (rappel de l'évolution sur le long terme)

En 1966 le nombre des électeurs vérifiés inscrits sur la liste officielle n'était plus comparable à celui des élections de 1959 ; de 43 000 le nombre des électeurs est retombé progressivement d'élection en élection à 27 612 dont 17 065 pour la circonscription des Yvelines et 10 547 pour celle du Val d'Oise il remonte ensuite progressivement en plus de 30 ans, à environ 41 000. Aux élections de 1994, la CCI de Versailles comptait 40 889 électeurs dont 23 874 pour les Yvelines et 40 889 pour le Val d'Oise. A celle de 1997, la CCI comptait 43 303 électeurs dont 25 270 dans les Yvelines et 17 733 dans le Val d'Oise.

Avant la réforme de 1959, le taux de participation aux élections des tribunaux de commerce était apparemment élevé de l'ordre de 50 % de participation mais pour être élu juge, il fallait avoir obtenu un nombre de voix égal au quart des électeurs inscrits. Le nombre des électeurs était limité du fait des conditions restrictives liées à la règle des cinq ans précitée. Cette règle s'appliquait non seulement aux candidats juges mais aux électeurs de base des membres de la CCI et des magistrats consulaires.

Ainsi, aux élections du 5 décembre 1949 à la CCI de Versailles Seine et Oise, le nombre d'habitants et d'électeurs par arrondissement était le suivant :

ARRONDISSEMENT	HABITANTS	ÉLECTEURS
VERSAILLES	543 330	5 324
PONTOISE	398 307	4 072
MANTES	86 279	1 551
RAMBOUILLET	82 067	1 417
TOTAL CIRCONSCRIPTION	1 109 983	12 364

En 1949 les inscrits étaient au nombre de 12 364, 3 292 électeurs s'étaient déplacés pour voter soit 26,63 %. En 1955, le taux de participation s'était amélioré jusqu'à atteindre 50,63 % pour 10 833 inscrits et 5 070 votants.
Les élections de 1959 devaient être pour la CCI de Versailles comme dans les autres CCI un événement, puisque le nombre des électeurs à partir de ces élections est en moyenne multiplié par trois. Ainsi, il dépasse régulièrement la barre des 17 000 électeurs dans le Val d'Oise et des 26 000 électeurs dans les Yvelines (43 000 électeurs en 1959 pour 12 000 en 1949 !)
Parallèlement et du fait de la moindre sévérité quant aux conditions de l'électorat (abolition de la règle des cinq ans), l'abstention augmente, le taux de participation n'est plus aussi élevé. Il diminue progressivement d'élection en élection. De 48 % en 1957 il passe à 17 % en 1959 puis remonte à 33 % en 1982, pour décliner jusqu'aux 13 % de l'année 1997.

1973	30 %	1988	13 %
1976	30 %	1991	14 %
1979	31 %	1994	12 %
1982	33 %	1997	13 %
1985	20 %		

Tout le monde des commerçants et entreprenants peut voter, même les dirigeants électeurs d'entreprise en redressement judiciaire ou liquidation de biens, même les jeunes de 21 ans puis 18 ans sans aucune expérience. Cela motive moins l'électeur qui n'a pas le sentiment d'appartenir à une élite de ces chefs d'entreprises sélectionnés par la réussite dans leur affaire, récompensés par la richesse acquise dans leur commerce ou leur industrie et par la solidité sur le marché acquise grâce au savoir faire et à l'expérience.
Curieusement les élections des juges élus au second degré par les grands électeurs délégués consulaires eux-mêmes issus de l'élection au suffrage universel à partir de 1961 obtiennent des résultats en participation qui le plus souvent avoisinent le même taux de 50 % des inscrits. Et même la participation dépasse ce seuil certaines années, en général celles qui suivent l'année qui suit les élections triennales des membres et des délégués consulaires. Comment expliquer ce phénomène ? On l'a remarqué, ces taux de participation relativement élevés pour de telles élections approchent ceux observés lors des élections aux CCI d'avant 1959, lorsque le "filtrage" des électeurs s'effectuait par le "tamis" de la règle des cinq ans. Elle a été supprimée comme condition de l'électorat et seulement conservée pour l'éligibilité des membres (article 2 de la loi du 16 juillet 1987). Si cette condition était à nouveau exigée pour être électeur, gageons que leur nombre diminuerait mais que la disponibilité au vote des électeurs aux élections des CCI serait renforcée, les électeurs étant sans doute plus motivés à faire partie de l'élite des "entreprenants" ayant su pérenniser leur entreprise.

Le remède à l'abstention ne serait-il pas le retour au vote des élites commerçants et entreprenants par une réduction de l'électorat ?
Ce serait un des meilleurs moyens de pallier les défauts d'assiduité et de motivation des électeurs et des élus des chambres. Ce serait en outre libérer de l'obligation civique de voter une multitude de chefs et dirigeants de petites entreprises créées par des personnes entreprenantes et industrieuses certes, mais dont une partie importante est mue par le souci de se reconstituer un emploi après une mise au chômage ou au mieux, par le souci de gagner de l'argent pour rester sur le marché avant de se préoccuper des intérêts généraux du commerce et de l'industrie. Est souhaitable la fermeture du collège électoral consulaire à ceux qui ne remplissent pas encore les conditions d'ancienneté dans l'exercice de leur entreprise et ne sont pas motivés pour faire partie de l'élite des entreprenants ayant ces cinq ans d'exercice continu dans l'activité et dans la circonscription. L'avantage d'une telle mesure devrait inciter le législateur à renforcer la sévérité des conditions de moralité et de probité pour être électeur. Ainsi seraient privilégiés les commerçants et entreprenants sélectionnés par le marché et par leur probité pour être par l'élection les représentants de leur catégorie électorale à la CCI, organe des intérêts commerciaux et industriels auprès des pouvoirs publics.

Notons que dans un même esprit mais avec un autre critère beaucoup plus "corporatif", la législation et la réglementation qui s'appliquent aux artisans en exigeant des conditions plus sévères pour l'exercice de l'artisanat mènent à limiter le nombre des créations d'entreprises artisanales. C'est ainsi que depuis la loi du 5 juillet 1996 et le décret du 2 avril 1998, l'exercice des activités du bâtiment, de la réparation automobile, de l'alimentation, de l'esthétique exige une qualification minimale du chef d'entreprise ou à défaut de salariés, à savoir le CAP ou trois années d'expérience professionnelle. Près de 70 % des métiers sont réglementés. Cependant et a contrario, le texte trop permissif du projet de loi d'orientation agricole en préparation en 1998-1999 se proposait d'autoriser les agriculteurs à utiliser leurs moyens de production pour réaliser des travaux jusqu'alors effectués par les seuls artisans et commerçants. Ce texte qui a été retiré aurait s'il avait été voté, aménagé et allégé les contraintes notamment fiscales auxquelles sont soumis les artisans. Explication : la loi du marché pénètre toute la société. Elle impose ses principes et ses valeurs managériales à tous les agents de l'économie. Sauf cette nouvelle orientation qui peut-être est significative d'une volonté de mieux préparer l'économie au nouveau monde du troisième millénaire, la tendance au renouveau d'un corporatisme artisanal persiste. Le CE et le Conseil constitutionnel n'ont pas eu à se prononcer sur une éventuelle et improbable rupture de l'égalité des citoyens devant la loi du fait de ces nouvelles limitations au libre exercice des professions. Mais quel législateur avisé osera augmenter de façon notable le taux de participation en réduisant le nombre des électeurs ayant le droit de vote ? ou au contraire instaurer une représentativité sans appel au suffrage universel, fondée exclusivement sur un système de désignation par les corporations de l'industrie, du commerce et des services ? Voir sur cette question *L'institution des chambres de commerce* op. cit. pp. 67 et 68 et infra conclusion chapitre 2, articles 4 et 5.

SECTION III

LEXIQUE ÉLECTORAL - DICTIONNAIRE DES PROCÉDURES POUR LES ÉLECTIONS AUX CCI

Conseils d'interprétation pour l'application des lois et décrets organisant le déroulement des élections des membres et des délégués consulaires des chambres de commerce et d'industrie.

A

AGE POUR L'ÉLIGIBILITÉ : CONDITIONS

Les candidats pour être membres, qu'ils soient électeurs d'office ou représentants, doivent être âgés de 30 ans et d'une ancienneté de 5 ans à dater de l'année précédant immédiatement celle de l'élection. (Article 13 de la loi du 16 juillet 1987). Ils doivent avoir été inscrits 5 ans au registre du commerce et des sociétés s'il s'agit d'un "individu", ou pouvoir apporter la preuve de 5 ans d'activité pas obligatoirement dans la circonscription ni dans l'entreprise d'origine s'il s'agit d'une "société".
Si une société a changé de forme juridique depuis l'inscription d'origine, on privilégie la notion de continuité de la fonction exercée dans l'entreprise. Le numéro SIRENE ne change pas, le fonds de commerce a toujours été exploité par la même personne.
Le redressement judiciaire n'est qu'un acte d'assistance il n'est pas un acte de dépossession. Il faut pour être inéligible et ne pouvoir plus être électeur, être déchu de ses droits. Le dirigeant dont l'entreprise est en redressement judiciaire est électeur et éligible au mandat de membre de CCI. Par contre il n'est pas éligible à la fonction de juge au tribunal de commerce.

Article 13 de la loi du 16 juillet 1987.

Voir à EXERCICE (MEMBRE EN)

ANNULATION DES ÉLECTIONS

Les élections des membres d'une Chambre de commerce et d'industrie peuvent être annulées totalement ou partiellement pour une catégorie ou sous-catégorie professionnelle.
L'annulation peut être partielle ou générale. Elle résulte normalement d'irrégularités dans les opérations électorales (voir le lexique à Calendrier). Elle peut également être la conséquence de l'illégalité des arrêtés préfectoraux relatifs respectivement à l'institution de sous catégories professionnelles et à la répartition des sièges entre ces sous-catégories (non respect des délais habituels de deux et quatre mois pour engager une action devant les tribunaux administratifs.)
L'article 37 du décret du 18 juillet 1991 prévoit en cas d'annulation partielle ou totale devenue définitive des élections des membres des chambres de commerce et d'industrie ou des délégués consulaires une nouvelle élection dans les deux mois. Si dans une Chambre donnée malgré l'annulation (ou les annulations), la moitié au moins de ses membres reste en exercice, aucune élection intermédiaire ne doit avoir lieu et cela tant que cette situation dure. Au contraire, dès lors que l'effectif d'une chambre tombe à moins de la moitié de ses membres, il est procédé à des élections complémentaires dans les six mois qui suivent (décret, art 37) ou au prochain renouvellement triennal (Circ. 14 sept 1988, ann, rubrique 2 et 5, JO du 23 sept, rect JO du 11 oct.).

Alors que le contentieux des listes électorales est judiciaire, le contentieux des opérations électorales est administratif pour les chambres, à la différence des tribunaux de commerce. Il existe quatre causes de nullité totale ou partielle des élections : 1° violation des formes prévues par les textes, 2° atteinte à la liberté du vote ou vice du vote par des manoeuvres frauduleuses ; 3° incapacité légale d'un ou plusieurs élus ; 4° illégalité des arrêtés préfectoraux fixant la répartition des sièges en catégories et sous catégories professionnelles.
Le recours peut être intenté par tout électeur ou éligible dans les cinq jours de la proclamation des résultats et par le préfet dans les quinze jours. La juridiction compétente est le tribunal administratif dans le ressort duquel l'élection a lieu. Les jugements sont susceptibles d'un recours devant le CE. Les recours sont sans frais. Ils ne sont pas suspensifs et n'empêchent nullement l'installation du ou des membres dont l'élection est contestée.
Les recours contre les élections sont portés devant le tribunal administratif comme en matière d'élections municipales (L.16 juillet 1987, art 16, al13). Le décret du 18 juillet 1991 prévoit que le recours en annulation peut être formé par tout électeur et par le préfet dans les conditions prévues aux articles R.119 à R.123 du code électoral. L'appel devant la cour administrative d'appel, à l'encontre du préfet ou de chacune des parties intéressées (chaque membre ou délégué dont l'élection est contestée), peut être formé à partir de la notification du jugement qui leur est faite et qui comporte l'indication dudit délai. Il est jugé comme affaire urgente (décr. 18 juillet 1991, art.36).

ASSUJETTIS

Voir à RESSORTISSANTS

ATTESTATIONS RELATIVES AUX LIMITATIONS DE NOMBRE ET DE DURÉE DES MANDATS
ATTESTATIONS DU GREFFIER
ATTESTATION DU PRÉSIDENT DE LA CHAMBRE

Les limitations s'apprécient en référence au règlement intérieur de la CCI.

Le bureau des élections de la Préfecture héritier d'une longue tradition de compétence et de dévouement, suit et accompagne toutes les procédures électorales; il contrôle sur le plan de la légalité le contenu des attestations que le greffe doit remettre pour chaque candidat, membre ou délégué consulaire.

Ces attestations accompagnent chaque formulaire de déclaration de candidature de membre et de déclaration de candidature de délégué consulaire.
Elles sont remises en même temps dans les mêmes délais prévus au calendrier à la Préfecture du siège par le candidat isolé ou le mandataire ou le président de la ou des formations, syndicats, associations, comités, unions qui présentent des candidatures.

Voir à BASES ÉCONOMIQUES D'UNE CCI, BULLETIN DE VOTE, CALENDRIER, COMPATIBILITÉ, GREFFIER

B

BASES ÉCONOMIQUES D'UNE CCI

Voir page suivante l'exemple d'une grande chambre et à ASSUJETTIS, RESSORTISSANTS.

BULLETINS DE VOTE : MENTIONS OBLIGATOIRES

Il est obligatoire que soit mentionnée sur le bulletin de vote la durée du mandat qui reste à courir lorsqu'un candidat a remplacé un élu qui n'a pas été jusqu'au bout de son mandat.

Au moment du dépôt des candidatures, les dispositions de l'annexe II de la circulaire du 31 mars 1988- paragraphe 4.2 précisent que les déclarations de candidatures doivent spécifier la catégorie et éventuellement la sous-catégorie. La délégation de circonscription territoriale, s'il y en a une, peut couvrir le département ou être infra-départementale. La déclaration de candidature doit préciser la durée du mandat lorsque celui-ci est écourté.

Rappel : en cas de renouvellement partiel, les sièges renouvelés normalement : démissions, décès, etc..., l'annexe 2 4.1 de la circulaire du 31.03.88 paragraphe 33 dispose que les bulletins doivent faire figurer pour chaque candidat : le nom et l'activité, l'organisme sous l'étiquette duquel il se présente, sa catégorie et sous catégorie professionnelle, le nombre total de sièges à pourvoir dans celle-ci et éventuellement, la délégation territoriale au titre de laquelle il sera candidat.
En outre, ils doivent obligatoirement indiquer, le cas échéant, que le candidat se présente pour un mandat de 3 ans, en cas de renouvellement partiel (art.19 du décret n° 88.291 du 28 mars 1988 et 4.1 de la circulaire du 31 mars 1988).
Par contre, pour un mandat habituel de six ans, il n'est pas nécessaire de préciser la durée.

Seul le recto des professions de foi peut être rempli.

BUREAU (MEMBRE DU)

Voir à CUMUL, DÉMISSION, INCOMPATIBILITÉ

BASES ÉCONOMIQUES D'UNE CCI

CHAMBRE DE COMMERCE ET D'INDUSTRIE DE VERSAILLES VAL D'OISE-YVELINES
BASES ÉCONOMIQUES D'UNE CCI
ÉLÉMENTS COMPARATIFS 1998

DÉPARTEMENT	YVELINES	VAL D'OISE	TOTAL
NOMBRE D'ASSUJETTIS À LA TAXE POUR FRAIS DE CCI	38 621	27 863	66 484
NOMBRE D'ASSUJETTIS À LA TAXE PROFESSIONNELLE	57 856	41 064	98 920
NOMBRE D'HABITANTS	1 366 366	1 095 433	2 461 799
PRODUIT DE LA TAXE PROFESSIONNELLE	4 011 111 351	2 764 050 000	6 775 161 351
BASE DE LA T.C.C.I.	17 665 939 030	10 480 473 670	28 146 412 700
PRODUIT DE LA T.C.C.I.	120 658 186	71 628 363	192 286 549
RAPPORT PRODUIT NET CCI/PRODUIT NET TP EN %	3 %	2,59 %	2,84 %

C

CADRES (VOTE DES CADRES)

Dans quelles conditions peuvent-ils être électeurs ?
Les cadres sont électeurs es-qualités en tant que salariés mais seulement des délégués consulaires. Ils sont électeurs s'ils exercent des fonctions de cadres impliquant des responsabilités de direction commerciale, technique ou administrative de l'entreprise ou de l'établissement.
La circulaire ministérielle du 31 mars 1988, rubrique 1, 2, 5 JO du 7 mai 1988, dont le contenu a été repris in extenso par toutes les circulaires intervenues depuis d'une élection à l'autre, invite

les entreprises à ne désigner que les seuls responsables de directions commerciales, techniques ou administratives et leurs adjoints appelés à les remplacer en cas d'absence.
Exemple : pour une entreprise ou un établissement donné et dans la pratique, il a été conseillé de considérer que le nombre maximum de cadres salariés au sens du décret ne devait pas dépasser 6 donnant la possibilité de faire élire des cadres appartenant à plusieurs directions techniques par exemple. En réalité les textes laissent libre le propriétaire dirigeant de l'entreprise de dépasser ce chiffre. S'il ne désigne aucun cadre, la commission d'établissement des listes électorales ne peut se substituer à lui car elle n'a pas les moyens de connaître le nom des salariés de l'entreprise qui répond à la définition de la loi du 16 juillet 1988.

Voir à EMPLOYÉS "CADRES", ELECTEUR, ÉLECTORAT DES DÉLÉGUÉS CONSULAIRES, LIEN SALARIAL, MEMBRE, REPRÉSENTANTS DÉSIGNÉS.

CALENDRIER DES OPÉRATIONS ÉLECTORALES
SCRUTIN DU LUNDI 17 NOVEMBRE 1997

NATURE DES OPERATIONS	**ELECTIONS DE 1997**		OBSERVATIONS
	DATES	RESPONSABLE DE L'OPERATION	
Envoi d'une circulaire aux sociétés et aux entreprises individuelles (désignation des représentants)	**10 mars**	CCI	formulaire particulier à la CCI **La situation électorale s'apprécie au 31 mars de l'année des élections.**
Recensement des membres anciens de la chambre et du tribunal de commerce	pour le 31 mars 24 h date reportée au 30 avril 24 h	CCI	Il leur est fait remplir un formulaire de déclaration conforme aux dispositions de l'art. 6-1° et 7 de la loi du 16.07.1987
Retour aux greffes de la circulaire (désignation des représentants) Date limite à laquelle s'apprécie la qualité d'électeur	pour le 31 mars - 24 h, date reportée au 2 mai 1997 31 mars		circulaire interministérielle du 31 mars 1988 (JO 7 mai, annexe II-1.2.1) circulaire ministérielle CAB n°2213 MZ/1 du 10 mars 1997
Date limite de l'arrêté ministériel fixant le nombre de sièges pour les CCI qui en changent	30 mai 1997	ministère de tutelle	circulaire ministérielle CAB n°2213 MZ/1 du 10 mars 1997
Mise à jour des codes catégories et sous-catégories	Courant avril	CCI rapprochement des fichiers disponibles	recensement des électeurs inscrits entre le 1er janvier et le 31 mars
Tirage d'une préliste électorale sans n° d'ordre	Jeudi 15 mai	CCI rapprochement des fichiers disponibles	
Vérification de la préliste électorale si une préliste a été tirée en document de travail	15 Mai/1er juillet	CCI rapprochement des fichiers disponibles	mise à jour après vérification des situations électorales
Commande des cartes d'électeurs au fabricant	fin juin	CCI	
	1ère quinzaine de juillet	CCI	la CCI doit recevoir les modifications des greffes avant le 11 juill. (Elles se feront entre le 1er avr. et le 11 juill.)

ELECTIONS DE 1997 NATURE DES OPERATIONS	DATES	RESPONSABLE DE L'OPERATION	OBSERVATIONS
Réunions de la commission d'établissement des listes électorales (L. n° 87-550 du 16 juill. 1987, art. 11 JO 19 juill. et Décr. n° 91-739 du 18 juill. 1991, art. 18	**Juillet (peut se réunir dès le 1er avril)**	président de la commission Greffes/CCI	participation de la CCI pour l'informatique et la vérification (Circ. 31 mars 1988, annexe II-1.2.1 JO 7 mai ; Décr. 9 mai 1988, JO 10 mai)
Date limite des **arrêtés préfectoraux modifiant la répartition des sièges** entre les catégories ou sous-catégories (4 mois avant le scrutin) non-respect : possible des élections	**vendredi 13 juin**	préfecture	circulaire du 31 mars 1988 précitée modification des sous-catégories professionnelles ou de la composition (décr. n° 91-739 du 18 juill. 1991, art. 3) circulaire ministérielle CAB n°2213 MZ/1 du 10/03/1997
Etablissement des listes électorales en quatre exemplaires (CCI, tribunal de commerce, préfecture, mairies) avec les n° d'ordre	**juillet**	président de la commission d'établissement des listes électorales et CCI	circulaire du 31 mars précitée possibilité d'avoir en même temps les cartes d'électeurs (à commander au fabricant fin juin)
Dépôt des listes électorales à la préfecture du siège par le président de la commission	jeudi 31 juillet	CCI	Décr. n° 91-739 du 18 juill. 1991, art. 20 et 24
Commission de la composition de la CCI et des délégués consulaires (détermination du nombre des membres et délégués consulaires) (décret n°91-739 du 18 juil. 1991, art 1à 4 et loi du 16 juil. 1987, art 9)	juin-juillet-août	CCI Préfecture	17 septembre arrêté du préfet 2 mois avant la date des élections fixant le nombre des délégués consulaires à élire (après avis de la commission, décret n°91-739 du 18 juil. 1991, art 2)
Envoi des listes dans chaque commune avant le 18 août	jeudi 14 août	CCI ou Préfecture	date limite 16 août (décret n° 91-739 du 18 juill. 1991, art. 21)
Date à partir de laquelle il est interdit de réunir les délégués consulaires en assemblée annuelle Annulation possible des élections	**jeudi 7 août**	CCI	**deux mois avant la date des élections aux tribunaux de commerce** (entre le 7 et le 15 oct. de chaque année) (décret n° 91.739 du 18 juill; 1991, art. 10) *Annulation possible des élections*
Lettre aux maires (pour contrôle des listes)	2ème quinzaine d'août	CCI préfecture	
Vérification des listes par les maires et exercice des recours gracieux devant la commission d'établissement des listes électorales (décret n° 91-739 du 18 juill. 1991, art. 21 et 22). Moment optimal pour la remise aux maires, par la commission des listes électorales (CCI) des cartes d'électeurs afin qu'ils les leurs envoient par la poste (V. Ci-après) date limite	14 août - lundi 15 septembre	recours exercés par : - des maires - des électeurs - des membres de la CCI	circulaire du 31 mars 1988, annexe II-1.4. Recours gracieux par les maires et ayants droit pour omission, mauvais classement, contestation contre un autre électeur. Des modèles de recours sont tenus à la disposition des électeurs par la CCI. Recours et pourvoi en cassation aux conditions des art. R.13 et R 15.7 du code électoral (décret n° 91.739 du 18 juill. 1991, art. 23).

ELECTIONS DE 1997 NATURE DES OPERATIONS	DATES	RESPONSABLE DE L'OPERATION	OBSERVATIONS
Impression des cartes électorales avec les noms, adresses, catégories et sous-catégories. Tirage et impression de la liste électorale. Liste complémentaire éventuelle.	Courant septembre-Octobre	service informatique de la CCI. service responsable du fichier électoral. service élection de la CCI	les cartes électorales ont été commandées au fabricant fin juin par la CCI ou par la préfecture. **La date optimum de remise aux maires des cartes d'électeurs se situe entre le 18 août et le 15 septembre** compte tenu du calendrier des différentes opérations électorales (circ. 31 mars 1988, ann. II 2.2 - JO 7 mai). En cas de rectification des listes électorales, il n'est pas nécessaire de la rééditer en totalité. En cas de liste complémentaire, il lui est donné la même publicité (remise au tribunal de commerce, aux mairies, à la CCI, à la préfecture pour consultation par les électeurs). circ. 7 oct. 1988, annexe interprétative 2.1., JO 11 oct.
Date limite de mise à jour de la liste électorale par les maires. Limite de saisine de la commission en recours gracieux par tout électeur.	**Lundi 15 septembre**	circulaire aux maires (préfectures lettres aux maires) Le préfet.	Mise à jour des fichiers par les maires. Les maires ont du 18 août au 15 septembre pour communiquer à la commission d'établissement des listes, les informations de mise à jour en leur possession (décr. N° 91-739 du 18 juill. 1991, art. 21 à 23).
Arrêté fixant le nombre de délégués consulaires à élire	mercredi 17 septembre(circ. 31 mars 1988, ann. III 5, JO 7 mai)	préfecture	deux mois avant la date des élections aux CCI (décret n° 91.739 du 18 juill. 1991, art. 9).
Date limite à laquelle la commission d'établissement des listes électorales statue sur les recours gracieux	mardi 30 septembre	président de la commission d'établissement des listes électorales (président du tribunal de commerce)	décr. N° 91-739 du 18 juill. 1991, art. 22 ; circ. 14 sept. 1988, JO 23 sept., rectifiée par circ. 7 oct. 1988, ann. 2.6. JO 11 oct.
Commission d'organisation des élections (L. 16 juil. 1987, art. 16) et circ.Relative au remboursement des frais de propagande Date limite de l'arrêté préfectoral convoquant les électeurs	lundi 29 septembre	préfecture/CCI	décret n° 91-739 du 18 juill. 1991, art. 28 et 29 **affichage de l'arrêté préfectoral sur la voie publique** art. 29, le préfet convoque les électeurs par arrêté le 1er octobre au plus tard
Remise au bureau des élections des listes définitives et des cartes pour envoi aux mairies	lundi 6 octobre	commission d'organisation des élections	date maximum de remise aux maires des cartes, voir supra dans le même esprit le rubrique impression des cartes électorales
Limite de l'appel devant le tribunal d'instance des décisions de la commission d'établissement des listes électorales(10 jours après l'affichage sur la voie publique)	mercredi 15 octobre (circ. 14 sept. 1988, JO 23 sept.)	tout électeur ayant droit	code électoral art. L 25,27, 34,35, et R-13 à 15-7 L. 16 juil. 1987, art. 11 ; Décr. n° 91-739 du 18 juil. 1991, art. 23(annexe à la circ. du 10 août 1988, JO 30 août, infra)
DEPOT DES CANDIDATURES	**mercredi 8 octobre 1997 - 17 H** 40e jour précédant le scrutin	candidat ou son mandataire (agent ou élu de la CCI notamment ou agent mandaté par une liste concurrente)	décret n° 91-739, art. 25; circ. 31 mars 1988, anne. II, paragraphe 4.2

ELECTIONS DE 1997 NATURE DES OPERATIONS	DATES	RESPONSABLE DE L'OPERATION	OBSERVATIONS
Acceptation définitive ou rejet de la candidature par le préfet (refus du récépissé d'enregistrement de candidature) (date limite)	vendredi 10 octobre	préfet du siège de la CCI	code élect. art. L. 351 : Circ. 7 oct 1988, JO 11 oct., paragraphe 2
Expédition des cartes électorales par les maires aux électeurs (date limite)	au lundi 3 novembre 14 jours avant les élections	les maires	art. 25 du code électoral "les cartes électorales sont distribuées au domicile des électeurs par les soins du maire" et art. 27 du 18 juillet 1991 3ème paragraphe. Art. 16 de la loi du 16 juillet 1987, circulaire du 31 mars 1988 annexe I.
Réunion de la commission d'organisation Envoi de la propagande	lundi 15 septembre date limite	préfet	décr. n° 91-739 du 18 juill. 1991, art. 27
Limite de la décision du tribunal administratif (TA) en ce qui concerne les requêtes tendant à contester les rejets de dépôt de candidatures par le préfet.	Dans les 3 jours de la saisine du tribunal administratif par les candidats	tribunal administratif du siège de la CCI	décr. n° 91-739 du 18 juill. 1991, art. 26 et circ. 7 oct. 1988, paragraphe 2, JO 11 oct. Attention : procédure écrite avec échange de mémoires et délais très courts (quelques heures) pour prendre les décisions.
Demande par les candidats pour bénéficier de l'aide de la commission d'organisation des élections (date limite)	samedi 18 octobre **30 jours avant le scrutin à 17 H**	**le candidat ou son mandataire**	la demande peut figurer dans l'engagement de candidature circ. 31 mars 1988, JO 7 mai, ann. II. paragraphe 2-2
Remise à la préfecture des circulaires (profession de foi), bulletins de vote, notices explicatives pour les candidats à la commission d'organisation des élections	**jeudi 23 octobre** **25 jours au moins avant le scrutin à 17 H**	**les candidats ou leurs mandataires**	circ. 31 mars 1988, ann. II, paragraphe 3, JO 7 mai
Départ de la campagne électorale par les candidats et date limite pour l'envoi du matériel de vote par correspondance à chaque électeur	**lundi 3 novembre** **14 jours au moins avant le scrutin à 17 H**		début de la période pendant laquelle les répertoires et les fichiers officiels peuvent être utilisés pour l'expédition des instruments de vote et de propagande sous le contrôle de la commission d'organisation des élections (du 4 au 17 novembre 1997. circ. 31 mars 1988, ann. II, paragraphe 2.2
Envoi du matériel de vote par correspondance (date limite)	**lundi 3 novembre** **14 jours au moins avant le scrutin à 17 H**	CCI préfecture	circ. Ministérielle 31 mars 1988, ann. II. paragraphe 2.2 JO 7 mai
Transmission des procurations (date limite)	lundi 10 novembre 7 jours avant le scrutin	tout électeur (facultatif)	circ. Ministérielle 31 mars 1988, ann. II, paragraphe 5.4.
JOUR DU SCRUTIN 3ème lundi de novembre Limite du dépouillement des votes (jour du scrutin à minuit)	**LUNDI** **17 NOVEMBRE 1997**	chaque électeur muni de sa carte	membres élus et délégués consulaires décr. n° 91-739 du 18 juill. 1991, art. 33
Limite pour demander au tribunal d'instance la réparation d'une erreur purement matérielle des listes électorales	Lundi 17 novembre 1997 avant 17 H	tout électeur ayant droit	code électoral art. L. 34 ; L. 16 juill. 1987, art. 11; décret n° 91-739 du 18 juill. 1991, art. 23 (modèle de recours tenu à la disposition des électeurs par la CCI)

ELECTIONS DE 1997 NATURE DES OPERATIONS	DATES	RESPONSABLE DE L'OPERATION	OBSERVATIONS
Période d'expédition des affaires courantes du jour des élections au jour de l'installation : seulement les actes d'administration conservatoires et urgents sont autorisés	**Lundi 17 novembre 1997 au lundi 19 janvier 1998** date limite de l'installation de la CCI par le préfet	CCI assemblée président	circ. 31 mars 1988, ann. I.5 qui interdit - d'engager des dépenses excédant les ressources disponibles - de modifier le règlement intérieur - de prendre aucune décision définitive concernant le personnel
Limite pour la proclamation des résultats : dans les 4 jours du scrutin. Le procès-verbal des opérations électorales est remis au préfet (et à la CCI pour information)	vendredi 21 novembre 1997	préfet	décret n° 91-739 du 18 juill. 1991, art. 34 recensement des votes par la commission (loi n° 87-550 du 16 juill. 1987, art. 16 - code électoral art. L 49, L 50, L 58 à L. 67, L 117)
Limite de l'option entre mandat de membre et celui de délégué consulaire	3 jours au plus tard après la proclamation des résultats	membres élus délégués consulaires	décret n° 91-739 du 18 juill. 1991, art. 35
Annulation éventuelle des élections 5 jours après le scrutin. déclaration à adresser à la préfecture.	lundi 24 novembre 1997 (surlendemain du samedi 22 novembre)	tout électeur et tout éligible et ayant droit	décret n° 91-739 du 18 juill. 1991, art. 36 (code électoral art. R. 119 à R. 123)
Annulation des élections par le préfet (limite des recours par les préfets)	Dans les 15 jours de la réception du procès-verbal des opérations électorales	préfet	décret n° 91-739 du 18 juill. 1991, art. 36 (code électoral, art. R 119 à R. 123)
Période de validité des listes électorales	**du lundi 17 novembre 1997 au 3ème lundi de novembre 2000**		circ. 31 mars 1988, ann. II paragraphe 1.2.9.
INSTALLATION DE LA NOUVELLE ASSEMBLEE	**lundi 19 janvier 1998,** surlendemain du samedi 17 janv. 98 Dans les deux mois qui suivent les élections.	préfet	décret n° 91-739 du 18 juill. 1991, art. 12
Situation des candidats à l'égard des limitations de mandats	lundi 19 janvier 1998, date limite de l'installation du bureau par le préfet. Voir obs.	tout électeur	décret n° 91-739 du 18 juill. 1991, art. 13. circ. 31 mars 1988, ann. I paragraphe 5, JO 7 mai - jour de l'assemblée à l'exception du cas où se déroule une élection complémentaire (règlement intérieur CCI art. 1.2 et 3.2) où elle s'apprécie à la date du jour du scrutin de l'élect. comp.
Limite de l'option entre fonction de membres du bureau de la CCI et celle de membres du bureau d'une chambre de métiers Limite de la désignation par chaque CCI de ses représentants à la CRCI	10 jours après la constitution du bureau 15 jours au plus après l'installation de la CCI	membres du bureau de la CCI et de la chambre de métiers CCI	décret n° 91-739 du 18 juill. 1991, art. 13 décret n° 91-739 du 18 juill. 1991, art. 45 sur les CRCI

ELECTIONS DE 1997 NATURE DES OPERATIONS	DATES	RESPONSABLE DE L'OPERATION	OBSERVATIONS
Limite de l'installation de la CRCI par le préfet	Vendredi 13 mars 1998 (surlendemain du samedi 15 mars 1998)	CRCI	décret 28 sept. 1938 sur les CRCI, art. 2
Limite de l'installation constitutive de l'ACFCI	**lundi 13 avril 1998** mois qui suit la limite de l'installation des CRCI	ACFCI	décret n° 64-1200 du 4 déc. 1964, art. 4, mod. par décret n° 77-121 du 9 févr. 1977 sur l'assemblée des chambres françaises de commerce et d'industrie

CANDIDATS : SITUATION AU REGARD DES LIMITES DE MANDAT

Leur situation au regard des limites de mandat en nombre et durée s'apprécie au 15 Janvier suivant la date du renouvellement triennal ou les 9 ans suite à la pesée économique. En cas d'élections intermédiaires, elle s'apprécie au jour du scrutin.

Voir à ÉLECTEUR DEVENU INÉLIGIBLE EN COURS DE MANDAT.

CARTES D'ÉLECTEURS - CARTE ÉLECTORALE

Les cartes d'électeurs sont adressées aux maires par les préfectures.
Les maires sont chargés de les vérifier et de les faire parvenir à destination sans délai.
Au cas où les maires refuseraient de rectifier les cartes (motifs généralement invoqués : pas de personnel) , la commission d'établissement des listes électorales, devra être saisie des refus. Le maire est seul habilité, comme officier de l'état civil, à faire le nécessaire sur la liste électorale.
Les maires auront l'autorisation de faire préimprimer le cachet de leur mairie sur les cartes électorales officielles qui leur seront remises par les préfets. Cette opération devrait être faite à leurs frais sauf si la commission d'établissement des listes électorales saisie décide le contraire avec l'accord de la CCI.

Voir à CARTE ÉLECTORALE

CARTE ÉLECTORALE : MODÈLE OFFICIEL

La confection du modèle officiel de carte électorale n'est pas l'affaire de la CCI.
Chaque électeur recevra autant de cartes qu'il aura de titre à voter pour les entreprises dont il est propriétaire ou au titre desquels il aura été désigné. (représentant désigné).
Il faudra veiller à ce que les électeurs des délégués consulaires respectent le principe : "1 homme 1 voix". Pour l'élection des membres, le vote plural est autorisé.

Chaque électeur recevra un jeu complet de cartes et d'instruments de vote et de propagande pour chaque scrutin "séparé" "délégués consulaires" et "membres titulaires" : un jeu pour l'élection des membres titulaires, un jeu pour l'élection des délégués.

L'envoi comprendra : une carte électorale, une grande enveloppe et un jeu d'enveloppes pour le vote par correspondance, une notice explicative, une incitation au vote, un appel au civisme des électeurs signé des ministres de tutelle.

Voir à REPRÉSENTANT DÉSIGNÉ, ELECTEUR D'OFFICE.

CENTRALE DE BILAN DES CCI

Voir à BASES ÉCONOMIQUES DES CCI

CESSATION DU MANDAT EN COURS D'UN MEMBRE DONT LA SOCIÉTÉ A CESSÉ TOUTE ACTIVITÉ

Comment se règle le cas du mandat d'un membre ou d'un délégué consulaire qui a été amené à cesser toute activité dans l'entreprise ou dont l'entreprise est radiée du registre du commerce et des sociétés. (Question du "pont" entre l'ancien mandat et le nouveau)
L'intéressé reste inscrit sur la liste électorale de base de l'échéance triennale précédente.
1°) soit il "retrouve" une entreprise ; il en crée une nouvelle où il a un nouveau mandat, d'administrateur par exemple, il demande son inscription comme membre en exercice (art. 13 loi du 16 juillet 1987).
2°) soit il démissionne volontairement et ipso facto, seulement s'il le demande, il est inscrit sur la liste électorale comme électeur (et donc éligible) en sa qualité d'ancien membre (art. 13 loi du 16 juillet 1987).
L'ancien membre qui a fait sa demande de maintien sur la liste électorale n'est ipso facto plus membre de la CCI au titre du mandat en cours. Il n'assiste plus aux assemblées générales jusqu'à ce qu'il soit -si tel est le cas- réélu. (cf. conséquences de l'article 13 de la loi de 1987 précitée).

Voir à CALENDRIER, DURÉE DE VALIDITÉ DE LA LISTE ÉLECTORALE, ANCIEN MEMBRE, MEMBRE EN EXERCICE, REDRESSEMENT JUDICIAIRE, ÉLECTEUR.

CHEF D'ENTREPRISE

Voir à ÉLECTEUR, ÉLIGIBILITÉ

COMMANDITE, NOM COLLECTIF (SOCIÉTÉ EN)

DANS UNE SOCIÉTÉ EN COMMANDITE OU EN NOM COLLECTIF CE SONT LES ASSOCIÉS QUI SONT ÉLECTEURS À TITRE PERSONNEL.
Les commandités dans les sociétés à commandite ne sont pas obligés de s'inscrire individuellement. Ils sont inscrits au titre de la société commanditaire (source : décret du 30.05.1984).

Voir à ELECTEURS ELECTORAT

CO-GÉRANTS.

Dans une SARL , s'il y a plusieurs co-gérants, celui qui sera électeur supplémentaire sera celui que le représentant légal aura désigné si la société est dans le cas d'avoir un représentant supplémentaire.

Le représentant légal inscrit d'office est le co-gérant qui figure le premier sur la liste électorale. Le critère est
le plus ancien (le premier à figurer sur la liste doit être le plus âgé).

Voir à ELECTORAT

COLLECTIF (RECOURS)

Voir à NOM, RECOURS

COMITÉS ÉLECTORAUX

Voir à UNIONS (POUR LA PRÉPARATION DES ÉLECTIONS) et à SÉLECTION DES CANDIDATS

COMMISSION D'ÉTABLISSEMENT DES LISTES ÉLECTORALES (CELE)

Circulaire du 31 mars 1988 JO du 7 mai 1988, annexe II p. 6477.

Voir à LISTE ÉLECTORALE DES DÉLÉGUÉS CONSULAIRES, ÉLECTIONS AUX TRIBUNAUX DE COMMERCE, RECTIFICATION DES LISTES.

COMMISSION RELATIVE À LA COMPOSITION DE LA CCI

Voir annexe I, circulaire du 31 mars 1988, JO du 7 mai 1988, p. 6476

COMMISSION D'ORGANISATION DES ÉLECTIONS

Voir annexe II, circulaire du 31 mars 1988, JO du 7 mai 1988, p. 6479.

COMPATIBILITÉ MANDAT DE MEMBRE DE CCI ET DE TRIBUNAL DE COMMERCE À CE TITRE PEUT-IL AUSSI ÊTRE ÉLECTEUR DES DÉLÉGUÉS CONSULAIRES ?

Oui, aucun texte ne l'interdit. Tout ce qui n'est pas interdit est permis.

Voir à ELECTEURS, INCOMPATIBILITÉ, RECOURS

COMPOSITION DE LA CCI

Voir à COMMISSION

CONCUBINS - CONJOINTS.

En aucun cas, le concubin ou la concubine, même notoire, ne peut être assimilé(e) à un conjoint.

Voir à CONJOINTS

CONDITIONS D'ÂGE POUR L'ÉLECTORAT (MEMBRES, DÉLÉGUÉS CONSULAIRES)

18 ans et droits civiques. Code électoral : article 2 de la loi du 16 juillet 1987 : absence de condamnation, ne pas être interdit d'exercer une activité commerciale. L5 et L6 code électoral, art. 192 ou 194 loi du 25 janvier 1985.

CONJOINTS

Ils peuvent siéger comme délégués consulaires dans la même circonscription.

Voir à CONCUBINS, DÉLÉGUÉS CONSULAIRES, MARI.

CONDITIONS PRATIQUES POUR ÊTRE ÉLECTEUR OU ÉLIGIBLE À L'ÉLECTION DES MEMBRES DES CCI

D'après la loi n°87.550 du 16.07.1987 -article 6- des conditions précises sont exigées pour être électeur à l'élection des membres de la chambre de commerce et d'industrie.

Il faut être administrateur, membre du directoire ou co-gérant c'est à dire occuper une position susceptible d'assurer un mandat de représentant, ou s'il n'a pas cette position qu'il obtienne un mandat d'un électeur PDG, gérant, président ou de membre du directoire, ou du conseil d'administration ou de directeur d'un établissement public à caractère industriel et commercial pour représenter l'entreprise en plus de lui-même. A défaut de ces fonctions, le candidat électeur doit alors obligatoirement exercer dans l'entreprise ou l'établissement, des fonctions impliquant des responsabilités de direction commerciale, technique ou administrative (une participation au conseil d'administration implique que l'intéressé occupe des fonctions de direction qu'il soit salarié ou non).

Des formulaires sont envoyés aux intéressés au début du mois de février. D'ici là, par précaution et à cause des délais nécessaires pour réunir les assemblées et conseils d'administrations notamment, il est prudent de s'assurer à l'avance que tout candidat intéressé est bien en règle vis à vis d'un des cas ci-dessus et prenne toutes dispositions. Cela suppose que l'entreprise au titre de laquelle il va être électeur occupe bien au moins de 10 salariés à 49 salariés ou un créneau "nombre de salariés" correspondant à la grille ci-après.

Les entreprises ont droit à :

-deux représentants supplémentaires lorsqu'elles emploient dans la circonscription de 50 à 199 salariés,
-trois représentants supplémentaires lorsqu'elles emploient dans la circonscription de 200 à 499 salariés,
-quatre représentants supplémentaires lorsqu'elles emploient dans la circonscription de 500 à 1999 salariés,
-cinq représentants supplémentaires lorsqu'elles emploient dans la circonscription 2000 salariés et plus.

Voir à ELECTEURS, ELECTORAT, ELIGIBILITÉ, RECOURS

COOPÉRATIVES

Pourvu qu'elles soient inscrites régulièrement sur la liste électorale, elles sont inscrites seulement si leur forme est commerciale (SA, SARL, etc...) énumérée au A) 2° de la loi du 16 juillet 1987.

CORPS ÉLECTORAL DES DÉLÉGUÉS CONSULAIRES

Il est le même que celui des membres des CCI. Sont en plus "électeurs de droit" et ès-qualité les cadres salariés. Les électeurs représentants légaux des entreprises et exerçant des fonctions qui impliquent des responsabilités de direction commerciale, technique ou administrative de l'entreprise ou de l'établissement doivent les faire connaître à la commission d'établissement des listes électorales.

Voir à CADRES, DÉLÉGUÉS CONSULAIRES

CUMUL DE CANDIDATURES AUX MANDATS DE MEMBRE TITULAIRE D'UNE CCI ET DE DÉLÉGUÉ CONSULAIRE

A dater de son élection, l'électeur qui s'est fait élire membre et délégué consulaire ne pourra conserver que l'un ou l'autre de ses mandats.
Il ne lui était nullement interdit de se porter candidat aux deux fonctions (voir cumul de candidatures membre titulaire et délégué consulaire) mais il doit choisir.

CUMUL DE MANDATS, FONCTIONS CONSULAIRESS

Est permis :

- le cumul du mandat de délégué consulaire et celui d'un membre associé (non élu) d'une CCI, le cumul d'un mandat de membre élu de CCI et celui de membre de tribunal de commerce
- le cumul d'un mandat de délégué consulaire et celui d'un membre d'un Conseil de prud'hommes,
- le cumul des mandats de membre élu d'une chambre de métiers et de membre élu d'une CCI,

pour un chef d'entreprise ayant droit à être électeur éligible et en outre dirigeant une autre entreprise dans deux circonscriptions différentes de chambres, de cumuler le mandat de membre une première fois au titre d'une première entreprise dans une première CCI et une deuxième fois au plus dans une autre CCI où est implantée la deuxième pourvu qu'il en soit le dirigeant ayant droit (p. 214 l'Institution des CCI),

Est interdit :

- le cumul d'un mandat de membre d'un tribunal de commerce et celui de membre d'un autre tribunal de commerce (art. 1 loi n°87-550 du 16 juillet 1987),
- le cumul de la fonction de membre du bureau d'une CCI et de membre du bureau d'une chambre des métiers,
- le cumul de mandat de président de CCI avec celui d'un député ou sénateur.

Voir à CUMUL, INCOMPATIBILITÉ

D

DÉCOMPTE DES REPRÉSENTANTS DÉSIGNÉS INSCRITS SUR LA LISTE ÉLECTORALE

En plus des électeurs de droit et seulement pour ce qui est de la liste des électeurs à la fonction de membre de CCI, la liste électorale pour l'élection des membres comporte les représentants éventuellement désignés supplémentaires et mandataires au titre des sièges sociaux et établissements.

Voir à REPRÉSENTANTS, ELECTEURS, ELECTORAT

DÉLÉGUÉS CONSULAIRES : RÉPARTITION TRIENNALE DES SIÈGES

L'article 45 du décret de 1991 a omis de préciser que, tous les trois ans, le nombre des sièges des délégués consulaires doit être réparti par canton ou groupe de cantons et à proportion du nombre d'électeurs recensés. Lors de chaque élection triennale, on répartit les électeurs des délégués consulaires à proportion de leur nombre dans les groupes de cantons ou les cantons de la circonscription consulaire et à l'intérieur de chaque groupe de canton en canton à proportion de leur nombre dans les catégories et sous-catégories. La base est le nombre de délégués consulaires calculé lors de la dernière pesée économique pour la circonscription et le groupe de canton ou le canton. Le principe "un homme, une voix" explique que seul est retenu le seul nombre des électeurs pour proportionner la représentation de l'électorat par les délégués consulaires. Il n'y a pas à "pondérer" cette représentativité par leur poids en montant de bases de taxe professionnelle ni en nombre de salariés.
Les candidatures de délégués consulaires sont déposées à la préfecture du siège de la CCI, aux dates indiquées dans le calendrier (voir à Calendrier). Elles ne sont pas déposées dans les préfectures ou sous-préfectures des délégations de circonscription territoriale quand il en existe au sein de la CCI intéressée.
Pour obtenir au moment de la pesée économique le nombre des délégués consulaires, on affecte le nombre des membres de la chambre d'un coefficient multiplicateur et de proportionalité. Si la pesée économique a abouti à 52 membres, le nombre de délégués consulaires est de 52 fois le coefficient multiplicateur; par exemple 9, le nombre de délégués consulaires sera alors de 468.

Voir à DÉMISSION, PROCÉDURE POUR DEVENIR...., RÉPARTITION, UNICITÉ DE VOTE

DÉMISSION
DÉMISSION D'UN MEMBRE DU BUREAU DÉMISSION D'OFFICE

Le seul usage - mais ni la loi, ni le décret, ni la circulaire n'y obligent - veut que la procédure des démissions d'office applicable de droit ne soit cependant pas utilisée ; l'intéressé continue à siéger. Cette situation ne peut pas durer plus de 3 ans jusqu'à la prochaine élection triennale. Si l'intéressé refuse de démissionner, il appartient à la CCI et à son président de demander au ministère de tutelle qu'une décision officielle soit prise à son encontre.
L'intéressé pourra à nouveau être électeur en faisant une demande pour être inscrit sur la liste électorale en tant qu'ancien membre, s'il le souhaite. Théoriquement, rien ne l'empêche même de postuler à nouveau pour être éligible membre ou délégué consulaire. (art. 6b et 13 de la loi du 16 juillet 1987).

Voir à DÉMISSION, DISCIPLINE, ELECTORAT, ELIGIBILITÉ, MEMBRE, POUVOIR DISCIPLINAIRE (DES ASSEMBLÉES ÉLUES), PROCÉDURE

DÉMISSION D'UN MEMBRE TITULAIRE DE CCI,
PROCÉDURE ORDINAIRE, ABSENTÉISME

DÉMISSION D'OFFICE D'UN MEMBRE PAR ARRÊTÉ MINISTÉRIEL - Articles 14 et 17 de la loi du 18 juillet 1981
- Tout membre d'une CCI qui s'est abstenu pendant six mois de se rendre aux assemblée générales est déclaré démissionnaire par simple arrêté (non motivé) du ministre chargé de la tutelle (ministre chargé du commerce), sur proposition entérinée par une délibération de l'assemblée générale de la chambre (art. 14)
- Le président et les autres membres du bureau peuvent être suspendus ou déclarés démissionnaires d'office par arrêté motivé du ministre de tutelle.

Voir à DÉMISSION EN COURS DE MANDAT, EXERCICE, MEMBRE EN, PROCÉDURE

DÉMISSION EN COURS DE MANDAT D'UN MEMBRE OU D'UN DÉLÉGUÉ CONSULAIRE

Procédure : Voir article 14 du décret n°88-291 du 28.03.1988 - brochure n° 1393 p.25 et annexe interprétative, circulaire du 7.10.1988 - I - I-6 pp. 74/75.

Une lettre recommandée avec accusé de réception au préfet du siège de la CCI suffit.
Les travaux préparatoires des textes réglementaires montrent que c'est volontairement qu'il n'a pas été précisé la suite et le détail de la procédure.
Le préfet qui est prévenu prendra lien avec la CCI et avec le ministère de tutelle.
Le démissionnaire doit envoyer copie de sa démission au président de la chambre.
Le point de départ des délais administratifs est la date indiquée sur l'avis de réception.

Voir à DÉMISSION D'UN MEMBRE TITULAIRE DE CCI, MEMBRE, PROCÉDURE

DÉPÔT DES CANDIDATURES

Voir à DÉLÉGUÉS CONSULAIRES, ATTESTATIONS POUR LES MEMBRES.

DIRIGEANT D'ENTREPRISE

Voir à CHEF D'ENTREPRISE, ELECTEUR, ELIGIBILITÉ

DISCIPLINE DES ASSEMBLÉES ÉLUES

Voir à POUVOIR DISCIPLINAIRE DES ASSEMBLÉES ÉLUES

DURÉE DES MANDATS DE MEMBRE TITULAIRE, PERTE DE L'ÉLIGIBILITÉ

Conservent leur mandat jusqu'au prochain renouvellement :

- Les membres ayant changé de catégorie ou de sous catégorie,

- Les membres ayant cessé une activité leur donnant qualité pour être inscrit sur la liste électorale dans la circonscription de leur CCI ou le cas échéant de la délégation, mais qui ont acquis une qualité à l'être ailleurs.

- Les membres d'une CCI interdépartementale qui ont transféré leur siège de leur activité dans un département de la circonscription consulaire différent de celui où ils ont été élus.

En dehors de ces cas particuliers, les intéressés ayant perdu leur capacité à être éligible, doivent démissionner.

Voir à DÉMISSION, DURÉE ET NOMBRE DE MANDATS, RÈGLEMENT INTÉRIEUR

DURÉE ET
NOMBRE DES MANDATS
CONDITIONS EXIGÉES AU RÈGLEMENT INTÉRIEUR

LES DISPOSITIONS DU RÈGLEMENT INTÉRIEUR RELATIVES AU NOMBRE ET À LA DURÉE DES MANDATS NE PEUVENT PAS ÊTRE MODIFIÉES DANS L'ANNÉE DU RENOUVELLEMENT TRIENNAL.

Les règlements intérieurs des chambres doivent être présentés au ministère de tutelle pour approbation lorsque l'assemblée générale, en conformité avec le règlement intérieur de la chambre, a proposé une mesure nouvelle le modifiant sur les points essentiels précisés à l'article 49 du décret n°91.739 du 18 juillet 1991 JO du 1er août.

Voir à DURÉE DES MANDATS, MANDAT, RÈGLEMENT INTÉRIEUR, RENOUVELLEMENT

E

ELECTORAT

Voir à CO-GÉRANT, ELECTEURS, ELECTORAT-QUALITÉ D'ÉLECTEUR, RECOURS, SOMMEIL (ENTREPRISE EN)

ELECTORAT - QUALITÉ D'ÉLECTEUR

Voir à CONDITIONS, COMMANDITE, ELECTEUR, ELÉCTORAT MEMBRES TITULAIRES ET DÉLÉGUÉS CONSULAIRES, NOM COLLECTIF, RECOURS GRACIEUX, SOMMEIL (ENTREPRISE EN)

ELECTORAT, CONDITIONS, DIFFÉRENCE ENTRE ÉLECTORAT DES MEMBRES TITULAIRES ET DES DÉLÉGUÉS CONSULAIRES (LOI DU 16 JUILLET 1987)

A- Sont électeurs des Membres Titulaires.
1er cas : les représentants légaux des entreprises en nom personnel inscrits d'office.
2ème cas : les sociétés représentées par l'intermédiaire d'un représentant légal "patron" et les représentants supplémentaires qu'il va être appelé à désigner parmi :
1- les mandataires sociaux (administrateur, etc...)
2- seulement à défaut, et à condition qu'ils aient des fonctions impliquant des responsabilités de direction dans l'entreprise (technique, commerciale ou administrative) des mandataires mandatés par les électeurs représentants légaux des sociétés.
Dans ce second cas, le nombre des représentants supplémentaires est limité en fonction du nombre de salariés occupés par l'entreprise selon la grille ci-après :

Au delà de 10 salariés :

1 représentant supplémentaire de 10 à 49 salariés.
2 représentants supplémentaires de 50 à 199 salariés
3 représentants supplémentaires de 200 à 499 salariés
4 représentants supplémentaires de 500 à 1999 salariés
5 représentants supplémentaires de 2000 salariés et plus

B -Sont électeurs des délégués consulaires.

Les mêmes que ceux qui sont électeurs des membres titulaires (ou au A) avec une différence essentielle : EN PLUS peuvent être électeurs sans limitation de nombre, les "cadres salariés" ayant des fonctions impliquant des responsabilités de direction commerciale, technique ou administrative dans l'entreprise et employés par les électeurs représentants légaux ("patrons" des sociétés).
Les formulaires de représentants désignés seront expédiés aux "patrons" des entreprises, PDG, gérants, etc... dès la fin du mois de mars, de telle sorte qu'ils puissent les recevoir durant la première semaine d'avril et qu'ils puissent donner leur réponse avant la date du 2 mai - 24H, le cachet de la poste faisant foi. Cette facilité n'abolit pas la date du 31 mars, à laquelle continue à s'apprécier la qualité d'électeur.

N.B. Sont également électeurs les membres en exercice et anciens membres ayant perdu la qualité d'électeurs mais ayant demandé leur maintien sur la liste électorale d'une part de la CCI, d'autre part des tribunaux de commerce.
Sont électeurs des membres et délégués consulaires, les conjoints collaborateurs des commerçants, ainsi que les pilotes de l'aéronautique civile.

Voir à CONDITIONS, ELECTORAT - QUALITÉ D'ÉLECTEUR, ELECTEURS, LISTE ÉLECTORALE DES DÉLÉGUÉS CONSULAIRES, RECOURS, SOMMEIL

ELECTEURS D'OFFICE
QUI SONT LES ÉLECTEURS DES MEMBRES DE CCI INSCRITS D'OFFICE SUR LA LISTE ÉLECTORALE ?

A Sont électeurs inscrits d'office à titre personnel :
1- les commerçant inscrits en nom et immatriculés au registre du commerce et des sociétés.
2- les chefs d'entreprises artisanales immatriculés au registre du commerce et des sociétés (ils peuvent cependant toujours demander à ne pas être inscrits sur la liste).
3- Les conjoints-collaborateurs figurant au registre du commerce et des sociétés.
4- les pilotes de l'aéronautique civile domiciliés dans la circonscription la CCI exerçant de façon indépendante c'est à dire non employés par les compagnies comme salariés.
5- les membres en exercice de la CCI et des tribunaux de commerce qui ont perdu la qualité pour être inscrits d'office mais ayant demandé leur maintien sur la liste électorale.

B Sont électeurs d'office par l'intermédiaire d'un représentant principal (P.D.G; gérant, président de directoire etc...)
1- les SA, SARL, établissements publics à caractère industriel et commercial,
2- les personnes physiques en A(1 et 2) ci-dessus, les personnes morales en B (1) ci-dessus ainsi que les sociétés en nom collectif et les sociétés en commandite qui ont fait l'objet d'une inscription complémentaire ou d'une immatriculation secondaire (sauf dispense légale).

Voir à CONDITIONS, ELECTORAT, IDENTITÉ CONSTITUÉE, RECOURS, RÉCLAMATION

ELECTEURS DÉSIGNÉS
QUI SONT LES ÉLECTEURS DES MEMBRES DE CCI DÉSIGNÉS PAR VOIE DE REPRÉSENTATION ET MANDAT ?

Sont électeurs par l'intermédiaire de représentants supplémentaires (en sus de l'électeur "automatique" au titre d'électeur d'office PDG, gérants etc ...) les électeurs inscrits pour représenter le siège de l'entreprise et les établissements secondaires dans la circonscription à raison de :
pour 10 à 49 salariés 1 électeur supplémentaire
pour 50 à 199 salariés 2 électeurs supplémentaires
pour 200 à 499 salariés 3 électeurs supplémentaires
pour 500 à 1999 salariés 4 électeurs supplémentaires
pour 2000 salariés et plus 5 électeurs supplémentaires.
S'il est inscrit au registre du commerce et des sociétés, le conjoint des chefs d'entreprise en nom occupant 50 salariés et plus doit être décompté et remplace le 1er représentant supplémentaire..
Ces représentants du B de la rubrique ELECTEURS D'OFFICE supra peuvent l'être à titre "principal" (PDG, gérant, président du directoire) ou "supplémentaire".

Ils doivent avoir dans l'entreprise une fonction de direction (représentant légal -mandataire social) ou direction commerciale, technique ou administrative. "A défaut" et seulement "à défaut", ils peuvent aussi être représentés par "un mandataire" ayant lui aussi une fonction de direction commerciale, technique ou administrative.

Voir à CONDITIONS, MEMBRE, REPRÉSENTANT

ELECTEUR DEVENU NON ÉLECTEUR ET INÉLIGIBLE EN COURS DE MANDAT

L'électeur membre titulaire de Tribunal de Commerce et de CCI, qui n'est plus éligible reste électeur et éligible jusqu'aux prochaines élections triennales, à conditions de démissionner. Il devient alors membre ancien et a le droit sur sa demande et, seulement s'il le demande, de redevenir électeur et éligible (tout électeur est de droit éligible en droit français : principe général de notre droit) lors des prochaines élections.
La loi du 16 juillet 1987 dispose, comme le faisait l'ancienne législation, que sont électeurs les sociétés par l'intermédiaire de leurs représentants.Cela a des conséquences :

1°) les sociétés sont "électeurs"; ainsi, rien n'interdit à un électeur d'office de désigner comme mandataire en ses lieu et place une personne de son choix qui remplit les conditions de la loi.

2°) Une société qui a mis son fonds de commerce en location gérance bien qu'elle soit régulièrement inscrite au R.C.S. reste néanmoins une société mais qui n'aurait plus d'autre activité que la mise en location gérance d'un fonds de commerce et donc une société commerciale qui conserve la qualité d'électeur aux CCI. S'il s'agit d'une société en commandite ou en nom collectif, ce sont les associés commerçants qui sont électeurs à titre personnel.

Voir à CONDITIONS, COMMANDITE, NOM COLLECTIF, REDRESSEMENT JUDICIAIRE

ELECTORAT DES DÉLÉGUÉS CONSULAIRES
QUI SONT LES ÉLECTEURS DES DÉLÉGUÉS CONSULAIRES ?

Sont électeurs des délégués consulaires, les électeurs des membres de CCI, plus les cadres employés es-qualité par ces électeurs pourvu qu'ils occupent des fonctions impliquant des responsabilités de direction commerciale, technique ou administrative, sans limitation de nombre. Noter toutefois que la circulaire n°800 de mars 1988 du ministère de tutelle conseille une limitation à 6.

Voir à CONDITIONS, ELECTEUR, LISTE ÉLECTORALE DES DÉLÉGUÉS CONSULAIRES, ÉLECTIONS AUX TRIBUNAUX DE COMMERCE.

ELIGIBILITÉ MEMBRE TITULAIRE D'UNE CCI
CONDITIONS POUR ÊTRE ÉLIGIBLE COMME MEMBRE TITULAIRE

-Avoir au moins 30 ans et répondre aux conditions de l'article 13 de la loi du 16 juillet 1987.

-Avoir 5 ans d'inscription au registre du commerce et des sociétés ou sur la liste électorale de la circonscription (les personnes morales doivent avoir 5 ans d'existence au registre du commerce du commerce et des sociétés et remplir les conditions y afférentes).

- Pour les anciens membres et membres dits "en exercice" qui sont électeurs et éligibles " de droit", ne pas exercer une profession libérale ou salariée. Dans la pratique, les comités de présentation des candidatures peuvent seuls éviter que les membres n'ayant plus aucune fonction dans aucune entreprise ne se représentent indéfiniment. Aucun texte n'interdit qu'ils ne se représentent comme "ancien membre" ou "membre en exercice". Mais en ce qui concerne les anciens membres, dès qu'ils posent leur candidature à l'éligibilité à ce titre, ils ont démissionné de facto et ne peuvent plus participer aux assemblées et activités de la Chambre dont ils sont en effet devenus anciens membres.

Voir à CONDITIONS, LIEN SALARIAL, ELECTEURS, ELIGIBILITÉ, EXERCICE (MEMBRE EN), IDENTITÉ CONSTITUÉE, RECOURS

EMPLOYÉS "CADRES"

- Les cadres "employés" par les électeurs représentants légaux "propriétaires" des entreprises et qui occupent des fonctions impliquant des responsabilités de direction commerciale, technique ou administrative dans l'entreprise (élections des délégués consulaires seulement).

- Cadres représentants désignés

Voir à ELECTEUR, ELECTORAT, REPRÉSENTANTS DÉSIGNÉS INSCRITS

EMOLUMENTS DES GREFFIERS

Voir à LISTES ÉLECTORALES - PRESTATION, CONTRÔLE DES LISTES PAR LES GREFFIERS

ETABLISSEMENTS PUBLICS À CARACTÈRE INDUSTRIEL ET COMMERCIAL

Ils sont électeurs par l'intermédiaire de leurs représentants légaux et supplémentaires en fonction de la grille des salariés au-delà de 9 salariés.

ETABLISSEMENTS SECONDAIRES DÉPENDANT D'UN SIÈGE SOCIAL SITUÉ HORS DE LA CIRCONSCRIPTION CONSULAIRE

La loi les habilite à désigner un électeur pour les représenter quel que soit le nombre de leurs établissements.

Voir à ELECTEUR, ETRANGERS, NATIONALITÉ

EXERCICE (MEMBRE EN)

L'article 13 - 3°de la loi du 16 juillet 1987 dispose que sont éligibles aux fonctions de membres d'une CCI sous réserve d'être âgé de plus de 30 ans et de satisfaire aux conditions fixées au dernier alinéa de l'article 6, les membres en exercice et les anciens membres de CCI inscrits sur la liste électorale de la circonscription en vertu du *e* du *1°* de l'article 6 à condition qu'ils n'exercent, lors du dépôt de leur candidature, aucune profession libérale ou activité salariée. Un membre élu en exercice peut faire à nouveau acte de candidature. Il doit déclarer sur l'honneur répondre aux conditions, c'est à dire être inscrit sur la liste électorale pour une autre entreprise, l'entreprise au titre de laquelle il avait été élu à l'origine ayant été radiée ou ne le comptant plus parmi ses dirigeants ou lui-même ayant quitté la circonscription.

Voir à ELECTORAT, ELIGIBILITÉ

F

FIXATION DU NOMBRE DES DÉLÉGUÉS CONSULAIRES ET LEUR RÉPARTITION PAR CANTONS, GROUPE DE CANTONS, CATÉGORIES ET SOUS-CATÉGORIES

Le nombre des délégués consulaires est fixé au plus tard au 2ème mois qui précède l'élection.
Les commissions se sont prononcées sur des chiffres qui ont été choisis à partir d'une décision du préfet après consultation de la chambre locale. L'arrêté du préfet fixe la répartition par arrondissement, groupe de cantons, ou communes selon le cas. Le nombre ne pourra être déterminé que lorsque les deux listes électorales, celle des membres d'une part, celle de délégués consulaires d'autre part, seront connues et closes.
Le nombre d'électeurs ne sera pas le même sur l'une et sur l'autre liste électorale et cette nouveauté provient de la séparation des collèges instituée par la loi de 1987. En ce qui concerne la plupart des chambres, il apparaît que l'écart entre le nombre des électeurs de chaque collège sera faible étant donné le petit nombre de désignations des salariés cadres de direction.
On répartit les délégués consulaires à proportion de l'importance du nombre d'électeurs par canton ou groupes de cantons ou communes dans la circonscription de la chambre.

Voir à DÉLÉGUÉS CONSULAIRES

FIXATION DU NOMBRE DES MEMBRES

Un arrêté du ministre chargé de la tutelle administrative des CCI détermine le nombre des membres de chaque CCI dans les conditions fixées par l'article 9 de la loi du 16 juillet 1987 et après avis d'une commission comprenant le préfetqui en est de droit président, trois conseillers généraux désignés par le conseil général, un président et deux juges des tribunaux de commerce, le président et deux membres de la chambre, désignés par son assemblée générale. Ce nombre doit être pair. Lorsque la circonscription d'une CCI comprend plusieurs départements, le préfet compétent est celui du département où est situé le siège de la chambre. Il prend l'avis des préfets des autres départements concernés. (articles 2 et 40 du décret du 18 juillet 1991).

FONCTION CONSULAIRE

Voir à CUMUL DES MANDATS

FRAIS ÉLECTORAUX REMBOURSÉS AUX CANDIDATS

Les frais électoraux ne sont remboursés que si le candidat obtient 5% des voix.
On interprète de la façon suivante : les 5% doivent être décomptés soit par individu, soit par groupes de candidats (et non seulement par individu). Cette interprétation est favorable au candidat. Elle évite qu'il ne soit pas remboursé lorsque certains noms ont été rayés par l'électeur. (Groupe de travail APCCI - Tutelle 1988)

Voir à REMBOURSEMENT

G

GREFFIER

Voir à EMOLUMENTS, PRESTATIONS, CONTRÔLE DE LA LISTE ÉLECTORALE PAR LES GREFFIERS

I

IDENTITÉ CONSTITUÉE DES CCI

Voir à ELECTEUR, ELECTORAT, ELIGIBILITÉ

INCOMPATIBILITÉ ENTRE MANDATS

Le mandat de membre titulaire d'une chambre de commerce est incompatible et réciproquement avec celui de délégué consulaire (art. 17 de la loi n°87.550 du 16 juillet 1987)
Deux conjoints ne peuvent être simultanément membres titulaires d'une CCI et délégués consulaires grands électeurs des juges du tribunal de commerce. (cas d'école)

Par contre, est compatible et réciproquement, un mandat de délégué consulaire et un mandat de membre titulaire de tribunal de commerce (juge). Est également compatible un mandat de délégué consulaire et un mandat de membre associé de chambre de commerce; cette faculté ancienne résulte d'une absence de législation : tout ce qui n'est pas interdit est permis. Les textes de la loi, du décret, de la circulaire sont en effet muets sur cette question et la Chancellerie a donné une réponse positive (groupe de travail mixte A.P.C.C.I / ministère de tutelle du 21.06.88).

Nul ne peut être simultanément membre du bureau d'une CCI et membre du bureau d'une chambre de métiers. Si une personne vient à cumuler les deux fonctions, elle doit opter auprès de la préfecture dans les dix jours qui suivent. A défaut, elle est considérée comme ayant choisi les fonctions les plus récentes (art 13 du décret n° 91539 du 18 juillet 1991).
Nul ne peut être simultanément membre du bureau d'une CCI et membre du bureau d'une chambre de métiers ; si une personne vient à cumuler les deux fonctions, elle doit opter auprès de la préfecture dans les dix jours qui suivent. A défaut, elle est considérée comme ayant choisi les fonctions les plus récentes (art. 13 du décret n° 91-539 du 18 juillet 1991).

Voir à CUMUL

INÉLIGIBILITÉ

Voir à ELECTEUR DEVENU NON ÉLECTEUR ET INÉLIGIBLE EN COURS DE MANDAT, PROCÉDURE POUR DEVENIR DÉLÉGUÉ CONSULAIRE, ELIGIBILITÉ

INSTRUMENT DE VOTE

Voir à CARTE ÉLECTORALE

L

LIEN SALARIAL
ELECTORAT ELIGIBILITÉ
PERTE DE L'ÉLIGIBILITÉ PAR ACQUISITION DU LIEN SALARIAL

Situation électorale d'un membre de CCI qui intègre les effectifs du personnel administratif de ladite chambre.

1- Il prend sa fonction de permanent
2- Dès lors rien ne lui interdit de rester, s'il le souhaite, administratif de la CCI, PDG ou gérant de sa société ou commerçant au sens du registre du commerce et des sociétés. Il n'y a pas incompatibilité, il peut rester électeur mais il ne peut plus être éligible et élu.
3- Il perd la qualité de membre de la chambre. A ce titre, il ne participe plus à ce titre au bureau, aux commissions, etc...
Il ne peut pas se considérer comme ancien membre au sens réglementaire du terme, s'il ne répond pas aux conditions impératives suivantes : ne pas être salarié, ne pas exercer une profession libérale.

Voir à ELECTORAT, ELIGIBILITÉ, EMPLOYÉS "CADRES"

LIQUIDATION DES BIENS
LES ENTREPRISES EN LIQUIDATION DE BIENS, LEURS DIRIGEANTS PEUVENT-ILS VOTER ?

NON :
Le Président de la commission d'établissement des listes électorales utilisera cette possibilité que lui donne la circulaire du 31.03.88 -rubrique 1.4- portant organisation de CCI et des élections de leurs membres et de leurs délégués consulaires JO du 7.5.88.
Le 1er paragraphe cite une liste des mobiles tels que l'omission, l'erreur de classement, etc..., sans qu'il y ait de limitation. Ni la loi, ni le décret ne reprennent la liquidation des biens comme motif de radiation. La radiation de la liste est particulièrement justifiée nonobstant ce point de vue afin de limiter tout risque, notamment relatif à la probité spécialement du fait que les membres et délégués consulaires sont les grands électeurs des juges au tribunal de commerce; il est donc recommandé de s'adresser à la commission d'établissement des listes électorales.

Voir à REDRESSEMENT JUDICIAIRE

LISTES ÉLECTORALES - PRESTATIONS, CONTRÔLE DES LISTES PAR LES GREFFIERS DE LES SIGNER

Les CCI sont libres d'adapter leur comportement avec les implications habituelles concernant le paiement des émoluments dus aux greffiers, en cas de désaccord sur le montant.

Voir à REFUS, RECTIFICATION

LISTE ÉLECTORALE COMPLÉMENTAIRE

Les greffes des tribunaux de commerce et/ou les C.C.I. sont autorisés à envisager en tant que de besoin de faire une liste complémentaire à la fin de la période des recours gracieux de l'article 6 de la loi du 16 juillet 1987. Délai de rigueur : 30 septembre (voir à Calendrier)

Cette liste est destinée à s'ajouter à la liste primitive ou seraient introduits toutes les modifications.
En effet, il faudra que les électeurs bénéficiaires des recours gracieux obtenus devant la commission d'établissement des listes électorales soient pris en compte, de telle sorte que les intéressés puissent recevoir dans les délais leurs cartes électorales et les instruments de vote et de propagande, notamment pour le vote par correspondance. Il peut être indispensable de faire une liste électorale complémentaire.

1°) Se posera certainement la question de la conception d'un logiciel pour réintégrer les numéros d'ordre. On pourrait par exemple repousser en fin de sous catégorie les numéros d'ordre nouveaux avec les modifications et rajouts.

2°) Si on ne peut utiliser l'informatique, il faut prévoir de reclasser manuellement les recours gracieux. Le jour du scrutin, il faudra prévoir dans le bureau de vote de mettre la liste complémentaire à la place de l'assesseur (au moment du vote) lequel devra la consulter. Quand il y aura "doublon", la deuxième liste dite "complémentaire" l'emportera sur la première, ayant fait l'objet par recours gracieux de l'article 6 précité ou autres recours devant le tribunal d'instance (autre voie de recours) au moment de l'envoi des formulaires pour le vote par correspondance. Il faudra veiller à ce que l'électeur soit bien mis en possession de sa nouvelle carte au moins par un échange avec l'ancienne quand il se présentera devant l'assesseur au moment du vote.

Voir à RECOURS GRACIEUX ET CONTENTIEUX, CALENDRIER

LISTE ÉLECTORALE DES DÉLÉGUÉS CONSULAIRES - ÉLECTIONS AUX TRIBUNAUX DE COMMERCE

Procédure exceptionnelle en cas d'élections organisées au cours des deux ans suivant ceux d'un renouvellement triennal des CCI. Article 24 du décret du 18 juillet 1991, JO du 1er août. La commission d'établissement des listes électorales se réunit sur convocation du président pour examiner les demandes d'inscription sur la liste présentée par les électeurs remplissant les conditions.

Voir à RECTIFICATION

LOCATION GÉRANCE (SOCIÉTÉ MISE EN)

Voir à ELECTEUR DEVENU NON ÉLECTEUR ET INÉLIGIBLE EN COURS DE MANDAT

M

MANDAT (DURÉE DU, CESSATION)

Voir à CESSATION, DURÉE

MANDATAIRES DES SOCIÉTÉS DE 0 À 9 SALARIÉS

Elles peuvent utiliser le "mandat" de la loi du 16 juillet 1987 pour désigner une personne de leur choix ayant, à défaut d'être PDG, gérant, etc..., des fonctions impliquant une responsabilité de direction telle que la loi la définit.
Il faudra faire en sorte de vérifier dès juin et au plus tard au 31 juillet que toute disposition soit prise pour que les électeurs qui se sont fait remplacer ne reçoivent pas leur carte électorale. Il faudra faire le nécessaire pour les repérer de telle sorte qu'ils soient automatiquement retirés des électeurs ayant cédé leur droit de vote à la personne mandataire mandatée qu'ils auront désignée.

Utiliser les formulaires recommandés par l'ACFCI.

Voir à CALENDRIER, MANDATAIRES

MANDATAIRES SOCIAUX - MANDATAIRES DÉSIGNÉS PAR LE PROPRIÉTAIRE DE L'ENTREPRISE - ELECTEUR "PRINCIPAL" LORSQU'IL EXERCE EN NOM PROPRE

Cas des personnes mandatées par les chefs d'entreprise en nom propre, mais dont le conjoint est inscrit au registre du commerce et des sociétés et qui occupent un effectif de 50 salariés et plus.

Le dirigeant représentant légal peut dans ce cas et à titre exceptionnel désigner son conjoint.
Dans les autre cas, c'est interdit (au-dessous de 50 salariés).

Voir à CONJOINT, ELECTEUR, MANDAT, REPRÉSENTANT DÉSIGNÉ

MARI ET FEMME PEUVENT-ILS SIÉGER COMME DÉLÉGUÉS CONSULAIRES ?

Deux conjoints peuvent être délégués consulaires dans la même circonscription consulaire

Voir à CONJOINTS, DÉLÉGUÉS CONSULAIRES, ELECTEURS, ELECTORAT

MEMBRE

Voir à CONCUBINS, DÉMISSION, PROCÉDURE ET CI-APRÈS

MEMBRE EN EXERCICE

Voir à EXERCICE, article 13 de la loi du 16 juillet 1987

MEMBRE ANCIEN

Voir à EXERCICE, article 13 de la loi du 16 juillet 1987

N

NATIONALITÉ
CHEFS D'ENTREPRISES DE NATIONALITÉ ÉTRANGÈRE

Lorsqu'un étranger, chef d'entreprise s'est désigné alors qu'il n'a pas le droit de vote,
les formulaires de désignation sont à soumettre au président du tribunal de commerce et au préfet (dans le cadre du fonctionnement de la commission d'établissement de la liste électorale) afin qu'ils décident s'il y a lieu de retirer l'électeur de la liste électorale afin qu'il ne soit pas inscrit (il n'a pas le droit de vote) ou de le maintenir. Certaines chambres obtiendraient régulièrement leur suppression lors de chaque élection. Le ministère de tutelle conseille de se référer à cette pratique "sous réserve de l'appréciation souveraine des tribunaux".

Voir ci-après à NATIONALITÉ INTERPRÉTATION DES TEXTES

NATIONALITÉ
INTERPRÉTATION DES TEXTES EN VUE DE FAIRE ACCÉDER À L'ÉLECTORAT LES RESSORTISSANTS CHEFS D'UNE ENTREPRISE DE L'UNION EUROPÉENNE

La loi du 16 juillet 1987 se réfère à l'article L2 du code électoral (art.6 de la loi du 16 juillet 1987).
Il faudra :
- soit rajouter dans les déclarations sur l'honneur au verso des formulaires les mots : "et être de nationalité française".
- soit faire supprimer de façon automatique les étrangers des listes électorales.

Pour la nationalité, la loi ne dit pas que les sociétés ne pourront pas désigner en leur lieu et place pour être électeurs des Français répondant aux conditions de la loi :
1°) soit on interprète la loi dans son silence mais favorablement ; cela conduit alors à refuser au PDG de nationalité étrangère (mais ayant une carte de commerçant étranger) de voter mais à lui laisser la prérogative de désigner des responsables français exerçant les fonctions de direction ou les mandats sociaux prévus par la loi.
2°) soit on interprète la loi restrictivement. Dans ce cas, la commission d'établissement des listes électorales déciderait alors de demander aux greffiers de rayer les étrangers de la liste.
3°) Il est conseillé par le groupe mixte APCCI - tutelle (1988) d'envisager que la loi n'a pas voulu expressément priver les grandes entreprises notamment européennes et dont le capital est à majorité non français de déléguer pour représenter leur société un Français répondant aux conditions. La question devrait en tout état de cause être posée à la commission d'établissement des listes électorales.

NOM COLLECTIF (SOCIÉTÉ EN)

Voir à CONDITIONS, COMMANDITE, ELECTEURS, ÉLECTORAT, PROCÉDURE

P

PANACHAGE

Le scrutin des chambres de commerce et d'industrie permet le panachage.

Voir à FRAIS ÉLECTORAUX

PESÉE ÉCONOMIQUE

L'article 3 du décret du 18 juillet 1991 fonde la représentativité des sièges des catégories et sous-catégories d'électeurs sur les poids économiques respectifs des groupes d'entreprises qu'ils représentent calculés à partir de trois paramètres : bases d'imposition à la taxe professionnelle, nombre de ressortissants inscrits au RCS, nombre de salariés qu'ils emploient.
La pesée économique est effectuée tous les 9 ans. Tout changement de la composition des sièges oblige à des élections générales (renouvellement de la totalité des mandats).

En cas d'élections générales, la date limite de remise du rapport économique par le préfet au ministère de tutelle est fixée à la date de l'arrêté du ministre de tutelle paru au journal officiel. Cet arrêté détermine le nombre de sièges.
En général, le cabinet du préfet souhaite une réunion technique mixte (permanents de la CCI, permanents de la préfecture) préalable pour préparer sur le plan technique la commission de la composition de la CCI qui doit se réunir à la préfecture. Au cours de cette séance, le préfet reçoit de la chambre ses premières propositions relativement au nombre de sièges et à leur répartition. En effet, il doit communiquer, par courrier joint à la convocation, aux conseillers généraux qui participeront au côté de la chambre du tribunal de commerce et de la préfecture à la réunion de la commission de la composition ci-dessus mentionnée, les premières projections issues de la pesée économique informatique à partir des trois paramètres, nombre d'établissements, nombre des salariés, montant des bases de l'imposition à la taxe professionnelle pour frais de CCI.
Ni la préfecture ni le ministère de tutelle n'exigent de la chambre une délibération d'assemblée générale pour entériner un projet de nombre de sièges et de répartition à proposer lors de la réunion de la commission de la composition de la CCI. Par contre, il est exigé qu'elle se soit prononcée par un avis et ait proposé un nombre de sièges avec une répartition motivée de telle sorte que le préfet la communique sans délai au ministère de tutelle pour qu'il prépare l'arrêté qui sera publié au JO.
En ce qui concerne les délégués consulaires dont le nombre dépend d'une proportion à définir du nombre de membres titulaires choisi, c'est un arrêté du préfet qui procédera à la répartition des sièges entre les catégories et les sous-catégories professionnelles suite aux conséquences de la pesée économique sur le nombre et la nouvelle répartition des membres titulaires.
La réglementation autorise lorsque le nombre de candidatures n'a pas été suffisant pour pourvoir tous les sièges lors de la dernière élection à conserver le nombre issu de l'ancienne pesée même si le nombre de sièges a augmenté à la suite des conséquences de la nouvelle pesée.
Si lors de la mandature précédente, les sièges avaient été affectés du coefficient multiplicateur soit 440 délégués consulaires pour 44 membres et si la mandature suivante comprend désormais 54 sièges, le coefficient multiplicateur peut être réduit par exemple de 10 à 8. Le nombre de délégués consulaires est de ce fait limité à 8 X 56 = 448.

Voir à RENOUVELLEMENT

PILOTES DE L'AÉRONAUTIQUE CIVILE D'AÉRONEFS, AVIONS, TAXIS

Ils sont électeurs des membres titulaires et des délégués consulaires.
Les compagnies aériennes (PDG, gérant, etc ...) devront les désigner avant le 31 mars - 24 H (la date sera précisée dans la circulaire du ministère de tutelle), dernier délai, le cachet de la poste faisant foi.

Voir à CONDITIONS, ELECTEUR, ELECTORAT, MEMBRES, PROCÉDURES

POUVOIR DISCIPLINAIRE DES ASSEMBLÉES ÉLUES

Voir à DÉMISSION, DISCIPLINE DES ASSEMBLÉES ÉLUES, ELIGIBILITÉ, MEMBRE

PROCÉDURE POUR DEVENIR MEMBRE ÉLU (TITULAIRE) - CONDITIONS

- D'abord être électeur et éligible. Conditions de l'article 13 de la loi n°87-550 du 16 juillet 1987 : 30 ans. Etre sur la liste électorale ou avoir exercé au moins 5 ans. Se reporter à la loi qui est d'interprétation littérale.
- Présenter sa candidature directement ou par l'intermédiaire d'un comité électoral local (en général issu des organisations professionnelles et de chefs d'entreprises, unions patronales, associations, mouvements locaux d'entreprises, etc...)

Voir à CALENDRIER, pour la période réservée à la présentation des candidatures et les modalités pratiques, PROCÉDURES

PROCÉDURE POUR DEVENIR MEMBRE ASSOCIÉ - CONDITIONS

- D'abord être électeur inscrit sur la liste électorale (condition obligatoire pour être éligible).
- Ensuite, se faire coopter par une des premières Assemblées des membres titulaires issus des prochaines élections triennales à la CCI.

Les membres associés sont désignés à chaque renouvellement de la chambre. Ils doivent tous être électeurs et inscrits sur la liste électorale. Leur nombre ne peut excéder celui des membres élus. Ils sont répartis en 3 catégories : 1° des représentants des organisations patronales interprofessionnelles du commerce et de l'industrie. 2° des représentants des cadres dirigeants des entreprises industrielles et commerciales. 3° des électeurs consulaires autres que ceux visés ci-dessus et choisis directement par la chambre.
- Le préfet fixe par arrêté, après avis de la chambre, le nombre des membres associés, leur répartition et la liste des organisations habilitées à désigner les représentants des catégories 1 et 2 ci-dessus. La CCI a un droit de veto sur les désignations faites. Quand il n'y a pas dans la circonscription d'organisation représentative des cadres dirigeants, la désignation des membres associés cadres est faite par la chambre elle-même. Les membres associés sont installés par l'assemblée générale de la chambre lors de la réunion qui suit sa propre installation. Leur fonction expire à chaque élection partielle triennale et à chaque élection entraînant le renouvellement de la moitié au moins des membres élus de la chambre. Elle peut être renouvelée.
- S'adresser directement à la préfecture. Les candidats peuvent présenter individuellement leur candidature. Ils peuvent aussi la faire appuyer par le ou les comités locaux de présentation des candidatures constituée par les organisations et les associations professionnelles de la circonscription.

Voir à MEMBRE TITULAIRE ÉLU, DÉLÉGUÉ CONSULAIRE, CALENDRIER, PROCÉDURES.

PROCÉDURE POUR DEVENIR DÉLÉGUÉ CONSULAIRE

1- Prendre contact avec le président de la chambre de commerce et d'industrie, le président du tribunal de commerce et le président de l'union ou du comité local pour la préparation des élections s'il y en a un.

2- S'assurer au préalable de remplir les conditions légales, à savoir :

- Soit être PDG, gérant ou posséder en nom propre une entreprise du commerce, de l'industrie ou des services inscrits au RCS et sur la liste électorale
- soit être cadre employé par un électeur inscrit d'office ci-dessus, (PDG, gérant, etc...) et es-qualités exercer des fonctions impliquant des responsabilités de direction commerciale, technique ou administrative dans l'entreprise ou dans l'établissement inscrit au RCS et d'être employé par une société ou par une entreprise personnelle

occupant 10 salariés et plus qui peut désigner :
1 représentant supplémentaire de 10 à 49 salariés.
2 représentants supplémentaires de 50 à 199 salariés
3 représentants supplémentaires de 200 à 499 salariés
4 représentants supplémentaires de 500 à 1999 salariés
5 représentants supplémentaires de 2000 salariés et plus.

- soit être désigné "à défaut" représentant supplémentaire par l'électeur principal, PDG, gérant, etc..., propriétaire de l'entreprise.

3- Ne peuvent présenter leur candidature des candidats ne pouvant être électeurs consulaires ni éligibles à un tribunal de commerce, à une chambre de commerce et d'industrie et aux fonctions de délégués consulaires (ceux qui ont été frappés d'une des incapacités ou inéligibilités prévues aux articles 4 et 16 du décret du 3 août 1961 et notamment en cas de déchéance ou de sanction prévues par les articles L5, L6 du code électoral et par les articles 192 et 194 de la loi n°85-98 du 25.1.1985 Loi du 16.7.1987 - titre III - JO du 19.7.1987.

Les délégués consulaires sont élus pour trois ans ; leur mandat est automatiquement remis en cause à cette échéance.
Il est interdit à un délégué consulaire de cumuler son mandat avec celui de membre titulaire de chambre de commerce.

Voir à MEMBRE, REPRÉSENTANTS DÉSIGNÉS INSCRITS, INÉLIGIBILITÉ

PROCURATION POUR VOTER LE JOUR DU SCRUTIN
DIFFÉRENCE AVEC LE MANDAT DE LA LOI DU 16 JUILLET 1987

Le vote par procuration donne le droit à une autre personne quelle qu'elle soit, même non électeur à la place d'un électeur le jour du scrutin.
Le mandat de la loi du 16 juillet 1987 donne le droit à celui qui l'a obtenu d'un électeur représentant légal inscrit d'office sur la liste électorale, d'utiliser sa qualité d'électeur trois ans durant jusqu'au prochain renouvellement et en particulier de se porter candidat s'il le souhaite et de représenter la Chambre de commerce et d'industrie une fois élu.
Le mandant (l'électeur d'office) perd cette possibilité et ne peut voter ayant délégué pendant trois ans sa qualité d'électeur.
Il peut révoquer à tout instant le mandat et recouvrer ainsi ses droits à l'électorat.

Voir à ELECTEURS, VOTE PAR PROCURATION, QUALITÉ POUR ÊTRE ÉLECTEUR, CONDITIONS, ELECTEUR, ELECTORAT

R

RATTACHEMENT DU VOTE DE L'ÉLECTEUR DÉSIGNÉ POUR REPRÉSENTER UN ÉTABLISSEMENT

Pour savoir à quelle entreprise se rattache le vote d'un électeur désigné au titre d'un établissement dépendant du siège de l'entreprise : 1- on rattachera son vote à l'établissement ayant l'effectif en salarié dominant par rapport aux autres établissements ayant fait l'objet d'une inscription complémentaire (dans la circonscription de la CCI) ou secondaire (hors la circonscription de la CCI considérée) en cumulant leurs nombres de salariés pour la détermination de la sous catégorie, (article 27 du décret du 18 juillet 1991 précité, voir à CALENDRIER) ou on choisira l'établissement. 2- Le critère territorial sera la circonscription du tribunal de commerce dans laquelle seront élus les juges consulaires. On cumulera les salariés des établissements installés dans cette circonscription.

Voir à ELECTEUR

RÉCLAMATION / "RECOURS" GRACIEUX COLLECTIF

- Le groupe technique ACFCI/ministère de tutelle de 1988 est favorable à l'exercice des recours réclamations gracieux collectifs présentés individuellement. Un électeur soumet au président de la commission d'établissement des listes électorales un série de "recours" qui sont juridiquement des "réclamations". Ce "recours" étant gracieux est moins formaliste que le recours contentieux et il n'y a pas lieu de faire signer l'électeur devant chaque nom et devant chaque rectification proposée. Un formulaire est tenu par la CCI à la disposition des électeurs qui souhaitent présenter des recours gracieux.
- Un recours contentieux n'est jamais collectif (nul ne plaide par procureur for le roi).

Voir à RÉCLAMATION

RECOURS RÉCLAMATION GRACIEUX INDIVIDUEL EN VUE DES RECTIFICATIONS SUR LA LISTE ÉLECTORALE

Le groupe technique APCCI/ Ministère de tutelle de 1988 est favorable à prendre en compte des créations après le 31.03. Dans le cadre des procédures de recours gracieux le 31.03 ne s'oppose pas à ce que la CCI soit saisie ultérieurement d'événements postérieurs à cette date.
Date à laquelle s'apprécie la qualité d'électeur. La circulaire du 31 mars 1988 JO du 7 mai précise que cette date, de même que celle à laquelle s'apprécie le nombre de salariés donnant droit à des représentants supplémentaires, est le 31 mars. La question s'est posée de savoir comment devait s'apprécier cette notion au regard des événements qui interviennent entre cette date et la clôture des recours sur le contenu des listes.
Il convient de considérer la date du 31 mars comme une date pratique permettant à la commission de se mettre au travail à partir du 1er avril et non comme butoir incontournable qui interdirait de prendre en considération des événements ultérieurs, tels que créations et radiations. Rien ne s'oppose par conséquent à ce que la C.E.L.E. , en tant qu'instance de recours gracieux, soit saisie de ces cas.

Voir à CONDITIONS, ELECTEUR, ELECTORAT, RÉCLAMATION

RÉCLAMATION

Voir à RECOURS

RECTIFICATION DES LISTES ÉLECTORALES PAR LA COMMISSION D'ÉTABLISSEMENT DES LISTES ÉLECTORALES

Le décret du 22 décembre 1972 modifiant l'article 13 du décret du 3 août 1961 n'a pas été abrogé. Or, il a élargi considérablement les possibilités de rectification des listes électorales notamment en cas de cessation d'activité.
Tous les moyens - et notamment, des enquêtes personnelles auprès des intéressés.- sont mis en oeuvre en vue de vérifier le bien fondé des prescriptions et de procéder, éventuellement, aux rectifications qui s'imposeraient.
Une part active est réservée aux ressortissants eux-mêmes dans la procédure de rectification des listes dès leur dépôt (modalités prévues par l'article 10). Une large publicité devra être entreprise pour que les électeurs soient amenés à s'intéresser en temps voulu à leur classement sur ces listes, et déposer, le cas échéant, des demandes de rectifications dans les délais prescrits.
Enfin, pour faciliter l'organisation du vote par correspondance, il conviendra de prévoir un exemplaire des listes, et dépose, le cas échéant, des demandes de rectifications dans les délais prescrits.

Voir à COMMISSION D'ÉTABLISSEMENT DES LISTES ÉLECTORALES, LISTE ÉLECTORALE DES DÉLÉGUÉS CONSULAIRES - ÉLECTIONS AUX TRIBUNAUX DE COMMERCE, RECOURS, RÉCLAMATION

REDRESSEMENT JUDICIAIRE

Les ressortissants dont l'entreprise a été mise en redressement judiciaire (ou en liquidation de biens), n'ont en aucun cas à être radiés d'office, sauf si la procédure transforme le dépôt de bilan en faillite personnelle ou en banqueroute avec obligation de combler le passif.
La "coutume" pour le membre ou le délégué consulaire de la démission "avant", n'est qu'un usage non admis, ni reconnu par la loi ni aucune réglementation ni jurisprudence. L'ordonnance de François 1er dite de Villers Cotteret a aboli les coutumes et usages et obligé à établir en français les actes royaux, notamment les actes de baptêmes et autres mentions sur ce qui devait devenir sous la république d'une part le registre civil des naissances et mariages et d'autre part le RCS pour ce qui est des entreprises.
La commission d'établissement des listes électorales est habilitée à donner son avis et décider s'il y a lieu de maintenir sur la liste électorale un électeur dont l'entreprise est en dépôt de bilan.

Voir à COMMISSION, LIQUIDATION DE BIENS

REFUS DE DÉMISSION PAR UN MEMBRE DU BUREAU

Un usage "contra legem" veut que la procédure des démissions d'office applicable de droit et coercitive ne soit cependant pas utilisée. L'intéressé continue à siéger. Si de lui-même le membre de la CCI ne donne pas sa démission, ayant cependant perdu la qualité pour être électeur et éligible, il continue à siéger "de fait". Lors des élections prochaines il pourra théoriquement présenter sa candidature à titre individuel ou se faire parrainer sur une liste de candidatures proposée par un comité local de présentation de candidatures (comité préparatoire, union pour les élections, etc...) Cette situation ne peut pas durer plus de 3 ans jusqu'à la prochaine élection triennale. Ce ressortissant pourra à nouveau être et quand même électeur en déposant sa candidature en tant qu'ancien membre le moment venu. L'expérience montre que le nombre de candidatures utilisant cette facilité est somme toute très limité.

Voir à DÉMISSION, INCOMPATIBILITÉS

RÈGLEMENT INTÉRIEUR

Les dispositions du règlement intérieur relatives au nombre et à la durée des mandats ne peuvent pas être modifiés dans l'année du renouvellement triennal.

Les règlements intérieurs doivent être présentés au ministère de tutelle pour approbation lorsque l'assemblée générale, en conformité avec le règlement intérieur de la chambre, a proposé une mesure nouvelle le modifiant sur les points essentiels précisés à l'article 15 du décret n°88.291 du 28 mars 1988 notamment devenu l'article 49 du décret n°98-739 du 18 juillet 1991. Le règlement intérieur, qui est soumis à l'homologation du ministre de tutelle, doit notamment fixer le nombre maximal de mandats que peut exercer un membre élu, la durée minimale du mandat qu'il doit avoir exercé pour être président ou membre du bureau, la durée maximale de fonctions que peut exercer un président ou un membre du bureau. Le règlement intérieur peut cependant substituer à cette durée la fixation de limites d'âge .

Voir à DURÉE ET NOMBRE DES MANDATS

REMBOURSEMENT DES FRAIS ÉLECTORAUX AUX CANDIDATS

Voir à FRAIS ÉLECTORAUX

RENOUVELLEMENT DE LA TOTALITÉ DES SIÈGES D'UNE CCI

Exemple :
- le nombre des sièges de la CCI a été porté par arrêté de 40 à 44. Les élections ont lieu fin novembre pour renouveler entièrement l'assemblée générale de la CCI et la totalité des sièges des délégués consulaires.
- après une pesée économique

Voir à PESÉE ÉCONOMIQUE

RENOUVELLEMENT PARTIEL

Voir article 15, 16, 37, 38 du décret du 18 juillet 1991 JO du 1er août, pages 10 301 et 10 202 relatifs aux conditions dans lesquelles les élections doivent être organisées.

RÉPARTITION TRIENNALE DES SIÈGES DE DÉLÉGUÉS CONSULAIRES EN DEHORS DES PÉRIODES DE PESÉE ÉCONOMIQUE

Dès que cela est possible l'année des élections, le préfet effectue les calculs de répartition des sièges entre cantons ou groupement de cantons (le groupement de cantons ou de communes en fonction des situations locales peut se faire jusqu'à l'arrondissement ce qui est le cas de la CCI de Versailles). Voir Section I du chapitre 3 de la première partie bas de page, les raisons pour lesquelles la CCI de Versailles Val-d'Oise Yvelines a été prise à titre d'exemple, étant la seule chambre interdépartementale de la grande couronne de Paris (CRCI Ile de France qui est l'héritière de l'ancienne Seine et Oise aux côtés de la Seine et Marne, de l'Essonne et d'une partie des communes de la petite couronne rattachées alors au département de Paris).

Il demande pour ce faire au greffier et à la CCI de lui communiquer le nombre d'électeurs répartis en catégorie et sous catégorie au sein des groupements de cantons (CCI : la base est le canton et s'il y a lieu le groupement de cantons, ce groupement pouvant s'étendre à la totalité d'un arrondissement).
La pesée économique a lieu tous les neuf ans. A cette occasion est établie une nouvelle carte de répartition électorale des délégués consulaires. Cette carte est issue de la nouvelle répartition des sièges des membres titulaires de la CCI. Lors des élections intermédiaires de trois ans en trois ans, le nombre des délégués consulaires affecté à chaque catégorie ou sous-catégorie ne change pas. Ce qui change est le nombre des électeurs affectés à chaque sous-catégorie étant donnée l'évolution de la population électorale. Le préfet au vu des éléments fournis par la CCI répartit leur nombre par sous-catégorie. Voir pages suivantes l'exemple d'une telle répartition dans une grande chambre pour les élections de 1994 et 1997. Cette répartition est publiée sous forme de tableaux dans l'arrêté de convocation des électeurs à la fin du mois de septembre de l'année des élections.

Voir à DÉLÉGUÉS CONSULAIRES

CHAMBRE DE COMMERCE ET D'INDUSTRIE DE VERSAILLES
VAL D'OISE - YVELINES

Commission de la composition de la CCIV Val d'Oise-Yvelines
du vendredi 16 septembre 1994 à VERSAILLES

Objet : Propositions de répartition de délégués consulaires par juridiction

01/08/94 **ELECTIONS CONSULAIRES DE 1994**

1- YVELINES **REPARTITION DES DELEGUES CONSULAIRES PAR ARRONDISSEMENT**

ARRONDISSEMENTS	COMMERCE				INDUSTRIE				SERVICES			
	11 10 salariés et +		12 0 à 9 salariés		21 50 salariés et +		22 0 à 49 salariés		31 10 salariés et +		32 0 à 9 salariés	
	Elect.	Délég.	Elect.	Délég.	Elect.	Délég.	Elect.	Délég.	Elect.	Délég.	Elect.	Délég.
MANTES LA JOLIE	156	7	1669	8	88	14	775	9	121	5	1247	4
RAMBOUILLET	161	8	1543	7	41	6	702	9	124	6	1470	5
SAINT GERMAIN EN LAYE	291	14	3741	18	114	17	1400	17	298	13	3128	10
VERSAILLES	331	16	2474	12	171	26	859	10	460	21	2510	8
TOTAL	939	45	9427	45	414	63	3736	45	1003	45	8355	27

Nombre total de délégués consulaires à élire : 270 **Nombre d'électeurs délégués : 23874**

2- VAL D'OISE

ARRONDISSEMENTS	COMMERCE				INDUSTRIE				SERVICES			
	11 10 salariés et +		12 0 à 9 salariés		21 50 salariés et +		22 0 à 49 salariés		31 10 salariés et +		32 0 à 9 salariés	
	Elect.	Délég.	Elect.	Délég.	Elect.	Délég.	Elect.	Délég.	Elect.	Délég.	Elect.	Délég.
ARGENTEUIL	159	8	1387	7	82	7	763	8	98	6	936	5
MONTMORENCY	268	14	2647	14	66	5	1082	12	261	15	1877	10
PONTOISE	280	14	2932	15	177	15	1402	16	259	15	2339	12
TOTAL	707	36	6966	36	325	27	3247	36	618	36	5152	27

Nombre total de délégués consulaires à élire : 198 **Nombre d'électeurs délégués : 17015**

3- RESSORT DU TRIBUNAL DE COMMERCE DE BOBIGNY
(Zone des aérodromes de ROISSY et du BOURGET)

REPARTITION DES SIEGES DE DELEGUES CONSULAIRES INCLUS DANS L'ARRONDISSEMENT DE MONTMORENCY

	COMMERCE				INDUSTRIE				SERVICES			
	11 10 salariés et +		12 0 à 9 salariés		21 50 salariés et +		22 0 à 49 salariés		31 10 salariés et +		32 0 à 9 salariés	
	Elect.	Délég.	Elect.	Délég.	Elect.	Délég.	Elect.	Délég.	Elect.	Délég.	Elect.	Délég.
Cantons de Garges les Gonesse et Gonesse	3	1	6	1	1	1	3	1	13	1	16	1

Nombre total de délégués consulaires à élire : 6 **Nombre d'électeurs délégués: 42**
NOMBRE TOTAL DE "DELEGUES CONSULAIRES" : 468
NOMBRE TOTAL D'ELECTEURS "DELEGUES CONSULAIRES" : 40365

CHAMBRE DE COMMERCE ET D'INDUSTRIE DE VERSAILLES
VAL D'OISE - YVELINES

Objet : Propositions de répartition de délégués consulaires par juridiction

V2/701/210/01/08/97 **ELECTIONS CONSULAIRES DE 1997**
REPARTITION DES DELEGUES CONSULAIRES PAR ARRONDISSEMENT

1- YVELINES

ARRONDISSEMENTS	COMMERCE				INDUSTRIE				SERVICES			
	11 10 salariés et +		12 0 à 9 salariés		21 50 salariés et +		22 0 à 49 salariés		31 10 salariés et +		32 0 à 9 salariés	
	Elect.	Déllég.	Elect.	Délég.	Elect.	Délég.	Elect.	Délég.	Elect.	Délég.	Elect.	Délég.
MANTES LA JOLIE	137	7	1691	8	74	14	703	9	129	5	1277	4
RAMBOUILLET	128	8	1558	7	34	6	672	9	104	6	1512	5
SAINT GERMAIN EN LAYE	224	14	3696	18	74	17	1259	17	296	13	3393	10
VERSAILLES	309	16	2299	12	151	26	840	10	411	21	2637	8
TOTAL	798	45	9244	45	333	63	3474	45	940	45	8819	27

Nombre total de délégués consulaires à élire : 270
Nombre d'électeurs délégués : 23608

2- VAL D'OISE

	COMMERCE				INDUSTRIE				SERVICES			
	11 10 salariés et +		12 0 à 9 salariés		21 50 salariés et +		22 0 à 49 salariés		31 10 salariés et +		32 0 à 9 salariés	
	Elect.	Délég.	Elect.	Délég.	Elect.	Délég.	Elect.	Délég.	Elect.	Délég.	Elect.	Délég.
Cantons de Garges les Gonesse et Gonesse	2	1	5	1	0	1	3	1	21	1	24	1

Nombre total de délégués consulaires à élire : 192 **Nombre d'électeurs délégués : 16702**

3- RESSORT DU TRIBUNAL DE COMMERCE DE BOBIGNY
(Zone des aérodromes de ROISSY et LE BOURGET)

REPARTITION DES SIEGES DE DELEGUES CONSULAIRES INCLUS DANS L'ARRONDISSEMENT DE MONTMORENCY

ARRONDISSEMENTS	COMMERCE				INDUSTRIE				SERVICES			
	11 10 salariés et +		12 0 à 9 salariés		21 50 salariés et +		22 0 à 49 salariés		31 10 salariés et +		32 0 à 9 salariés	
	Elect.	Délég.	Elect.	Délég.	Elect.	Délég.	Elect.	Délég.	Elect.	Délég.	Elect.	Délég.
ARGENTEUIL	118	8	1369	7	44	7	691	8	92	6	979	5
MONTMORENCY	225	13	2647	13	42	4	1069	11	218	14	1972	9
PONTOISE	223	14	2921	15	99	15	1287	16	237	15	2469	12
TOTAL	566	35	6937	35	185	26	3047	35	547	35	5420	26

Nombre total de délégués consulaires à élire : 6
Nombre d'électeurs délégués: 55

NOMBRE TOTAL DE "DELEGUES CONSULAIRES" : 468
NOMBRE TOTAL D'ELECTEURS "DELEGUES CONSULAIRES" : 40365

REPRÉSENTANTS DÉSIGNÉS INSCRITS

Voir à ELECTEURS, ELECTORAT, MANDATAIRES

REPRÉSENTANT LÉGAL DE L'ENTREPRISE

La loi du 16 juillet 1987 et son décret d'application donnent la possibilité au représentant légal de l'entreprise (s'il le souhaite) de désigner : soit le fondé de pouvoir local, soit un autre ayant les qualités et "domicilié" au siège. Conseil pour la tenue de la liste électorale : éviter de coucher sur la liste électorale de façon automatique les noms des fondés de pouvoir. En effet leur situation au sein de l'entreprise change ; les nouveaux, en général des "cadres" mutés d'un établissement à un autre, ne sont plus les mêmes que ceux qui sont restés inscrits et le vote serait perdu si on les y laissait.

Voir à CADRES, DÉLÉGUÉS CONSULAIRES, MEMBRES, RATTACHEMENT

RESSORTISSANTS

Fiches de dénombrement et définitions officielles des électeurs, des ressortissants et des assujettis à la taxe professionnelle imposés à une taxe additionnelle comme la taxe professionnelle pour frais de CCI : ces dénombrements sont utiles à la tutelle, à la CCI, à la CRCI, aux greffiers des tribunaux de commerce (pour le calcul de leurs émoluments). Voir pages suivantes la circulaire PP/MM CAB n°223299 MZ du 29 septembre 1994 du ministère de l'industrie, du commerce, des postes et des télécommunications et celle du 2 octobre 1997 du ministère de l'économie des finances et de l'industrie aux préfets de région et de départements du 2 octobre 1997, comprenant le tableau de statistiques électeurs ressortissants, assujettis avec indication d'avoir à le retourner au ministère de tutelle dûment complété avec l'aide si nécessaire des services fiscaux locaux et des CCI. (extraits).

Circulaires relatives aux statistiques et modèles de pièces officiels

---

ELECTIONS DU 17 NOVEMBRE 1997

MINISTERE DE L'ECONOMIE, DES FINANCES ET DE L'INDUSTRIE

SECRETARIAT D'ETAT
AUX PME, AU COMMERCE
ET A L'ARTISANAT

A L'INDUSTRIE

DIRECTION DE L'ACTION REGIONALE ET DE LA PETITE ET MOYENNE INDUSTRIE
Sous-direction des chambres de commerce et d'industrie

Paris, le 02 OCT. 1997
20 avenue de Ségur
75353 PARIS 07 SP

le Secrétaire d'Etat aux Petites et Moyennes Entreprises,
au Commerce et à l'Artisanat

CAB N°..........70............MZ

et
le Secrétaire d'Etat à l'Industrie
à
Mesdames et Messieurs les Préfets
de Région et de Département

Objet : élections aux Chambres de Commerce et d'Industrie du 17 novembre 1997
P.J. (14) :

- 10 modèles de procès-verbaux de dépouillement des résultats (A à J)
- 2 tableaux de recensement des candidatures
- 1 tableau de statistiques (électeurs, ressortissants, assujettis)
- circulaire de ce jour aux Présidents des CCI

Comme suite à la circulaire Cab n° 2811/1 MZ du 12/08/1997, vous trouverez, sous ce pli, les modèles normalisés des procès-verbaux de dépouillement des résultats des élections aux Chambres de Commerce et d'Industrie du 17 novembre prochain, ainsi que deux tableaux de recensement des candidatures (membres et délégués consulaires) et un tableau de statistiques (nombre d'électeurs, de ressortissants et d'assujettis à la taxe professionnelle).

Les 10 modèles de procès-verbaux (A à J) reprennent, en actualisant leurs références, ceux utilisés lors du précédent scrutin.

Les deux tableaux de recensement des candidatures sont à nous retourner dûment remplis, sous le présent timbre, au plus tard le jeudi 9 octobre, lendemain de la date limite de l'acceptation définitive ou du refus des candidatures par vos soins (la date limite de déclaration des candidatures est le mercredi 8/10/1997 (ainsi qu'il est indiqué dans la circulaire du 25 avril 1997).
Le tableau de statistiques, qui a pour objet notamment de permettre de calculer la représentation des CCI aux CRCI est à nous retourner, également sous le présent timbre, le plus rapidement possible dès réception de la présente circulaire, dûment complétée avec l'aide si nécessaire des services fiscaux locaux et des CCI.

.../...

Elections aux Chambres de Commerce et d'Industrie
Statistiques sur le nombre d'électeurs, de ressortissants et d'assujettis

C.C.I. de Versailles Val d'Oise - Yvelines

Nombre d'électeurs

I - Collège électoral des membres (article 6 de la loi du 16/07/1987)

1° - Electeurs à titre personnel

a) Commerçants immatriculés au R.C.S. et b) chefs d'entreprise
inscrits au répertoire des métiers et immatriculés au R.C.S.(*).............. 12 715
c) Conjoints des personnes physiques visées en a) et b)............................ 647
d) Capitaines.......... pilotes..
e) Membres et anciens membres de T.C. et de C.C.I................................. 96
Sous-total (I - 1°) 13 458

2° - Electeurs par l'intermédiaire d'un représentant

a) Sièges sociaux.. 29 073
b) Inscriptions complémentaires et immatriculations secondaires............... 445
c) Représentants supplémentaires
(pondération en fonction des tranches de salariés)................................ 327
Sous-total (I - 2°) 29 845
TOTAL ELECTEURS I 43 303

II - Collège électoral des délégués consulaires (art 7 de la loi du 16/07/1987)

a) Rappel du total I, déduction faite des électeurs pluraux.......................... 40 063
b) Cadres salariés inscrits sur la liste électorale... 107
TOTAL ELECTEURS II 40 170

Nombre de ressortissants

a) Personnes physiques immatriculées au R.C.S. (y compris étrangers)........ 23 214
b) Personnes morales immatriculées au R.C.S. (sièges sociaux,
inscriptions complémentaires et immatriculations secondaires)................ 52 958
TOTAL RESSORTISSANTS 76 172

Nombre d'assujettis

Nombre d'assujettis à la taxe pour frais de CCI compris dans
les rôles généraux (Direction Générale des Impôts 21/11/97)............................... **66 922**

(*) Les C.E.L.E. et les .C.C.I. n'ayant pas la possibilité de distinguer, parmi les chefs d'entreprise, ceux qui sont inscrits au répertoire des métiers, il y a lieu de fusionner le a) et le b).
Indiquer ici le nombre de demandes de radiation.. 4
le nombre effectif de radiés... 1

ELECTIONS AUX CHAMBRES DE COMMERCE ET D'INDUSTRIE

Statistiques sur les nombres d'électeurs

VAL D'OISE

Nombre d'électeurs (srce CCI 11/97)

I - Collège électoral des membres	
1° Electeurs à titre personnel	
a) Commerçants immatriculés au RCS	5 581
c) Conjoints des personnes physiques	282
e) Membres et anciens membres TC et CCI	52
Sous Total :	5 915
2° Electeurs par l'intermédiaire d'un représentant	
a) Sièges sociaux	11 551
b) Inscriptions et immatriculations secondaires	167
c) Représentants supplémentaires (tranches salariés)	100
Sous Total	11 818
TOTAL ELECTEURS I :	**17 733**
II - Collège électoral des délégués consulaires	
a) Rappel Total I déduction faite des électeurs pluraux	16 608
b) Cadres salariés inscrits sur la liste électorale	37
TOTAL ELECTEURS II :	**16 645**

Statistiques sur les nombres d'électeurs

YVELINES

Nombre d'électeurs (srce CCI 11/97)

I - Collège électoral des membres		
	1° Electeurs à titre personnel	
	a) Commerçants immatriculés au RCS	7 134
	c) Conjoints des personnes physiques	365
	e) Membres et anciens membres TC et CCI	44
	Sous Total :	7 543
	2° Electeurs par l'intermédiaire d'un représentant	
	a) Sièges sociaux	17 522
	b) Inscriptions et immatriculations secondaires	278
	c) Représentants supplémentaires (tranches salariés)	227
	Sous Total	18 027
	TOTAL ELECTEURS I :	**25 570**
II - Collège électoral des délégués consulaires		
	a) Rappel Total I déduction faite des électeurs pluraux	23 455
	b) Cadres salariés inscrits sur la liste électorale	70
	TOTAL ELECTEURS II :	**23 525**

ELECTIONS AUX CHAMBRES DE COMMERCE ET D'INDUSTRIE

Statistiques sur les nombres d'électeurs

VAL D'OISE - YVELINES

Nombre d'électeurs (srce CCI 11/97)

I - Collège électoral des membres	
1° Electeurs à titre personnel	
a) Commerçants immatriculés au RCS	12 715
c) Conjoints des personnes physiques	647
e) Membres et anciens membres TC et CCI	96
Sous Total :	13 458
2° Electeurs par l'intermédiaire d'un représentant	
a) Sièges sociaux	29 073
b) Inscriptions et immatriculations secondaires	445
c) Représentants supplémentaires (tranches salariés)	327
Sous Total	29 845
TOTAL ELECTEURS I :	**43 303**
II - Collège électoral des délégués consulaires	
a) Rappel Total I déduction faite des électeurs pluraux	40 063
b) Cadres salariés inscrits sur la liste électorale	107
TOTAL ELECTEURS II :	**40 170**

S

SEL (SOCIÉTÉ D'EXERCICE LIBÉRAL) – CAS PARTICULIER DES PROFESSIONS LIBÉRALES EXERÇANT SOUS FORME COMMERCIALE

Les dirigeants des SEL, en raison de la nature de l'activité de ces sociétés ne peuvent être inscrits sur les listes électorales des membres et des délégués consulaires et ne sont en conséquence ni électeurs ni éligibles.

Voir à ELECTORAT

SÉLECTION DES CANDIDATS

Voir à COMITÉS ÉLECTORAUX et UNION

SOMMEIL (ENTREPRISE EN)

Une entreprise "en sommeil" reste inscrite au fichier électoral. Son représentant légal reste électeur. Il est classé dans la catégorie et la sous-catégorie la dernière connue.

Voir à ELECTEUR, ELECTORAT

T

TAILLE DE L'ENTREPRISE POUR LA CLASSER DANS SA SOUS-CATÉGORIE

- La taille des entreprises s'apprécie en fonction du nombre des salariés.
- Théoriquement, on décompte les salariés non par ressort de greffes mais par circonscription administrative de CCI.
- En fait la pratique n'étant pas cohérente d'une CCI à l'autre, il est conseillé de faire pour le mieux. On appréciera la taille de l'entreprise par ressort de tribunaux de commerce. Le texte de la loi n'étant pas précis et en l'absence d'une jurisprudence, le risque d'une contestation est quasiment nul.
- Dans le cas d'une CCI à circonscription interdépartementale ou avec des délégations territoriales, une interprétation stricte des textes en vigueur devrait conduire à apprécier la taille des entreprises de son ressort en tenant compte de la totalité des entreprises ayant droit à un ou des électeurs dans toute la circonscription comprenant la totalité des départements. Une pratique contestable mais constante fait que cette règle le plus souvent n'est pas suivie : l'appréciation du nombre de salariés ayant lieu par ressort de tribunal de commerce, c'est à dire par département ou par circonscription infra départementale lorsqu'il existe plusieurs tribunaux de commerce dans le département.

U

UNICITÉ DE VOTE

Concerne seulement les délégués consulaires. "Un homme, une voix". Le vote plural est autorisé pour les seules élections des membres des CCI.

Voir à VOTE

UNION pour la préparation des élections aux CCI et aux tribunaux de commerce

Voir à SÉLECTION (DES CANDIDATS)

V

VALIDITÉ - DURÉE DE LA LISTE ÉLECTORALE

Durée de validité de la liste électorale : 3 ans

Voir à CALENDRIER DU MINISTÈRE DE TUTELLE

VOTE PAR PROCURATION

Longtemps interdit, le vote par procuration est désormais permis avec une procédure allégée et sans limitation de motifs. Il est prévu par l'article 14, alinéa 3 de la loi du 16 juillet 1987.
Il peut être pratiqué par tout électeur, par l'intermédiaire d'un autre électeur de la liste électorale par laquelle il est inscrit.
A cette effet, le mandant, sur justification de son identité et de sa qualité d'électeur (extrait modèle k Bis) aura établi une procuration en deux exemplaires devant : Soit une autorité administrative, soit une autorité de police s'il est en France. S'il est à l'étranger, l'autorité administrative ou de police est remplacée par l'autorité diplomatique sur le territoire.
L'autorité diplomatique revêt de son visa les deux exemplaires et les adresse au préfet du département du siège de la chambre qui les transmet au plus tard 7 jours avant la date du scrutin au maire de la commune.
Le maire inscrit sur la liste électorale en rouge à côté du nom du mandant le nom du mandataire et il porte le nom du mandataire.
Un exemplaire de la procuration est obligatoirement annexé à la liste électorale et l'autre est remis au mandataire lui-même.
On applique les articles L73 alinéa 2 à L78 du code électoral.

Voir à PROCURATION

VOTE PLURAL

Qui bénéficie du vote plural ?

Le vote s'entend du vote d'un électeur qui peut exercer son droit de vote autant de fois qu'il a de qualité chaque fois au titre de l'une de celle-ci.

Seuls bénéficient de ce vote plural, les électeurs des membres de Chambre de commerce.

Voir à MEMBRE, UNICITÉ DE VOTE, VOTE

VOTE UNIQUE

Se dit du vote d'un électeur qui ne peut figurer sur la liste du collège électoral dans lequel il ne vote qu'une seule fois.
Les électeurs des délégués consulaires sont soumis au vote unique ; ils ne bénéficient pas du vote plural.

Si un électeur a plusieurs qualités pour l'être, il doit choisir la qualité au titre de laquelle il souhaite être inscrit sur la liste en faisant connaître son souhait à la commission d'établissement des listes électorales. Au cas où il n'effectue pas cette option, la commission choisit à sa place après que la CCI lui ait proposé un choix.
L'unicité du vote s'analyse par ressort de tribunal de commerce.
Elle s'analyse non par l'entreprise, mais par l'individu. Ce dernier ne recevra qu'une carte l'électeur et ne sera inscrit qu'une fois sur la liste électorale.

Voir à UNICITÉ DE VOTE

VOTE PLURAL INTERDIT POUR L'ÉLECTION DES DÉLÉGUÉS CONSULAIRES

Seulement pour ce qui est des élections des délégués consulaires, les cadres salariés de l'entreprise sont es-qualités électeurs, s'ils ont utilisé leur droit à être électeur, présentant les conditions requises.
S'agissant du collège électoral des membres de chambre de commerce et d'industrie, un électeur bénéficie du vote plural. Il recevra plusieurs cartes d'électeurs. Au contraire, **l'électeur des délégués consulaires ne bénéficiera pas du vote plural. Il ne figurera sur la liste de ce collège électoral qu'une seule fois. Il ne recevra qu'une carte d'électeur.**

On ne connaîtra le nombre des votes pluraux que fin juin de l'année des élections dans le meilleur des cas.

Voir à CADRES, LIEN SALARIAL, PERTE PAR ACQUISITION DU LIEN SALARIAL, UNICITÉ DE VOTE

Deuxième partie

CONSTRUCTION JURIDIQUE DE L'INSTITUTION ET SON EVOLUTION DEPUIS 1992

Depuis 1991, la construction jurisprudentielle du statut juridique des CCI se poursuit dans le même sens à savoir une publicisation de l'institution par le comblement progressif des lacunes du droit, espaces de liberté jusque là très vastes (*l'Institution des chambres de commerce et d'industrie* op. cit. pp. 192 et suivantes, 200,263,264) d'une part une "judiciarisation" du droit applicable aux conflits d'intérêts entre l'institution et ses acteurs membres élus, membres associés, délégués consulaires et ses ressortissants (ingérence - prise illégale d'intérêts, favoritisme) et d'autre part une déconcentration accélérée des décisions administratives individuelles concernant les CCI depuis les décrets des 1er et 24 décembre 1997 (JO du 198 décembre 1997, circulaire du 24 décembre). La publicisation du droit de l'institution se poursuit. Elle met en évidence l'existence de deux tendances qui coexistent :
- l'une interventionniste (tradition napoléonienne et de l'économie mixte)
- l'autre libérale-consumériste et hédoniste

Elles sont les moteurs de la dimension à "géométrie variable" des chambres, leur garantissant la faculté de changer, de s'adapter aux circonstances économiques en période de crise comme en période de prospérité. Si comme on l'a constaté, le "terreau" libéral est plus favorable -théoriquement en temps d'essor économique -, c'est en temps de crise que l'institution, au carrefour du secteur public et du secteur privé montre aussi ses capacités d'adaptation. La gestion des CCI s'adapte aux principes de marché et aux valeurs managériales en période "libérale" qui évoluent en fonction des données extérieures de l'économie (années 1990). Cependant, l'adaptation n'est pas "mécanique". La loi du marché à laquelle en cette période de la fin du deuxième millénaire, l'institution se plie pour survivre , n'est qu'un moyen d'améliorer le fonctionnement de l'économie. Mais il n'existe pas de marché sans lois et sans Etat et la dimension des chambres appréhende cette réalité par son format à géométrie variable. En temps de paix comme en temps de crise l'institution est à la recherche de "l'optimum d'Etat" auquel elle apporte son appui (*L'institution des chambres de commerce* op. cit. p. 301). A titre d'exemple, l'Etat républicain n'a pas supprimé sa législation d'exception pour les temps de crise extrême ni ses moyens de connaissance statistique des données du droit de la concurrence et des prix issus de la mise en oeuvre des ordonnances de 1945 abrogées en 1986 qui symbolisaient l'engagement de l'Etat dans les structures de l'offre et de la demande. Dans cet esprit, la panoplie des moyens l'autorisant à utiliser la base réglementaire (existante depuis la guerre de 1939-1945) a été donnée par la loi au fonctionnement des organismes d'intervention économique de caractère privé pour faciliter en ces périodes difficiles le contrôle de la plus grande partie de l'économie par l'Etat. Voir infra section II le maintien de la faculté pour les CCI de créer des sociétés d'un type particulier et de mettre en place tous les moyens de donner une solution aux crises d'approvisionnement et de la faculté de ravitaillement en matières premières stratégiques.

En temps ordinaire, l'Etat doit limiter ses interventions au "juste et strict nécessaire" pour le bon fonctionnement des marchés dans le respect de la loi de l'offre et de la demande : ni maximum ni minimum d'Etat, la présence du gendarme se limitant à faire respecter les règles de l'Etat de droit en s'abstenant de troubler ou polluer le libre jeu du marché (voir *L'institution des chambres de commerce* op. cit. pp. 155, 239, 240,241, 249).

CHAPITRE 1

POURSUITE DE LA PUBLICISATION DU DROIT DE L'INSTITUTION

Le Conseil d'Etat dans son avis du 16 juin 1992 section des finances, M. Bandet, rapporteur, précise que les CCI sont des établissements publics de même nature que les chambres d'agriculture, établissement public auquel la jurisprudence du CE *Crépin* CE du 29 novembre 1991, *Ayda* 1991 pp. 889 et 919, reconnaît le caractère d'établissement public administratif dont la collectivité de rattachement est l'Etat.
Il s'agit d'un revirement de la jurisprudence puisque l'arrêt *Retail* (CE 21 février 1936 DH 1936 273 et 17 janvier 1947 Rec CE tables p.538, commentaire de Marcel Waline) avait décidé que les chambres n'étaient pas des établissements publics nationaux (ou de l'Etat).
Ce revirement mène à sortir les chambres d'un classement "virtuel" parmi les "établissements nationaux divers" "innomés et mal nommés" (Passeron, thèse, voir bibliographie générale) n'ayant pas reçu de dénomination jusqu'à la décision et à l'avis précités. Jusque là, la loi du 9 avril 1898 relative aux CCI n'avait fait que donner aux chambres la qualité d'établissement public sans leur accorder aucune certitude ou garantie d'être ou de ne pas être des établissements publics ou de l'Etat ou nationaux. Ayant désormais obtenu cette dénomination par la jurisprudence, il reste aux sources génératrices du droit relatif aux CCI (législation, jurisprudence, coutume), à en tirer ou (et) préciser les conséquences ; le Parlement et le Gouvernement ont le champ libre soit pour conserver en l'état la situation juridique des CCI ou, après avoir pensé le changement, envisager de le rendre opérationnel, soit transformer radicalement l'institution en mettant fin par la loi au caractère spécifique de la nature "sui generis" des CCI. On rappelle que cette spécificité résulte essentiellement d'une part de l'absence d'agent comptable du Trésor, à la différence des communes et bien que l'on puisse considérer qu'institution élues, elles sont bien des "communes spéciales"- voir infra et au mot-clef de l'index-, d'autre part de l'absence de contrôleur d'Etat et de contrôleur financier alors que ces missions de contrôle sont présentes dans le droit des établissements publics de l'Etat. Voir à cet égard l'article 4 du décret n° 99-575 du 8 juillet 1999 relatif aux modalités d'approbation de certaines décisions financières des établissements publics de l'Etat (EPA), JO du 10 juillet 1999 p.10274, qui dispose que les missions de contrôle de l'Etat et contrôleurs d'Etat et les contrôleurs financiers nommés auprès des EPA peuvent recevoir délégation de signature des ministres sous l'autorité desquels ils sont placés pour s'opposer aux décisions mentionnées à l'article 1er (refus de l'approbation préalable des décisions des instances compétentes de ces établissements portant sur le budget ou l'état prévisionnel de recettes ou de dépenses, leurs modifications ainsi que sur le compte financier) ou pour les approuver expressément, la conséquence étant l'approbation implicite lorsque le délai d'un mois fixé par la réglementation n'a pas été tenu. Voir supra l'index aux mot-clefs déconcentration, budgets, comptes, approbation.

SECTION 1

L'ÉVOLUTION DU STATUT DES CHAMBRES

Le législateur a qualifié l'établissement public particulier des CCI d'"économique" (Loi du 9 avril 1848 mod. art. 1er Loi n°94679 du 8 août 1994 art. 84-1 D.1994 429).

"Economique" ne signifie pas "industriel et commercial" et l'exercice d'une activité économique, élément essentiel de la notion juridique d'établissement public à caractère industriel et commercial n'est pas obligatoire. C'est par exception que l'administration fiscale les a assujetties à l'occasion du fonctionnement de leurs services extérieurs aux "impôts directs" ou et "indirects", les assimilant à des établissements à caractère industriel et commercial. En outre, le *tribunal des conflits* - dans sa décision 02989 du 18 décembre 1995, *préfet de la région Ile de France préfet de Paris et instituts de formation pour les entreprises de la région parisienne contre CCI de Paris* -, a estimé que l'article 84-1 de la loi du 8 août 1994 donnant à la CCI le qualificatif d'établissement public "économique" les chambres n'en restent pas moins "des établissements publics administratifs" dont seuls certains services peuvent avoir le caractère industriel et commercial.

En l'absence de texte ou jurisprudence autre créant une catégorie juridique spécifique, celle des établissements publics économiques, les CCI sont des établissements publics économiques administratifs de l'Etat ou nationaux (opinion de M.. le professeur Roland Drago). Ce n'est pas l'avis d'une partie de l'opinion mue par la passion doctrinale certes, mais aussi par celle d'intégrer plus profondément l'institution consulaire dans une catégorie nouvelle (Cf rapport Gérolami, article de Guy Durand, docteur en droit public, et assistant à la Faculté de droit de Montpellier I in la *Semaine Juridique* JCP Ed G n°42). Témoigne aussi de cette tendance, le Ministère de l'Economie, des Finances et de l'Industrie (MEFI) qui dans une étude provenant de sa direction de la comptabilité publique a procédé à la refonte de l'instruction fixant le cadre réglementaire de la gestion financière des établissements publics nationaux à caractère administratif (Source : notes bleues de Bercy, *la nouvelle M91 pour une gestion moderne des établissements publics nationaux*, note 106 du 1er au 15 mars 1997), l'auteur dresse le panorama de leur répartition par nature juridique. Il dénombre :

- 402 établissements publics administratifs
- 117 établissements publics à caractère spécifique culturel et professionnel
- 63 établissements publics industriels et commerciaux
- 63 groupements d'intérêt public (GIP)
- 18 divers
- 8 établissements publics à caractère scientifique et technologique (EPST)
- 115 établissements publics économiques auxquels Bercy rajoute "la centaine d'établissements à caractère économique que sont les chambres d'agriculture qui sont également soumises aux règles de la comptabilité publique et disposent d'un agent comptable". Pour faire entrer les CCI dans ce groupe, il faudrait et il suffirait que le caractère "économique" soit reconnu par la loi et que le législateur leur impose d'être garanties dans leur gestion comme les chambres d'agriculture, par la présence d'agents comptables du trésor chargés du maniement des fonds et valeurs et responsables personnellement et pécuniairement. Le MEFI classe les chambres d'agriculture parmi les établissements publics industriels et commerciaux en raison de leur caractère économique. La plupart de ces établissements publics nationaux sont administrés par une assemblée délibérante, le plus souvent dénommée "conseil d'administration" mais ils ne sont pas issus d'un suffrage universel...

Article 1- La spécialité élective des CCI leur fait une situation à part au sein des établissements publics administratifs. Selon les dispositions du texte organisant l'établissement public administratif, leur gestion est assurée par un directeur (c'est le cas le plus fréquent), un président ou un secrétaire général. Si le titre n'est pas le même, constate le ministère des finances, les fonctions, elles, sont identiques. *Il ne suffit pas que le champ d'activité soit "économique"*, c'est à dire que les trois institutions consulaires chambre de commerce, chambre de métiers, chambre d'agriculture puissent développer ce champ d'activités qualifié d'économique. La loi du 8 août 1994, n°94679 leur a bien accordé cette dénomination. *Mais il faut en plus que leur exécutif n'ait pas été élu par la base des électeurs du conseil* ou de

l'assemblée et tel n'est pas le cas puisque la base de ces établissements est l'élection au suffrage universel direct de leurs ressortissants électeurs.
Dès lors que l'exécutif est un élu, l'établissement public de l'Etat ou national change de nature ; il n'est plus "économique" au sens où l'entend le ministère des finances. (économique = établissement soumis aux règles du marché industriel et commercial). Selon ce point de vue, étant élus au suffrage universel de leurs électeurs, les chambres d'agriculture, les CCI et les chambres de métiers sont des établissements publics économiques particuliers relevant d'une même jurisprudence. L'arrêt du CE *Crépin* précité section du contentieux du CE n°86 346 en date du 23 novembre 1991 constate que les CCI sont de même nature que les chambres d'agriculture et que le dispositif législatif et réglementaire concerne aussi les CCI. Mais la haute assemblée nuance ce point de vue dans son *avis sur la situation juridique des CCI (CE, section des finances, séance du 16 juin 1992*). Elle considère que d'une manière générale, l'ensemble de la législation relative aux établissements publics administratifs de l'Etat, devrait en principe s'appliquer à ces chambres mais que de tels textes ne sauraient s'appliquer de plein droit dans trois circonstances :
1° Il existe des dispositions dérogatoires expresses, comme cela a été le cas dans la décision *Crépin*, où la loi de 1952 relative à la situation du personnel administratif des chambres d'agriculture faisait obstacle à l'application des lois postérieures des 13 juillet 1983 et 11 janvier 1984 ;
2° Même en l'absence de telles dérogations expresses, les chambres de commerce et d'industrie doivent être regardées comme exclues du champ d'application des textes généraux concernant les établissements publics administratifs de l'Etat si ces textes ne sont pas conciliables avec les principes résultant de la loi du 9 avril 1898.
Il s'agit en effet d'une catégorie très spécifique d'établissements publics, - nous continuerons à le qualifier de "sui generis" sorte particulière de “commune spéciale” (cf. Drago, in *Préface de l'Institution des chambres de commerce* op. cit.) notion à laquelle on se référera pour justifier de l'application aux CCI en l'absence de texte de la législation applicable aux communes. Les organes dirigeants de ces "communes spéciales" sont élus et leur objet est de représenter librement les intérêts commerciaux et industriels de leur circonscription auprès des pouvoirs publics ; le fait qu'ils soient rattachés à l'Etat, dès lors que tout établissement public doit être techniquement rattaché à une personne morale, n'implique en lui-même aucune subordination ;
3° Enfin, en admettant même que les dispositions des textes généraux ne soient pas directement contraires aux principes de la loi du 9 avril 1898, les chambres de commerce et d'industrie peuvent être regardées comme exclues de leur champ d'application si, en raison des règles propres d'organisation et de fonctionnement des chambres, ces nouveaux textes ne peuvent entrer en vigueur à leur égard qu'en vertu de modalités spécifiques d'application.
La décision *Crépin* a donné lieu à un arrêt de principe et en effet la décision du tribunal des conflits précitée du 18 décembre 1995 exclut l'hypothèse d'un revirement de jurisprudence menant à classer les chambres établissements publics de l'Etat ou nationaux parmi les établissements publics industriels et commerciaux (EPIC). Cette évolution est confirmée par la jurisprudence de la haute assemblée : CE 13 janvier 1995 *CCI de la Vienne*, CE 3 novembre 1995, *CCI de Tarbes* deux arrêts qui précisent que les CCI, établissements publics de l'Etat sont soumises au code des marchés publics, l'article 39 de ce code étant applicable "de jure" aux établissements de l'Etat autres que les EPIC. Cette qualité d'établissement public de l'Etat est en outre confirmée par la *décision du 28 janvier 1999 relatif à la situation du président de la CCI de Bastia* rappelant que "*les CCI ont le caractère d'établissements publics de l'Etat*".
Compte tenu du caractère spécifique sui generis (de sa propre espèce, c'est à dire appartenant à la catégorie spéciale d'établissements élus au suffrage universel des ressortissants de la collectivité partielle des entreprenants de l'industrie du commerce et des services), des adaptations seront nécessaires par voie réglementaire, circulaire ou décret précisant les conditions d'application notamment de l'article 39 précité. Voir notamment le décret n°99-634 du 19 juillet 1999, JO 24 juillet 1999, modifiant le code des marchés publics. *Consulter le recueil des fac similés des textes applicables aux chambres de commerce françaises*

(bibliog.in fine) ainsi que le *répertoire commercial Dalloz* pour ces modifications importantes apportées au droit consulaire.

Article 2- Une partie de leurs services (mais ce devrait être l'exception) font des actes de commerce et d'industrie. Les chambres exercent alors leur activité en concurrence avec des établissements ou professions dont les activités sont assujetties aux inscriptions sur les registres officiels du commerce ou des métiers et aux impôts et prélèvements obligatoires correspondants.Cette partie "économique" correspond au champ d'activité du secteur marchand en économie libérale mais elle exclut celle relative à l'économie sociale qui cependant caractérise une partie des activités des chambres consulaires et qui n'est pas liée au marché et à ses règles. En économie libérale, est "économique" ce qui est relatif aux règles et pratiques du jeu de l'offre et de la demande dans un libre marché des biens et des services. Les chambres gèrent cette partie de leur activité en utilisant les prestations de leur personnel non statutaire ; et l'avis précité du Conseil d'Etat indique les critères de sa jurisprudence constante qui permet de distinguer le personnel à statut spécifique "CCI", du personnel non statutaire.
- Critères permettant de distinguer le personnel non statutaire (décision *Crépin* supra).
Le CE considère que l'article 1° de la loi du 10 décembre 1952, aux termes duquel "la situation du personnel administratif des chambres de métiers de France est déterminée par un statut établi par des commissions paritaires nommées, pour chacune de ces institutions, par le ministre de tutelle" doit s'entendre comme donnant compétence aux commissions paritaires qu'il institue pour fixer les règles à caractère statutaire *applicables à tous les personnels* de ces chambres soumis à un régime de droit public, *qu'il s'agisse de personnels titulaires ou non-titulaires, les autres catégories de personnel étant soumises au droit privé*". Le personnel des CCI relève du même statut. Le personnel non statutaire a vocation à servir la partie des activités des CCI soumises aux lois du marché.

Article 3- Conséquences pour l'avenir des chambres consulaires : une mutation de l'institution ?
Les lacunes du droit applicable aux chambres sont peu à peu comblées mais la publicisation est encore loin d'être achevée.
L'évolution en cours pourrait aboutir à associer dans une même catégorie d'établissement des fonctions à contenu homogène autour de trois missions qui leur seraient reconnues :
- une mission statutaire de service à champ limité public dont le financement serait assuré par l'impôt. Cette mission intégrerait la fonction relative à l'économie sociale (infra)
- une mission d'intérêt général non assurée par le secteur privé et à géométrie variable en fonction de l'évolution de la société
- une mission à spécialité économique dans laquelle l'institution se placerait par sa propre volonté sur le marché de l'offre et de la demande avec la responsabilité correspondante liée au risque économique et à sa sanction. Cette portion d'activité n'échapperait pas aux voies d'exécution privées ni au droit des procédures collectives applicables aux entreprises en difficultés, cela contrairement aux deux autres missions.
En outre elle serait limitée par l'obligation à laquelle les CCI sont tenues de respecter leur spécialité. La spécialité des chambres leur interdit de porter la concurrence aux entreprises de et hors leur ressort dans ces secteurs sauf en cas de lacune. Dans le cas contraire les tribunaux compétents interviennent pour mettre fin aux abus (concurrence abusive) des services publics qui ne doivent pas faire concurrence aux services privés. Ils ne peuvent intervenir que si le service privé, l'initiative privée, fait défaut ou sous certaines conditions si les prestations proposées par la CCI sont complémentaires.(voir l'index au mot "carence") .
De lege ferenda, il n'est pas certain que le législateur souhaite franchir le pas consistant à créer une nouvelle catégorie d'établissement public administratif à caractère économique, juridiquement distinct de l'EPIC. S'il voyait le jour, ce type d'établissement nouveau serait caractérisé par des missions de base traditionnelles et par des missions facultatives à

qualifications secondaires accompagnant une mutation de l'institution, le changement de statut étant le prix à "payer" de l'indépendance retrouvée ? Cette mutation lui créerait une identité nouvelle fondée sur la réalité concrète de son action dans le tissu économique. Il n'est pas certain ni souhaitable que l'évolution se fasse dans ce sens.

Article 4- Les lacunes du droit facteurs de liberté et d'efficacité de l'institution.

La publicisation du droit est dans l'air du temps. Elle s'accélère au fur et à mesure que la vie ordinaire des chambres nécessite de combler les lacunes de leur législation et de leur réglementation, génératrices de coutume. Les lacunes du droit sont un élément non négligeable voire important de leur évolution. Elles sont facteurs de liberté et d'efficacité de l'institution (voir notamment *L'institution des chambres de commerce* op. cit. pp. 192 à 197, 200, 263, 264). Le titre III section 3 du décret 61-923 du 3 août 1961, base réglementaire des CCI interdépartementales était intitulé "des CCI dont la circonscription s'étend à plusieurs départements". Or selon une interprétation possible quoique contestable, les décrets du 28 mars 1988 et du 18 juillet 1991 auraient rendu caduc ce titre III. De cet empilement de textes qui s'abrogent les uns les autres, il résulterait trois conséquences :

- les décrets constitutifs des deux CCI interdépartementales auraient été abrogés. Dans cette hypothèse, ce serait encore l'usage qui justifierait l'existence et le fonctionnement actuel des nouvelles délégations territoriales. Il en serait de même du régime électoral global des deux CCI ou si l'on devait considérer que la circulaire interprétative et de fait normative du 28 mars 1988, était aussi abrogée. Ces textes indispensables pour l'organisation des élections par les commissions chargées des opérations électorales dans les préfectures, ont continué et continuent d'élection en élection à servir de base avec pour seul justificatif une coutume.
- la jurisprudence ou le pouvoir réglementaire peuvent remettre en question à tout moment toute coutume, tout usage qu'ils soient praeter ou contra legem. En cas de contentieux et à notre sens, un dysfonctionnement réglementaire ne saurait constituer un motif valable pour obtenir l'annulation des élections n'étant pas assimilable à une manœuvre intentionnelle ayant pour but de porter atteinte à la sincérité des scrutins qui ont eu lieu depuis 1988.(1)
- les délégations territoriales des CCI interdépartementales créées par les décrets n° 66-570 et 66-571 du 30 juillet 1966 (CCI de Paris et Versailles), n'auraient plus d'existence que coutumière praeter legem ou contra legem. Elles ont été créées pour partie par arrêté ministériel, arrêté du 21 décembre 1993, JO du 3 déc (délégation des Yvelines), ou par une disposition d'un règlement intérieur (délégation de Paris intra muros), alors qu'un décret en Conseil d'Etat aurait dû être pris et viser les décrets précités (parallélisme des formes). Bien évidemment, il s'agit là moins de dysfonctionnements de l'institution que de son contrôle par les autorités de tutelle. Noter que l'abus des pratiques coutumières peut servir à contourner la règle de droit ou son esprit. Voir à ce sujet *L'institution des chambres de commerce*, op. cit pp. 130 à 132. Si elle peut jouer un rôle d'ailleurs limité parfois utile, la transgression de la règle et le dolus bonus, dol bon ,est ou peut être à la limite de l'acte puni par les lois réprimant la délinquance.

Article 5- L'enjeu doctrinal rejoint l'enjeu existentiel des chambres consulaires.

Leur spécificité qui les rend « sui generis » résulte de leur nature d'établissements publics élus et non seulement techniques. Elles ne répondent pas à la mission d'être seulement les agents d'un gouvernement des moyens sur les fins (définition classique d'une technocratie). Elles ont la personnalité juridique avec les compétences patrimoniales et financières qui y sont attachées. La CCI, institution personne publique, tient sa dignité d'un personnage corporatif dans une cité maintenue par le cadre d'un droit administratif et d'institutions dûment hiérarchisées. Consulaires, c'est à dire élues, les CCI participent du pouvoir corporatif. « Le pouvoir corporatif est de même essence que le pouvoir local et il n'est donc comme lui que la manifestation de droits fondamentaux » (arrêt association syndicale du canal de Gignac). Ce sont des organisations statutaires réalisant tout à la fois la réduction des volontés individuelles

---

(1)Dans ce sens, CAA Paris 1998 N°98 PA 00685 *Bellot et autres/ CCI de Paris* et N° 98 PA 00530 *Mosnier et autres /CCI de Versailles*.

en une volonté unitaire qui sera celle de la collectivité » (Carré de Malberg, cit. M. le Professeur Drago). Voir sur ce sujet *L'institution des chambres de commerce* , op. cit. pp. 268 et 269 à propos de la fragilité des démocraties, constatation de Maurice Hauriou in Principes de droit public, chapitre 1, 1927. Il constatait que le spectacle offert par les démocraties et la démocratie en général pouvait satisfaire une certaine sensibilité artistique « celle qui s'émeut non pas de la vue d'un ordre, mais de celle d'un équilibre obtenu entre des forces naturellement opposées ». Comme elles, les institutions consulaires élues sont fragiles en raison de cette « délicate balance » (voir l'Institution des chambres de commerce op. cit. pp.125, 268) entre les forces qui animent en permanence l'agencement de tout l'édifice des chambres consulaires. Si les CCI ont des droits fondamentaux, elles se doivent comme les démocraties de renforcer leurs moyens de résister, maintenir et faire prévaloir leur principe de gouvernement face aux forces adverses qui ressemblent aux régimes d'autorité, à savoir les pouvoirs technocratiques et (ou) à idéologie d'exclusion (utopie autoritaire – totalitaire du « tout Etat », utopie libérale du « zéro Etat »). Il semble aujourd'hui plus que jamais que leur combat est le même face à des concurrences pas toujours loyales d'organismes dont le principe n'est pas l'élection mais plutôt une forme de pouvoir corporatif politique (supra *L'institution des chambres de commerce* op. cit. pp. 129 et 297 à 300). Les milieux économiques ou (et) politiques ou de l'administration peuvent leur devenir défavorables, réactions de forces politiciennes et (ou) technocratiques hostiles sans l'affirmer ouvertement à tout gouvernement des fins sur les moyens et peu respectueux dans les faits des principes fondamentaux des institutions élues. Dans ce cas, la problématique des institutions consulaires élues au suffrage universel de leur collectivité restreinte, serait la même que celle des démocraties. Voir à titre de référence, les travaux de « l'Institut d'études corporatives » créé en 1943 sous le régime de Vichy et dont l'idéologie visait à promouvoir une forme particulière de corporatisme incluant les chambres et organisations professionnelles des métiers dans l'organisation de la vie économique.

Noter l'intérêt méthodologique et épistémologique de faire cesser dans les esprits la confusion qui aurait pu s'introduire entre le corporatisme juridique et le corporatisme politique. La représentation des professions ne signifie pas que de façon automatique et parce que cela est dans la nature des choses, les professionnels inscrits au RCS ou au RM parce que compagnons ou salariés sont mélangés dans les assemblées des établissements corporatistes avec les professionnels appartenant aux catégories électorales des chefs d'entreprises dirigeants ou patrons en société ou en nom personnel propriétaires de leur affaire et élus lors des élections aux CCI ou aux chambres de métiers. Une telle confusion a pu conduire certains à proposer de réduire à peu le rôle des compagnies consulaires invitées à s'alléger de la gestion de toutes les infrastructures (ports, aéroports, magasins généraux etc...), lorsqu'elle est susceptible d'exister ou d'être remises sur le marché de l'offre et de la demande, alors que traditionnellement le législateur, le gouvernement et les autres agents de l'exécutif leur en confient la responsabilité par voie de contrats de concession ou de délégation de services publics.

SECTION II

LES DEUX TYPES D'ÉCONOMIE AUXQUELLES PARTICIPENT LES CCI

L'économie sociale est un des domaines d'activités traditionnels lié étroitement au caractère public du droit qui leur est applicable (Bibard L. *Y a-t-il une âme de l'économie* ? 1997 ESSEC

DR 96038). Il en est de même de l'économie administrative. En témoigne la persistance de textes d'exception maintenus en vigueur dans le code de commerce.

Article 1- L'économie sociale en tant que sociale réalise la solidarité du groupe. L'économie sociale en tant qu'économie réalise la valorisation de l'activité ou de tout bien par le travail "l'industrie" des entreprenants.

L'économie sociale consiste pour le corps social en la volonté exprimée en acte de créer un secteur de solidarité économique "ce qui ne dépend pas de la loi de l'accumulation du profit entre les mains des propriétaires des moyens de production"; "cette décision implique une réappropriation de ces moyens de production non seulement par les producteurs mais également par les consommateurs". La société civile au cours de son histoire a formé des institutions (et les chambres consulaires en font partie), qui sont "des îlots d'organisations de type politique, au sens où en leur sein ces organisations privilégient le collectif à l'intérêt privé"..."Ce privilège n'est accordé qu'autant qu'il vise la satisfaction des intérêts particuliers à tous"..."Chacun se sent membre d'une collectivité qui le soutient dans et pour sa particularité"... Comme dans une famille mais avec un environnement économique libéral, l'institution consulaire correspond bien à ce que l'auteur qualifie "d'hybride excellent" issu de la société civile "à la fois "communautaire" et solidaire, et libéral ou jouant le jeu de la lutte pour la reconnaissance par le profit et le maintien de son activité dans le risque" (D. Bibard op. cit. pp. 22 et 23). Un exemple de participation est constitué par "CCI habitat", association des chambres collecteurs du 1 % Patronal Participation des Employeurs à l'Effort de Construction (PEEC). "CCI habitat" est représentée au sein de l'Union Economique et Sociale pour le Logement (UESL) qui groupe les 147 comités interprofessionnels du logement (CIL) et les 39 CCI de "CCI habitat". Cf. code de la construction et de l'habitation art. 313-45-1, arrêté du 31 juillet 1998 modifiant l'arrêté du 22 septembre 1986 relatif au comité national de la participation des employeurs à l'effort de construction. JO du 12 août 1998.

Article 2- L'économie "administrative "

Elle est un des champs d'activités privilégiés des CCI en temps de crise ou de guerre. Elle est partie intégrante d'un autre domaine "hybride excellent" et traditionnel (voir *l'Institution des chambres de commerce* op. cit. pp. 248 à 251 en temps de crise (op. cit. pp. 206 à 217, 278 et 279). Ainsi et à titre d'exemple parmi d'autres, la loi du 17 novembre 1943 - qui n'a pas été abrogée - autorise les comités d'organisation et des organismes professionnels comme les chambres de commerce (et aussi de métiers) à créer des sociétés pour des tâches de leur compétence mais que ni leurs services ni des entreprises privées, par leur intermédiaire, ne peuvent accomplir convenablement. Elles sont commerciales par leur objet obligatoirement immatriculées au registre du commerce et des sociétés et relèvent de la juridiction des tribunaux de commerce.

L'affiliation à ces sociétés de droit privé peut être imposée en cas de nécessité (art. 6, 8, 14 de la loi). Cette législation a été à l'origine d'un statut répondant à une organisation et à des règles de fonctionnement spéciales exigeant une base réglementaire au fonctionnement des organismes d'intervention économique de caractère privé.

• Il s'agit d'une part d'assurer, faciliter ou régulariser sous le contrôle de l'Etat, l'approvisionnement, l'acquisition, le stockage , la répartition ou la vente de matières premières, de produits industriels ou agricoles. Périodiquement, les CCI font à la demande des services spécialisés des préfectures, des enquêtes sur les besoins de leurs ressortissants en cas de pénurie. Elles sont appelées à jouer un rôle de sous-répartiteur. (*l'Institution des chambres de commerce* op. cit. pp. 206 à 217). Héritières de cette responsabilité qui leur a été confiée, les CCI participent aux plans de rationnement des produits pétroliers en temps de paix, manifestant le souci de prévoir ces situations avant qu'elles ne se produisent afin d'y faire face le moment venu. (voir à ce sujet *L'Institution des chambres de commerce* op. cit. pp. 206 à 217).

• Il s'agit d'autre part de réaliser les compensations et péréquations de prix instituées en application d'une réglementation instituée en temps de crise.
La société évolue, les missions facultatives des chambres sont appelées à changer de contenu d'où une possible modification de leur format. A la limite, mais cela n'est pas souhaitable, elles pourraient être réduites à leur rôle de représentation des intérêts industriels et commerciaux et d'auxiliaire de l'économie administrative et sociale qu'elles ont tenu avant leur montée en puissance durant les trente glorieuses. Voir ci-après chapitre 2, section II, 2ème partie et chapitre 2 de la conclusion.

SECTION III

APPLICATION À DEUX CAS CONCRETS PRATIQUES DES RÈGLES ISSUES DE LA PUBLICISATION DU DROIT

L'interprète des textes dispose d'une règle générale pour déterminer si les CCI, établissement public administratif de l'Etat peuvent s'affranchir du droit commun applicable aux établissements publics administratifs en conséquence de la décision *Crépin* du 29 novembre 1991.
Les CCI sont inclues dans le champ d'application des textes généraux qui les régissent si "en raison des règles propres d'organisation et de fonctionnement des chambres les nouveaux textes ne pourraient entrer en vigueur à leur égard qu'en vertu de modalités spécifiques d'application."

Article 1 - La limite d'âge des présidents

Bon exemple d'application de la règle en réponse à celle de savoir si les CCI font ou non partie des établissements publics de l'Etat assujettis aux dispositions de la loi n°84-834 du 13 septembre 1984, du décret n° 94-582 du 12 juillet 1994 et de la circulaire du 20 septembre 1994 relatif aux règles applicables aux nominations des membres des conseils et dirigeants des établissements publics et entreprises du secteur public et fixant à 65 ans la limite d'âge des présidents.

1- La décision *Crépin* et l'avis du Conseil d'Etat du 16 juin 1992 consacrent le rattachement des CCI à l'Etat.
Or les textes et la circulaire fixent à 65 ans la limite d'âge des présidents de conseils d'administration, directeurs généraux, directeurs ou membres de directoire des sociétés, entreprises et établissements du secteur public visés à l'article 1er de la loi n° 83-675 du 26 juillet 1983 relative à la démocratisation du secteur public même si le nombre de leurs salariés est inférieur à 200.
La même limite d'âge s'applique dans les établissements publics de l'Etat quelle que soit leur nature, et dans les autres sociétés dans lesquelles l'Etat, les collectivités et les personnes publiques ou la Caisse des dépôts et consignations, ou les personnes morales visées au 1er alinéa ci-dessus détiennent ensemble plus de la moitié du capital et dans lesquelles les nominations aux fonctions énoncées au premier alinéa sont prononcées ou approuvées par décret. Cette limite est également applicable dans les sociétés d'économie mixte concessionnaires d'autoroutes, en vertu de l'article 4 de la loi n° 55-435 du 18 avril 1955 portant statut des autoroutes et dans lesquelles l'Etat détient directement ou indirectement plus de la moitié du capital social.

On le rappelle, la décision Crépin et l'avis de la haute assemblée fait 3 exceptions au principe que "les textes visant d'une manière générale l'ensemble des établissements publics administratifs de l'Etat devraient en principe s'appliquer à ces chambres" :
1- Lorsqu'il existe des dispositions dérogatoires expresses : C'est le cas pour les CCI, dont les conditions d'éligibilité des membres sont énumérées de manière limitée par l'article 13 de la loi n° 87-550 du 16 juillet 1987, cette loi spéciale dérogeant à la loi générale de 1984.

2- Lorsque les textes en question sont contraires aux principes de la loi fondatrice des chambres du 9 avril 1898, les textes généraux concernant les établissements publics administratifs de l'Etat ne s'appliquent pas aux CCI "si ces textes ne sont pas conciliables avec les principes résultant de la loi du 9 avril 1898 ; il s'agit en effet d'une catégorie très spécifique d'établissements publics, dont les organes dirigeants sont élus et dont l'objet est de représenter librement les intérêts commerciaux et industriels de leur circonscription auprès des pouvoirs publics".
Le caractère électif des CCI et leur vocation de représentation libre et autonome des intérêts du commerce et de l'industrie s'oppose à l'application d'un texte conçu pour les établissements publics "techniques" dont les organes , le délibérant et l'exécutif, par définition ne sont pas issus du suffrage universel. L'application de la loi du 13 septembre 1984 porterait en effet atteinte à la spécificité des CCI en tant que personnes juridiques représentant une communauté d'intérêts. L'existence de la loi du 16 juillet 1987, déterminant notamment les conditions particulières d'éligibilité des membres des chambres, démontre également l'autonomie de leur régime en la matière. Noter qu'il n'existe aucun texte en droit électoral français et auquel se réfère le droit électoral consulaire, fixant obligatoirement une limite supérieure d'âge, quelle que soit l'élection. Sur ces questions, voir 2ème partie, chapitre 1, section I, le point de vue du ministère des finances.

3- Lorsque les textes nécessitent des modalités spécifiques d'application : Si les textes relatifs aux établissements publics de l'Etat ne sont pas contraires aux principes de la loi de 1898, les chambres "peuvent être regardées comme exclues de leur champ d'application si, en raison des règles propres d'organisation et de fonctionnement des chambres, ces nouveaux textes ne peuvent entrer en vigueur qu'en vertu de modalités spécifiques d'application".
Le caractère électif d'assemblées consulaires à identité constituée s'oppose à une application pure et simple de la loi de 1984. La portée de la circulaire du 20 septembre 1994 doit être relativisée, s'agissant d'une simple circulaire qui ne se borne pas à interpréter la loi mais rajoute des dispositions contraignantes qui n'y figurent pas en ce qui concerne plusieurs points essentiels pour l'institution consulaire.
La spécificité des CCI réside en ce qu'elles sont avant tout des établissements publics dont les dirigeants représentatifs des intérêts industriels et commerciaux de leur circonscription sont élus (CCI établissements publics administratifs élus) et par nature représentent en toute liberté ces intérêts. Cette libre représentation suppose la libre élection et que l'éligibilité ne soit pas limitée par d'autres règles que celles du droit électoral qui ne comporte aucune disposition générale limitative quant à l'âge. C'est ainsi que le comité consultatif pour la révision de la Constitution présidé par le doyen Georges Vedel le 15 février 1993 a estimé
1) que fixer une telle limite pour le président de la République (élu au suffrage universel) serait une atteinte au principe démocratique lui-même, qui priverait le peuple souverain du droit de choisir de renouveler le chef de l'Etat dans son mandat.
2) que par ailleurs, il est difficile de justifier que le titulaire du mandat soit en toute hypothèse dispensé de rendre compte à la fin de l'exercice de celui-ci (si le souverain est satisfait, il doit pouvoir le manifester).
Limiter l'âge des présidents supposerait que le Parlement modifie la loi fondamentale de 1898 de telle sorte que les CCI ne soient plus élues au suffrage universel de ses ressortissants et perdraient ainsi leur identité de corps constitué dont le mandat électif public est issu de

l'élection.

Article 2 - La vente des biens meubles des chambres

Réponse à la question de savoir si les CCI doivent obligatoirement recourir au service des domaines pour procéder à la vente de leurs biens meubles en application de l'article L70 du code du domaine de l'Etat (code administratif) :

1- La spécificité des CCI n'impose pas d'apporter de dérogation à la procédure domaniale prévus par les articles L 68 et L 70 du *code du domaine de l'Etat*.

2- Conformément aux principes édictés par le code du domaine de l'Etat, le service des domaines seul compétent pour procéder à la vente des biens meubles des CCI quelle que soit la valeur des biens en cause.

3- En conséquence, seule une dérogation ministérielle permettrait de dispenser les CCI de leur obligation de remise aux services des domaines les biens réformés appartenant aux chambres (demande motivée de dispense).

Peu à peu et au fur et à mesure des jugements et décisions des tribunaux, Conseil d'Etat, Cour de cassation, Conseil constitutionnel, le champ d'action des CCI est en voie d'être délimité de façon précise réduisant le champ jusque là très large des lacunes du droit applicable aux chambres (voir supra chap. 1 section I, article 3).

CHAPITRE 2

LA DÉCONCENTRATION DU CONTRÔLE DES ACTES DE L'INSTITUTION

SECTION I

LES MOYENS À DISPOSITION DE L'EXÉCUTIF DES CHAMBRES "COMMUNES SPÉCIALES", POUR DÉCONCENTRER SES DÉCISIONS

Un moyen de déconcentrer les décisions consiste à consentir des délégations de signature.
Les délégations de pouvoir sont en principe prohibées.

Articles 1- Les règles relatives aux délégations de signature

La délégation de signature est soit particulière pour une mission déterminée, soit générale pour un ensemble de questions ou de services. Toute délégation de signature est opposable aux tiers. Elle autorise le bénéficiaire délégataire à prendre aux lieu et place du délégant des décisions susceptibles d'engager la CCI. La délégation s'effectue sous la responsabilité personnelle du délégant qui conserve à tout moment un pouvoir d'évocation des matières sur lesquelles porte la délégation.
La délégation de signature n'est effective que si elle est nominative. Donnée au maximum pour la durée de la mandature ou au contraire pour une durée limitée, elle est révocable à tout moment.
Le président donne délégation de signature aux vice-présidents qui assument la présidence des délégations départementales.
Le président délègue au directeur général les pouvoirs de signature qui sont nécessaires à l'exercice de sa fonction.
Le président, comme ordonnateur des dépenses, peut déléguer sa signature aux membres élus en exercice. Il doit en informer l'assemblée générale. Il peut également déléguer sa signature en matière d'exécution du budget à des membres élus ou à des salariés de la compagnie consulaire, à l'exception du trésorier et de ses délégataires.
La délégation ne peut alors porter que sur les engagements de dépenses et les actes dont découle une créance au profit de la compagnie consulaire.
Le président doit informer l'assemblée générale des délégations. Elles sont nominatives, actées au procès-verbal et leur liste est annexée au règlement intérieur.

Conformément à l'article 19 de l'arrêté du 26 décembre 1991, le trésorier peut déléguer sa signature, en matière d'exécution des opérations de dépenses, de recettes ou de gestion de la trésorerie, aux trésoriers adjoints selon l'ordre du tableau ou à défaut à un des membres élus de la CCI, à l'exception du président ou de ses délégataires. Il peut également déléguer cette signature à des agents permanents de la compagnie consulaire non délégataires du président ; la délégation ne peut alors porter que sur la signature des titres de paiement et des documents relatifs aux opérations de trésorerie.

Article 2- Sanction des infractions aux règles relatives à l'interdiction des délégations de pouvoirs et aux incompatibilités avec les mandats de parlementaires

- En droit français, le dirigeant d'entreprise est susceptible d'encourir une responsabilité pénale à raison de ces infractions commises au sein de la société. (par analogie lire "de la CCI"). La loi nouvelle a certes introduit une responsabilité pénale de la personne morale mais cette responsabilité se cumule avec celle du dirigeant. Elle ne l'exclut pas.

La loi pénale vise le dirigeant personnellement. Ce n'est pas sans désagrément ni sans conséquence pécuniaire. Un dirigeant de société poursuivi devant un juridiction pénale doit supporter la charge de sa défense et les pénalités ne peuvent être supportées par la personne morale. Un dirigeant a ainsi été condamné pour abus de biens sociaux au motif qu'il avait fait supporter par la société les amendes qui lui incombaient personnellement. (il s'agissait de contraventions au code de la route dressées à l'encontre du dirigeant es-qualité).
Les dirigeants ne sauraient se décharger de leur responsabilité pénale sur des préposés. La délégation n'est pas possible dans les cas où elle contient des dispositions tendant à faire peser sur le chef d'entreprise une responsabilité de plein droit, principalement en matière d'hygiène et de sécurité, droit de l'environnement, et relativement à certaines infractions économiques. Mais en aucun cas les responsabilités inhérentes aux pouvoirs de direction générale ne sont délégables...
Il reste que les infractions pénales comprennent un élément intentionnel et que sauf les cas de responsabilité de plein droit cités ci-dessus, le dirigeant n'est pénalement responsable que des faits qui peuvent lui être imputés personnellement. La décentralisation éventuelle de l'entreprise et les délégations de pouvoir seront prises en compte pour apprécier si la faute peut être imputée personnellement au dirigeant. (direction générale).

La chambre criminelle de la Cour de Cassation en réunion plénière a décidé que "*sauf si la loi en dispose autrement, le chef d'entreprise (lire par analogie l'exécutif de la CCI) qui n'a pas personnellement pris part à la réalisation de l'infraction, peut s'exonérer de sa responsabilité pénale s'il rapporte la preuve qu'il a délégué ses pouvoirs à une personne pourvue de la compétence, de l'autorité et des moyens nécessaires*".
Pour Dominique Bayet, conseiller référendaire à la chambre criminelle, "*la règle ainsi forgée a vocation à s'appliquer indistinctement à toutes les situations dans lesquelles est recherchée la responsabilité du dirigeant d'entreprise, à l'exclusion cependant d'une seule, celle de la participation personnelle à la réalisation de l'infraction*". (*Gazette du Palais* - journal du 18 au 20 juillet 1993 p. 2).

- L'incompatibilité de la fonction de président de CCI avec celle de député (parlementaire)
Elle résulte jusqu'en 1997 de l'interprétation donnée par les tribunaux de la loi organique n° 95-63 du 19 janvier 1995, JO du 20/01/1995, p. 1041, laquelle est relative à la déclaration du patrimoine des membres du Parlement et aux incompatibilités applicables.
Après la fin de l'article L0146 du code électoral, elle rajoute la disposition suivante : "*Il est interdit à tout député de commencer à exercer une fonction de conseil qui n'était pas la sienne avant le début de son mandat. Cette interdiction n'est pas applicable aux membres des professions libérales soumises à un statut législatif ou réglementaire ou dont le titre est protégé.*"
Ce texte vient s'ajouter à l'article L 0146-1 du code électoral. Le législateur en tire toutes les conséquences dans l'article LO147 du code électoral qui disposait avant l'entrée en vigueur du nouveau texte : "*Il est interdit à tout député d'accepter en cas de mandat, une fonction de membre du conseil d'administration ou de surveillance ou toute fonction exercée de façon permanente en qualité de conseil dans l'un des établissements, sociétés ou entreprises visées à l'article précédent*". L0146
Il supprime les textes soulignés ci-dessus. Le texte devient : "*Il est interdit à tout député d'accepter en cas de mandat une fonction de membre de conseil d'administration ou de surveillance dans l'un des établissements, sociétés ou entreprises visés à l'article LO146*". Cette phrase reporte à l'article LO146 qui dispose que : "*Sont incompatibles avec le mandat parlementaire les fonctions de chef d'entreprise, de président du conseil d'administration, de président et de membre de directoire, de délégué, de directeur général, directeur général adjoint ou gérant existant dans : les sociétés, entreprises ou établissements jouissant, sous forme équivalente, d'avantages assurés par l'Etat ou par une collectivité publique sauf dans le cas où ces avantages découlent de l'application automatique d'une législation générale ou d'une réglementation générale*".

Les CCI étant des établissements ayant cette caractéristique sont intéressées.
Etablissements économiques, elles sont dans le cas de recevoir des subventions pour la relance de l'économie ou de l'emploi ou de la politique de la ville etc...A plus forte raison, étant des établissements publics de l'Etat recevant l'impôt, elles peuvent ou non privilégier leurs missions facultatives ou leurs missions obligatoires. Si elles privilégient leurs missions facultatives de type économique, elles sont particulièrement sujettes aux risques d'incompatibilités.
Noter que l'article LO145 visait les entreprises nationales et les établissements publics nationaux. La loi organique du 19 janvier 1995 ne s'y réfère pas expressément. Elle utilise une autre voie, celle indiquée plus haut de l'article LO146 qui atteint des institutions hybrides comme les CCI.
Plus précise, la décision du 14 septembre 1995 du Conseil constitutionnel (JO du 16 septembre 1995 p.13667), se réfère à l'article LO145 visant les entreprises nationales ou les établissements publics nationaux pour déclarer incompatible l'exercice du mandat de président de l'ACFCI avec le mandat de député.
Le projet de loi organique de 1998 sur les incompatibilités de mandats s'il était voté par le Parlement, pourrait mettre fin aux incertitudes, en établissant de façon officielle et incontournable l'incompatibilité entre la fonction de président de CCI et de parlementaire député ou sénateur. *(Amendement Bredin pour les présidents de CCI et Brunhes pour les présidents de tribunaux ce commerce*), mais les opinions au sein des instances consulaires sont partagées sur cette question complexe.

SECTION II

LE CHAMP DES COMPÉTENCES DÉCONCENTRÉES, L'AUTONOMIE DES CHAMBRES, "COMMUNES SPÉCIALES"

Le décret n° 97-34 du 15 janvier 1997 dispose que désormais la compétence du préfet de département est la règle de droit commun. Conformément à ce texte, le décret n° 97-1194 du 19 décembre 1997 (JO du 27 décembre) établit la liste des décisions administratives individuelles prises par les chambres qui par exception sont de la compétence du ministre intéressé seul ou conjointement avec un autre ministre.
Cette redistribution générale du pouvoir de décision va dans le sens d'un amoindrissement de la concentration originelle au sommet (R. Chapus - *Droit administratif général* - Tome I 9ème édition p. 345, réédition 1998).
L'autonomie s'obtient par la déconcentration. La déconcentration a pour avantage de rapprocher l'administration des administrés. On a pu dire qu'elle était le corollaire de la décentralisation.
C'est ainsi que sauf exception, les budgets et les comptes devraient être approuvés par le préfet du département où la CCI a établi son siège. C'est ainsi que le décret précité du 15 janvier 1997 retire au ministre de tutelle son pouvoir d'homologation, jusque là exclusif, pour le remettre au préfet. Dans les CCI interdépartementales (Paris, Versailles), le préfet du siège accordera l'homologation après avis de ses collègues des autres départements. Dans le même esprit le décret n° 99-575 du 8 juillet 1999, JO du 10 juillet p.10274 relatif aux modalités d'approbation de certaines décisions financières des EPA concerne les CCI.. Son article 4 dispose que les commissaires du Gouvernement, les chefs de mission de contrôle d'Etat et contrôleurs d'Etat et les contrôleurs financiers nommés auprès des EPA peuvent recevoir délégation de signature des ministres sous l'autorité desquels ils sont placés pour s'opposer ou

au contraire aprouver les mesures précisées à l'article 1er relatives aux possibilités d'approbation implicite des budgets et des comptes. Sur cette question voir infra aux mots clefs.

-L'autonomie suppose que soient aménagées les conditions de la compatibilité des mandats en cas de cumul. La question se pose pour les "politiques" mais aussi pour les membres et délégués consulaires et en tout cas pour les présidents de CCI et de tribunaux de commerce particulièrement si une plus grande liberté est accordée aux chambres en ce qui concerne leurs budgets (supra section I).

Le rattachement des chambres consulaires à une collectivité nationale est une forme de déconcentration qui préserve leur autonomie de "commune spéciale" et leur droit à s'autodéterminer dans la circonscription qui est la leur.

1991 a été une année clef importante pour les chambres. Réputées à l'origine ne pas être des établissements publics nationaux (ou de l'Etat) selon une construction jurisprudentielle à partir des décisions du CE, 21 février 1936 *Retail* DH 1936 et *Boglione* CE 21 janvier 1936 p. 55, les CCI échappaient à la classification des collectivités territoriales traditionnelles.

La décision du CE, sect. 29.11.91 - arrêt *Crépin* - infléchit la jurisprudence reconnaissant aux CCI un statut spécifique "sui generis". Ce statut n'est pas purement et simplement abrogé mais la nouvelle jurisprudence considère que le caractère spécial des CCI n'implique pas qu'elles fassent exception à la règle que "tout établissement public est nécessairement rattaché à une collectivité territoriale, cette collectivité territoriale ne pouvant être que l'Etat en l'absence de rattachement local exprès".

Sur cette question se reporter à l'ouvrage d'Olivier Dugrip et Luc Saidj *les Etablissements publics nationaux* p. 29 LGDJ 1992.

La tentation des futurs législes auteurs de la prochaine réforme ne sera-t-elle pas de considérer comme très nécessaire de rattacher territorialement les CCI à une autre collectivité territoriale que celle de l'Etat puisque déconcentration -décentralisation et Europe obligent ? La région est désormais le meilleur niveau pour l'engagement dans la durée des relations entre les CCI et les pouvoirs publics, lieu de cofinancement, de négociation et de partenariat au niveau local le plus adapté, le niveau départemental devenant trop exigu pour être le cadre idéal de l'action des chambres, l'ACFCI étant alors seule à devoir conserver son statut d'établissement public national.

En l'état actuel, les CCI restent des établissements publics composés de membres élus démocratiquement par des ressortissants et non des adhérents. Comme les collectivités territoriales, elles règlent par leurs délibérations les affaires qui relèvent de leur compétence. Elles constituent le cadre institutionnel de la représentation des intérêts du commerce et de l'industrie dont elles sont les organes auprès des pouvoirs publics.

Elles sont astreintes aux règles de transparence et de probité que leur imposent leur statut particulier d'établissement public de "l'Etat"," national".

Ces règles justifient les incompatibilités des mandats de parlementaire et d'élu territorial avec les fonctions de président ou de membre du bureau d'une chambre. L'objectif de cette législation devrait être d'empêcher qu'un élu au bureau d'une chambre qui aurait aussi été élu d'une collectivité territoriale et donc à la fois juge et partie puisse influencer la politique de l'établissement. La réduction de "puissance" susceptible d'en résulter est sans doute la conséquence inéluctable de l'évolution de la société moderne vers un libéralisme même s'il est fortement tempéré par les exigences sociales du 3ème millénaire. Cette "capitis diminutio" est tempérée par la nécessité reconnue non pas d'un minimum mais d'un optimum d'Etat (ni trop, ni trop peu), les CCI demeurant plus que jamais comme les autres chambres consulaires un partenaire privilégié de la puissance publique. (*L'institution des chambres de commerce* op. cit. p. 301).

-L'autonomie financière relative accordée par le décret du 8 juillet 1999 supra vise à donner plus de liberté et de souplesse dans la gestion des EPA, y compris des CCI pourvu que soit confirmée l'évolution jurisprudentielle en cours en ce qui concerne la nature juridique d'établissement public administratif de l'Etat conférée aux chambres.(voir infra index aux mots-clefs approbation, budgets, comptes, décision financière.).

Sur un plan plus général, le changement voulu du comportement opaque de quelques élus peu nombreux mais montrés du doigt par l'opinion publique et les "médias", ne doit pas masquer le bilan globalement réussi de l'institution. Trouver les recettes qui mettraient fin à la perte de légitimité, d'attractivité et de représentativité de l'institution comme l'a fait remarquer une étude du centre d'étude et de réflexion pour l'action politique (CERAP - *le Banquet* 2ème semestre 1993 n° 3) n'est pas hors de portée. - "*Les chefs d'entreprises ne souhaitent pas alimenter un circuit qui fonctiǒnne en vase clos et peut les engager dans de dangereuses impasses : négliger sa propre entreprise, utiliser le mandat à des fins personnelles et politiques, endosser l'uniforme du notable local version IVème République, voir nourrir la rubrique déjà fournie des "affaires". L'institution consulaire ne doit pas se décourager"*.
Une des clefs de son avenir continue plus que jamais à être le retour à un respect scrupuleux des formes imposées par la législation en vigueur. La réforme du "code électoral" des chambres n'est qu'un des éléments du renouveau attendu. Elle ne provoquera pas d'elle même de par son propre effet le comblement souhaité du déficit observé. Privilégier plutôt pour parvenir à cette fin l'effort de transparence, de mise en alerte permanente de l'institution, lutter contre les dysfonctionnements, s'efforcer de recentrer son activité là où elle est utile, préserver la simplicité, faire de leur gestion des modèles de simplicité d'excellence et de performance que le public pourra donner en exemple dans le cadre d'un service public de clients et non d'usagers, l'administration des CCI ayant conscience d'avoir autant et plus de droits que de devoirs, sachant en outre que ni le style ni la performance ne créent la compétence ou la transparence si elles font défaut. Tout faire pour que l'institution consulaire ne soit pas en définitive une structure désuète avec à sa tête un petit patron mal élu ou élu par quelques adhérents à une organisation professionnelle (OP), assurant une fonction qui reste bénévole, incontrôlable et au final un "consularisme inutile". Voir a contrario, le chapitre 2 de la conclusion sur l'utilité du commerce et des chambres de commerce.

CHAPITRE 3

LA « JUDICIARISATION » DU DROIT DES RISQUES D'ORDRE PÉNAL ET CIVIL ENCOURUS PAR LES CCI "COMMUNES SPÉCIALES"

Ce néologisme recouvre l'idée générale que la liberté laissée aux chambres de s'autoorganiser et d'agir dans le champ de leur spécialité très large, a pour corollaire une régulation imposée par la jurisprudence des tribunaux et au plus haut niveau par les décisions du Conseil constitutionnel. La judiciarisation du droit est une des conséquences secondaires de sa publicisation (voir *L'Institution des chambres de commerce* op. cit. aux rubriques de l'index : publicisation, coutume, lacune du droit).
Cette orientation, inimaginable en ce qui concerne les institutions consulaires, n'est que le reflet d'une tendance générale observée au sein des institutions de la République. Elle consiste à confier aux juges le soin de trouver des solutions auxquelles le législateur n'a pas été en mesure d'apporter de réponse en l'absence d'aucun « principe » qu'il aurait pu trouver ou se créer pour servir de « guide ». A cet égard, le lecteur se reportera à l'article du doyen Vedel sur le projet de loi constitutionnelle « relatif à l'égalité entre les femmes et les hommes » (Le Monde, mardi 8 décembre 1998 page 16). Le doyen Vedel se demande dans ces conditions s'il n'y aurait pas lieu de considérer que « *quant à la République, le dommage causé par le projet dans son état actuel, serait que, non seulement, elle tolèrerait mais implorerait le gouvernement des juges* »...
Aucune coutume, aucun usage ne saurait donner un quelconque fondement à la transgression continue et répétée des règles établies par des lois décrets et circulaires réglementaires. Seul le juge est habilité dans l'Etat de droit à punir la fraude pourvu que la loi ait prévu la peine correspondante. On retiendra comme définition de la fraude celle du droit civil autour de l'idée issue du droit romain que la conséquence juridique peut être déclarée nulle et entraîner une peine si la loi l'a prévu.
Est une fraude toute "action révélant chez son auteur la volonté de nuire à autrui" (par exemple co-contractant) ou "toute action consciente tendant à adapter des moyens licites à des fins contraires à la loi ou au règlement ou encore toute modification par des artifices des circonstances de fait d'après lesquelles le cas d'application de la règle est déterminée" (d'après la rubrique "fraude», in *Lexique des termes juridiques*. Dalloz 10éme édition, 1995). On examinera ci-après les principaux délits prévus et réprimés par les lois applicables à l'institution consulaire en tant que "commune spéciale" et par analogie en l'absence de loi et réglementation spécifique des CCI.

La transgression de la règle est une caractéristique à l'origine des dysfonctionnements de la société, dans tous les milieux de la base au sommet de l'édifice consulaire. Les chambres consulaires n'ont pas fait exception. Voir à ce sujet *L'institution des chambres de commerce*, op. cit. pp. 131 et 132 Comme toutes les autres institutions, elles ont pu à certains moments céder à la tentation. Leurs élites, sinon avec le consentement, du moins dans le silence des tutelles, ont souvent œuvré pour maintenir les prérogatives de fiscalité qui avaient été accordées aux chambres dès l'origine pour leurs missions obligatoires. (exemption de taxes, impôts divers pour les opérations immobilières des chambres notamment). L'observateur critique, pas toujours bienveillant, peut se demander s'il existe encore aujourd'hui des raisons valables pour que l'investissement ou l'opération menée par telle ou telle CCI la conduise à concurrencer sur le marché ses ressortissants en conservant les avantages fiscaux prévus à l'origine pour d'autres objectifs liés à sa mission de service public, contribuant à fausser la concurrence et à créer ou maintenir des inégalités de traitement inadmissibles. La lutte contre la corruption et la fraude et pour l'application de la loi et en général de la règle au sens large, correspond au vœu d'une population qui s'habitue à vivre dans un système de plus en plus libéral. Or, pour prendre un exemple pratique, les nécessités matérielles de la vie consulaire font que les élus peuvent vouloir se faire défrayer de leur temps passé au service de l'institution et prennent le risque de se mettre en situation de succomber à de possibles tentations... Or "lorsque les temps sont durs, la population est d'autant plus sensible à la triche et veut que la règle du jeu soit respectée ; on voit bien la différence entre quelques dérapages commis par imprudence ou ignorance et un système qui consiste à profiter de sa position pour en tirer des avantages ou pour constituer de façon illégale des cagnottes destinées à son parti". Cette remarque de Jean-Pierre Dintilhac procureur de la République de Paris, extraite d'une déclaration au *Figaro du 26 avril 1998*, éclaire l'esprit dans lequel ont été appréhendés les délits d'ingérence - prise illégale d'intérêt, le devoir de transparence, le respect dû aux élus dans leur fonction de "parlementaires du commerce" et des procédures et systèmes de contrôle interne. Le principe est de distinguer ce qui relève de la corruption et de la fraude de ce qui ne l'est pas et s'apparente plus à des incompréhensions "involontaires" non intentionnelles ou à des maladresses.

SECTION I

PRISE DE PARTICIPATION ILLICITE RESPONSABILITÉ DU FAIT DES PRÉSIDENTS, MEMBRES, DÉLÉGUÉS CONSULAIRES, DIRECTEURS OU LEURS DÉLÉGATAIRES

Article 1- Le devoir de transparence

§1- Le respect des règles facilite l'exercice du devoir de transparence

Comme dans d'autres instances dirigées par des personnalités élues des collectivités territoriales notamment, les chambres consulaires n'échappent pas aux comportements déviants de dirigeants avides de satisfaire leur appétit de pouvoir estimant que leur place et fonction dans la société civile les dispenserait de respecter les réglementations. Un nombre certes limité d'affaires de prise illégale d'intérêts ont mis en évidence la réelle bonne foi de la plupart des intéressés manifestant leur étonnement que la justice puisse les incriminer pour des faits et actes ne mettant pas en cause de leur part une intention ou une réalité d'enrichissement personnel. Cette "inconscience" au sens propre du terme d'avoir commis un acte délictueux n'est pas particulière aux dirigeants des chambres. Elle touche les rares personnalités qui étant placées à la tête d'une institution réputée se sont cru hors d'atteinte de la justice. Caveant legem consules.

§2- L'exemple des subventions consenties par les chambres aux tribunaux de commerce et le respect des règles relatives au fonds de concours - Retour à la légalité stricte

Gestion "de fait" par les CCI d'un secrétariat de tribunal de commerce : cas particulier de la mise à disposition gracieuse de personnels par les CCI.

Les règles de droit public applicables aux subventions interdisent clairement toute subvention directe et toute participation directe au fonctionnement des tribunaux de commerce.

Les modalités des prestations traditionnellement consenties en nature par les CCI doivent être très précisément étudiées, cas par cas, pour éviter qu'elles ne constituent une gestion de fait.

Avant la *circulaire de la Chancellerie, DAGE 94-13-A3* du 26 juillet 1994, telle était la situation de fait en l'absence de texte législatif ou réglementaire. Depuis, la régularisation est en bonne voie.

1- La circulaire précise :

• que le service par une association de prestations - en nature ou en espèces - destinées au fonctionnement des tribunaux de commerce est désormais totalement prohibé : (jusqu'en 1994 les prestations en nature "traditionnelles" étaient le plus souvent accordées par la CCI par l'intermédiaire d'une association de magistrats d'un tribunal).

• que les prestations en nature servies par tout autre organisme extérieur et notamment les CCI sont en revanche parfaitement autorisées dès lors qu'elles bénéficient directement aux juridictions : tel est notamment le cas de mises à disposition gracieuses de personnels

• que les prestations en espèces de ces mêmes organismes ne sont autorisées dès lors que si elles sont servies par l'intermédiaire du fonds de concours institué à cet effet en 1993. Faute de respecter cette obligation, les récipiendaires de fonds par d'autres voies s'exposent à des sanctions personnelles de la part du juge des comptes (Cour des comptes).

2- Le principe est donc que les organismes et autres peuvent continuer à subventionner directement les associations de magistrats consulaires pour les dépenses exclusivement liées à ces associations à condition expresse qu'elles soient sans rapport avec le fonctionnement propre de la juridiction.

L'objet du fonds de concours était initialement de concourir aux seuls frais de représentation et de formation des tribunaux de commerce, il a été élargi à la demande du ministre de la justice à des dépenses de fonctionnement courant relevant du chapitre 37-92 art. 53. En clair, à partir de 1994, il faut considérer que le prêt de personnel et les autres subventions en nature et en espèces mettraient en état de gestion de fait les associations et tribunaux de commerce qui les accepteraient notamment pour le fonctionnement de leur secrétariat et sont interdites.

Dans son rapport pour l'année 1998, la Cour des comptes a dû constater que la mise à disposition de tribunaux de personnels agents de l'Etat ou de collectivités locales persistait malgré le rappel de leur interdiction. Elle constate ainsi que "des agents de collectivités territoriales sont irrégulièrement affectés à des juridictions consulaires. Il en va de même d'agents de CCI en particulier dans les tribunaux de commerce de .... et de ...." etc... et qu'il y a lieu de mettre fin à ce dysfonctionnement.

3- Une approche prudente qui est celle de l'institution consulaire conseille de considérer qu'il n'existe pas d'obligation légale pour une CCI de contribuer au financement des tribunaux de commerce, que la mise à disposition de personnel est interdite et que le versement de contribution est limité au fonds de concours précité et aux associations de magistrats consulaires sous la réserve expresse que l'argent versé directement, indirectement et sous quelque forme que ce soit ne soit pas utilisé pour financer des dépenses de réception, de formation ou de fonctionnement des tribunaux de commerce (obligation de transparence et de neutralité).

Article 2- Conditions pour que le délit soit réputé commis

Compte tenu de la jurisprudence particulièrement sévère à l'encontre des atteintes à la probité, il convient d'interpréter le "bloc juridique" constitué par l'article 432.12 du nouveau code pénal (175 de l'ancien code) comme s'il s'appliquait aux élus consulaires. L'article 432.12 ne fait que reprendre le contenu implicite de toute la jurisprudence et de toute la législation antérieure (loi du 13 juillet 1983 notamment). Voir *L'institution des chambres de commerce* op. cit. pp. 197 à 200.

Faisant partie de ce "bloc juridique" à vocation d'interdiction générale, absolue et extensive de l'ingérence, l'article 25, deuxième alinéa de la loi du 13 juillet 1983, dispose : Les "fonctionnaires" lire par extension (cf. jurisprudence *Ducassou*), "*l'élu dirigeant d'une CCI et notamment son président ou son délégataire*", ne peuvent prendre, par eux-mêmes ou par personne interposée, dans une entreprise soumise au contrôle de l'administration à laquelle ils appartiennent ou en relation avec cette dernière, des intérêts de nature à compromettre leur indépendance. Par une disposition encore plus large, le nouveau code pénal prévoit dans son article 432.12 une disposition similaire : Est passible des peines prévues "*le fait, par une personne dépositaire de l'autorité publique ou chargée d'une mission de service public ou par une personne investie d'un mandat électif public de prendre directement ou indirectement des intérêts de nature à compromettre leur indépendance*".

Noter toutefois que, pour être coupable du délit d'ingérence, le "fonctionnaire" (de même qu'au 2ème paragraphe, lire par extension, l'élu dirigeant d'une CCI et notamment son président ou

son délégataire") doit intervenir dans une affaire privée et généralement de nature commerciale que ses fonctions d'agent public au sens élargi l'amènent à connaître pour la gestion du service public dont il est chargé. La loi de 1983 parle ainsi "d'entreprise soumise au contrôle de l'administration à laquelle l'agent appartient".
Ainsi en est-il aussi et par extension des actions que posséderait un président ou un élu consulaire dans une entreprise de travaux publics ou autre avec laquelle sa collectivité CCI contracterait ; de même, pour prendre un exemple, de l'intérêt que prendrait un maire dans l'exploitation d'une source appartenant à la commune et concédée à une société (*Cass. crim., 5 juin 1980*, D.P. 91.01.42).
L'intérêt pris par le président ou l'élu consulaire doit être personnel, mais peut être très divers et consister en une participation par travail, par conseils ou par capitaux. il faut et il suffit que le président (ou l'élu consulaire) en retire un avantage même précaire (*Cass. crim., 13 février 1969*, G.P. 1969 II p.262).
En outre, si le délit de l'article 432.12 du code pénal n'exige pas d'intentions frauduleuses, il faut que soit relevée la volonté de l'auteur d'agir en connaissance de cause.
- Cas particulier de l'agent public qui peut occuper un emploi privé sans rémunération ni avantage. Dans ce cas, la condition d'intérêt du "fonctionnaire" à l'affaire privée est à l'évidence absente. Dans l'hypothèse où l'emploi de directeur général de société d'économie mixte est cumulable avec les fonctions de "dirigeant consulaire" ou "délégataire" de pouvoir consulaire et où il est assimilé à un emploi public, la société en cause devient un démembrement, une émanation de la collectivité publique, de sorte que l'affaire en cause cesse d'être extérieure à son administration et procède, par la même, de la mission de service public assumée. Par conséquent, dans les deux cas de cumuls envisagés plus haut, ni méconnaissance de l'obligation de désintéressement, ni délit d'ingérence ne sont envisageables pour cet "agent public" au sens large et extensif qui doit être retenu pour l'application du bloc juridique de l'article 432.12 et de la jurisprudence relative au délit d'ingérence. (agent public de la CCI "commune spéciale").

Article 3- Etendue de la responsabilité civile et pénale de président et dirigeant dans une CCI

Le président d'une CCI tout comme l'élu au bureau d'une CCI (ou un cadre administratif par voie de délégation), exerce des fonctions de direction et une mission de "participer au service public" qui sans l'assimiler à un fonctionnaire en fait une personne dépositaire de l'autorité publique et qui au surplus peut être gênée par sa situation éventuelle de dirigeant de société. (Cumul de sa fonction au sein de la collectivité publique et au sein d'une entreprise privée soumise aux lois du marché). Ainsi et par exemple, l'article 180 de la loi n° 85-98 du 25 janvier 1985, relative au redressement judiciaire des entreprises dispose : "Lorsque le redressement judiciaire ou la liquidation judiciaire d'une personne morale fait apparaître une insuffisance d'actif, le tribunal peut, en cas de faute de gestion ayant contribué à cette insuffisance d'actif, décider que les dettes de la personne morale seront supportées, en tout ou partie, avec ou sans solidarité, par tous les dirigeants de droit ou de fait, rémunérés ou non, ou par certains d'entre eux".
Le redressement judiciaire de la société peut être étendu aux dirigeants à titre personnel (art. 181 et 182). En outre, la responsabilité du dirigeant peut être engagée à raison des fautes qu'il commet dans l'exercice de son mandat (Cass. com., 7 novembre 1977, p. n° 76.896). De plus le dirigeant encourt une responsabilité pénale pour méconnaissance du droit des sociétés et par exemple pour une éventuelle infraction aux règles d'hygiène et de sécurité, soit comme auteur principal, soit comme complice. Mais ces risques devraient être gérés dans le cadre de l'article 11 de la loi du 13 juillet 1983, lequel dispose :
Lorsqu'un fonctionnaire:(lire l'agent élu ou non de la collectivité publique y compris par extension celle des CCI), ou son délégataire a été poursuivi par un tiers pour faute de service et que le conflit d'attribution n'a pas été élevé, la collectivité publique (lire par extension une CCI), doit dans la mesure où une faute

personnelle détachable de l'exercice de ses fonctions n'est pas imputable à ce "fonctionnaire", le couvrir des condamnations civiles prononcées contre lui.

Article 4- En matière de prise illégale d'intérêt ou de participation à des sociétés et associations, les élus et les agents des CCI ne sont pas visés expressément par les textes mais les mêmes règles légales relatives à la responsabilité s'appliquent par analogie. Une CCI est et doit être considérée à cet égard comme une "COMMUNE SPÉCIALE" - Application des règles relatives aux cumuls de fonctions dans les sociétés d'économie mixte (SEM)

Ainsi et à titre d'exemple, un cadre ou un élu au conseil municipal d'une mairie ou par assimilation ou analogie où une assemblée générale de CCI (l'assemblée générale correspond au conseil municipal de la commune), ne peut pas occuper les fonctions de directeur d'une société d'économie mixte (SEM), eu égard à l'interdiction de cumuls posée par l'article 25 de la loi du 13 juillet 1983 sur les SEM et par le décret du 29 octobre 1936, sauf si aucune rémunération ni aucun avantage matériel ne sont attachés à cet emploi de directeur de SEM (loi de 1983) ou si le fonctionnement de la SEM est financé à moins de 50 % par des deniers publics. L'article 1er du décret de 1936, dans son actuelle rédaction, issue de la loi du 23 février 1963, vise outre les personnes publiques traditionnelles (communes, départements...) les "*offices, établissements publics ou entreprises publiques à caractère industriel ou commercial et dont la liste est fixée par décret (...)" ; ainsi que les "organismes publics ou privés dont le budget de fonctionnement est alimenté en permanence et pour plus de 50 % de son montant, soit par des taxes fiscales ou parafiscales, soit par des cotisations rendues obligatoires en vertu d'un texte légal ou réglementaire, soit par des subventions allouées par l'une des collectivités visées au 1er et 2ème du présent article*". Un décret n° 63-1802 du 23 décembre 1963 est venu préciser les offices, établissements publics et entreprises publiques à caractère industriel ou commercial, susceptibles d'être assimilés à des collectivités publiques. Cependant, il se borne à en donner une définition générale et ne prévoit pas l'intégration des SEM, dans le champ d'application de la réglementation des cumuls.

Toutefois et en sens contraire, un décret n° 64-947 du 8 septembre 1964 est intervenu pour préciser que : "sont soumis à la réglementation des cumuls (...) les personnels des organismes suivants : (...) sociétés d'économie mixte dans lesquelles l'Etat ou les collectivités publiques énumérées dans l'article 1er nouveau du décret du 29 octobre 1936 ci-dessus ou dans tous les autres décrets pris pour l'application du décret du 23 décembre 1963 détiennent une participation majoritaire directe et qui sont concessionnaires d'un service public"...

Noter cependant que ce texte, antérieur à la loi de 1983 sur les SEM, a été déclaré illégal par un arrêt du conseil d'Etat du 13 juillet 1968 (*Clayssens*, Rec. p. 443).

La SEM n'est donc pas assimilable aux collectivités publiques visées par l'article 1er du décret de 1936 précité. L'application de ce décret au titre du paragraphe 2 de l'article 1er qui vise les organismes publics ou privés dont le budget de fonctionnement est alimenté, pour plus de la moitié par de l'argent public. Il n'y a pas, à priori, d' obstacle à ce que soit concernée une personne morale de droit privé dès lors qu'elle se trouve dans un lien de dépendance financière suffisant, eu égard aux conditions posées par le texte. Ainsi, le CE a admis qu'une association de droit privé pouvait entrer dans le champ d'application de la réglementation des cumuls (CE, *28 septembre 1988, Min. de l'éducation*, Rec. p. 316).

Une SEM peut donc être assimilée aux collectivités publiques visées à l'article 1er du décret de 1936 modifié, si son budget de fonctionnement est alimenté, en permanence et pour plus de 50 % par des deniers publics provenant soit de taxes fiscales ou parafiscales, soit de cotisations rendues obligatoires par un texte, soit de subventions de collectivités publiques... ou de CCI.

Les participations aux SEM doivent donc faire l'objet d'un examen attentif en raison des risques qu'elles sont susceptibles de faire encourir aux CCI spécialement quand elles n'en ont pas la maîtrise et à fortiori s'il s'agit d'une CCI qui abonde la trésorerie de la SEM à concurrence de

plus de 50 %. Références : d'après *La Gazette des Communes*, 7 septembre 1992, Denis Garreau, avocat au Conseil d'Etat et à la Cour de cassation.
Un possible recentrage de l'activité des chambres sur leurs missions essentielles celles qui sont obligatoires serait de nature à faciliter le respect des règles. Mais un abandon de leurs missions facultatives, corollaire de ce recentrage, les conduirait à une perte de puissance (sur les missions obligatoires et facultatives des chambres, voir *Encyclopédie Dalloz, répertoire commercial*, rubriques 165 et 166 et *L'institution des chambres de commerce* ,op. cit. pp. 86, 308).

SECTION II

CONDITIONS POUR QUE SOIENT CONSTITUÉS LES DÉLITS D'INGÉRENCE-PRISE ILLÉGALE D'INTÉRÊT ET PARTICIPATION, FAVORITISME, CORRUPTION, TRAFIC D'INFLUENCE ET USAGE ILLÉGAL DE QUALITÉS.

Article 1- Principe des délits d'ingérence, prise illégale d'intérêts, favoritisme et atteintes intentionnelles à la gratuité des fonctions d'officier public - corruption :

• Une personne étant partiellement et ou ponctuellement intervenue au cours du processus de décision de l'action pourrait être poursuivie pour délit d'ingérence proprement dit.
"A la différence des autres délits, la prise illégale d'intérêts est un délit continu, c'est-à-dire qui "se poursuit dans le temps aussi longtemps que la conservation de l'intérêt existe. Ceci est plus "intéressant pour le magistrat, surtout le procureur et les juges qui doivent réprimer, car le "point de départ de la prescription n'est pas le même : C'est le jour où la prise d'intérêt a pris fin". Edith Boizette, juge d'instruction au tribunal de grande instance de Paris - *Les Petites Affiches* - 20 mars 1996 n°35.

• Le délit de favoritisme est moins grave dans l'échelle des peines, que celle de l'ingérence prise-illégale d'intérêts. On retiendra la définition du juge Boizette :
"Il s'agit des mêmes personnes : dépositaires de l'autorité publique ou chargées d'une mission de service public ou investies d'un mandat électif ou exerçant des fonctions de représentants, d'administrateurs ou d'agents de l'Etat, d'un établissement public, d'une collectivité territoriale ou d'une société d'économie mixte. Le champ et l'éventail des personnes qui peuvent être mises en cause est plus large".
"Le fait coupable, répréhensible en lui-même, est de procurer, ou tenter de le faire, un avantage injustifié par un acte contraire aux dispositions législatives ou réglementaires ayant pour objet "de garantir la liberté d'accès et l'égalité des candidats dans les marchés passés par l'Etat, les collectivités territoriales ou les organismes mentionnés ci-dessus. Tout acte qui aura pour effet de bouleverser les procédures de marchés publics, d'appel d'offres, en faussant ces procédures qui sont strictement réglementées, avec le but d'assurer la liberté d'accès et surtout "l'égalité des entreprises, face à un marché public proposé, est un délit de favoritisme, dans la mesure où il sera commis par une des personnes énumérées. Cela se passe surtout au niveau des établissements publics d'économie mixte. Ces dernières sont un terrain propice à l'éclosion et au développement de ce genre de délit."- Les Petites Affiches.op. cit. supra

• Atteintes à la gratuité des fonctions d'officier public (art. 174 du code pénal). Elles peuvent faire l'objet de poursuites pénales. (art. 174 du code pénal)

Selon l'article 57 du décret du 18 juillet 1991, les fonctions des membres des compagnies consulaires sont gratuites. Toutefois cette gratuité ne fait pas obstacle à l'attribution le cas échéant d'indemnités destinées à compenser les frais de déplacement. Une indemnité globale pour frais de mandat peut en outre être attribuée au bureau par l'assemblée générale selon un barème fixé par arrêté du ministre chargé de la tutelle administrative des CCI. Les indemnités versées aux présidents ou aux élus des CCI sont assujetties aux cotisations de sécurité sociale - au contraire de ce qui a été institué en faveur des élus des chambres d'agriculture, des chambres de métiers et des caisses de sécurité sociale au titre de leur mandat.(Article 13 de la loi n° 98-546 du 2 juillet 1998 portant diverses dispositions d'ordre économique et financier). Le législateur a réglé différemment la situation des membres des CCI et celle des membres des chambres de métiers (traitement inégal).

Article 2 - Cas concret d'application aux élus des CCI de la législation relative aux délits de prise illégale d'intérêts - usage irrégulier de la qualité de président ou de membre - Trafic d'influence.

1/ Principaux délits commis par des personnes exerçant une fonction publique

Cas d'un président ou membre élu de CCI, négociant dont la société est inscrite au RCS qui prospecte toutes les CCI, autre que la sienne, pour vendre ses produits ou services.

Questions : - Y a-t-il délit de prise illégale d'intérêt ? 432.12 du code pénal. Y a-t-il usage irrégulier de sa qualité ? 433.18 du code pénal. - Y a-t-il trafic d'influence commis par des personnes exerçant une fonction publique ? 432.11 du code pénal.

Une réponse précise à ces questions est difficile ou impossible en l'état du droit.

- Article 432.12 : prise illégale d'intérêt : Cas douteux car il ne traite pas avec sa propre CCI, mais pourrait relever de cet article.
- Article 433.18 : usage irrégulier de qualité : Cas douteux car il ne met pas son nom et sa qualité de président sur la publicité de son entreprise, mais pourrait relever de cet article.
- Article 432.11 : trafic d'influence : Cas douteux car il sollicite avec droit (celui d'exercer son métier d'entrepreneur qu'il peut en effet exercer, pourvu qu'il respecte les procédures d'appel et de mise en concurrence prévues dans les règlements intérieurs et la législation). Il pourrait relever de cet article, mais le risque paraît faible s'il n'y a pas de pacte entre corrupteur et corrompu, agent actif du trafic d'influence et agent passif du trafic d'influence.

Etant donnée la jurisprudence très extensive du fait de la rigueur des juges, il est conseillé la plus grande prudence.

2/Recommandations aux présidents trésoriers membres de la CCI et à leurs délégataires

Il leur est recommandé de s'abstenir de participer à toute délibération de l'assemblée générale relative à la conclusion des contrats passés, par analogie et cela à l'image de ce que l'article 432.12 du code pénal nouveau exige vis-à-vis du maire d'une commune ou de ses adjoints intéressés).

• Cas particulier des membres associés

Les membres associés ne votent pas le budget et sont seulement consultés lors des délibérations des assemblées générales - article 4 de la loi du 9 avril 1898 modifiée "*ils participent aux délibérations avec voix consultative*".

Ils ne doivent pas se trouver pour une raison ou pour une autre en situation de faire courir un risque quant au délit de prise illégale d'intérêts (délit d'ingérence) à eux-mêmes d'une part et, à l'institution d'autre part. En cas de doute et a fortiori lorsque le risque est manifeste, ils ne doivent pas en conséquence participer aux instances exécutives, bureau, commission paritaire locale ou toute autre instance de préparation de la décision.

Par extension ils ne peuvent pas participer à la commission des finances ni à celle des marchés. Noter que lors de la séance d'installation de l'assemblée générale de la CCI, les membres associés ne sont pas encore désignés et ne sauraient en aucun cas être nommés par elle ni par une assemblée générale ultérieure, ni à la commission des finances, ni à la commission des marchés.

• Cas particulier des délégués consulaires
Les délégués consulaires, correspondants de leur CCI sont investis d'un mandat électif public, notamment en tant qu'électeurs des juges aux tribunaux de commerce et en tant qu'élus au suffrage universel des entrepreneurs des catégories industrie commerce et services de leur circonscription même si les deux autres conditions nécessaires pour que le délit soit constitué ne sont pas réalisées, à savoir être dépositaire de l'autorité publique ou (et) chargé par la chambre d'une mission de service public. Exemple : représenter la CCI au sein des organismes habilités à définir les plans d'occupation des sols (POS) dans les communes. A fortiori ces conditions étant cumulatives, le délit est consommé dès lors que l'auteur a pris ou reçu directement ou indirectement un intérêt quelconque dans une entreprise ou dans une opération dont la personne visée a eu au moment de l'acte, en tout ou partie la charge d'assurer la surveillance, l'administration ou le paiement. Est passible des peines prévues (peine d'emprisonnement de 5 ans et amende de 500 000 F), "le fait, par une personne dépositaire de l'autorité publique ou chargée d'une mission de service public ou par une personne investie d'un mandat électif public de prendre, recevoir ou conserver, directement ou indirectement des intérêts de nature à compromettre leur indépendance."

Article 3 : Obligations particulières quant à la transparence imparties au président d'une CCI et aux délégataires

Les textes précités sont issus de la loi n° 92-686 du 22 juillet 1992 sur la transparence qui a introduit dans le code pénal nouveau l'article 432.12 et étendu le champ d'application du délit de prise illégale d'intérêt à un plus grand nombre de personnes que le délit d'ingérence de l'article 175 du code pénal ancien.

L'article 432.12 est applicable aux élus et aux fonctionnaires ; il concerne les présidents de CCI, les trésoriers, leurs délégataires et les membres en situation d'être visés par cette législation et la jurisprudence qui en est résultée. L'obligation pour le président d'informer l'assemblée générale dans une communication enregistrée à son procès-verbal des noms des membres et permanents ayant reçu délégation de signature ainsi que la publication du champ d'activité et de la durée de la délégation, apparaît donc comme essentielle. Elle est motivée par l'exigence du législateur que toute personne qui traite avec la chambre soit à même de connaître la qualité de ceux qui auront signé les actes. Telle est la raison pour laquelle, il est indispensable que la connaissance de ces textes et de cette liste nominative de délégataires soit communiquée aux membres aux permanents salariés et leurs délégataires concernés.

Les règlements intérieurs des CCI approuvés en assemblée générale doivent inclure les dispositions utiles de nature à prévenir les omissions ou actions contraires à l'obligation de transparence de la loi du 22 juillet 1992 précitée. Il est en effet important que le règlement intérieur de la chambre porte à la connaissance des membres, délégués consulaires et permanents intéressés l'obligation d'avoir à respecter l'article 432.12 du *nouveau code pénal* et d'avoir connaissance des peines encourues (art. 432.17).

Article 4 : Aspects juridiques pratiques de la nomination d'un membre élu de CCI comme président d'une association en référence aux délits d'ingérence - prise illégale d'intérêt, gestion de fait et abus de confiance

- Est interdite la prise illégale de participation et d'intérêt visée par les articles 432.12 et 432.17 du nouveau code pénal (ancien délit d'ingérence).
- La "gestion de fait" est l'emploi irrégulier de fonds publics (détention et maniement). Elle est interdite par l'article 60.XI de la loi n° 63-156 du 23 février 1963. Une circonstance aggravante

de la gestion de fait est **l'extraction irrégulière de deniers publics** auquel correspond le délit d'abus de confiance réprimé par l'art. 314.1 du nouveau code pénal.

I- Risque relatif à l'ingérence - prise illégale d'intérêt

Dans le cas particulier d'ingérence en objet, sont visés non seulement la "liquidation" ou le "paiement" mais les travaux préparatoires à toute opération entrant dans le champ du délit et de son "risque". Pour les raisons exposées ci-dessus, la limitation du risque pour la CCI doit être réalisée au maximum des possibilités d'autant que l'autorité de tutelle est formelle en ce qui concerne l'interprétation rigoriste des textes et la jurisprudence confirmée dans cette orientation.

II - Risque relatif à la gestion comptable de fait dans une association

De même et pour la même raison, la suppression de toute subvention à une association en espèces ou en nature (prêt de personnel), serait un moyen de retrouver une situation juridique meilleure et en outre le seul moyen de supprimer tout risque de gestion de fait. Le contrôle juridictionnel de la gestion comptable de fait est exercé par la Chambre régionale des comptes s'agissant "des collectivités territoriales" et des établissements publics de l'Etat dont les CCI, selon l'article 87 alinéa 1er de la loi n° 82-213 du 2 mars 1982. La Cour ne retiendrait une telle qualification que si l'organisme aidé par une CCI en l'occurrence l'association ne disposait pas d'une autonomie suffisante par rapport à la chambre qui lui a délivré des deniers publics pour son fonctionnement ou sa capitalisation.

En conclusion :

1- Se poser la question de savoir si l'association ne devrait pas exclure de disposer de l'argent de la CCI pour pouvoir être considéré comme "non transparent" avec "une autonomie de décision suffisante".

2- Se demander si elle veut réellement bénéficier du principe "qui paie commande". La CCI est-elle toujours d'accord pour mener des actions non considérées par elle utiles et opportunes sachant au surplus au cas (hypothèse d'école) où l'actuel président de l'association ne paraîtrait pas appliquer les méthodes qu'elle estime les meilleures ? Dans le cas contraire, et pour se conformer strictement à la loi, ne devrait-elle pas envisager de ne plus participer au financement ou à la capitalisation de l'association ?

Références :

- Arrêt du Conseil d'Etat 13 janvier 1995 CCI de la Vienne - Rec. 68.117 - Aérodrome de Poitiers - L'article 97 du code des marchés de l'Etat est applicable à la CCI de Poitiers car "les CCI sont des établissements publics de l'Etat".
- Article 314.1 du nouveau code pénal relatif à l'abus de confiance.
- Article 432.12 et 432.17 du nouveau code pénal relatif à l'ingérence - prise illégale d'intérêt.
- Article 60.11 Loi n° 63-156 du 26 février 1963 relatif à la gestion et au comptable de fait.

Article 5 : Cas particulier du directeur et des salariés participant à la préparation des décisions de la CCI, commune spéciale

§1- Comparaison avec une municipalité

Par sa fonction, le directeur d'une CCI au terme de l'article 51 du décret du 18 juillet 1991 "assiste les membres élus de la chambre de commerce et d'industrie dans l'exercice de leurs fonctions et assure, notamment, le secrétariat général du président, de l'assemblée générale, du bureau, des commissions ... Il participe à la préparation de toutes les décisions de la chambre et à la charge de leur mise en oeuvre".

Au vu d'une part du code pénal, ancien et nouveau (art. 432.12), et de la jurisprudence qui serait appliquée en l'absence de texte directement applicable par analogie par le même type de légalité et de jurisprudence que celles propres à un secrétaire général de mairie et à sa responsabilité particulière vis-à-vis du maire et du conseil municipal et d'autre part en l'absence de référence légale propre aux CCI, le juge considérerait que la municipalité est dans une mairie ce qui correspond au bureau dans une CCI.

1- Il s 'agit dans les deux cas d'une instance non délibérative dans laquelle on retrouve :

Mairie (commune)	CCI ("commune spéciale")
- le maire - ses adjoints - le secrétaire général les directeurs - les permanents agents de la commune utiles aux travaux de la municipalité	- le président - les membres du bureau - le directeur général (secrétaire général) - les permanents agents administratifs et autres de la CCI utiles aux travaux du bureau et des commissions

2- Les séances de ces deux instances de concertation, municipalité et bureau, font l'objet d'un procès-verbal. Aucune "décision" n'y est prise mais on y prépare les futures décisions de l'exécutif (maire, président de CCI). S'il est utile de recueillir l'opinion de leurs membres, il n'existe pas de procédure de votation et la question des "procurations" et "pouvoirs" pour voter n'a pas lieu d'être posée (sauf exception dans la loi ou la réglementation en vigueur).

§2- Les responsabilités et sanctions en cas de défaillance

Question : Le fait de participer physiquement et consciemment aux séances du bureau met-il le directeur ou le président, son ou ses délégataires(s) en situation de commettre le délit de prise illégale d'intérêts (ingérence de l'article 175 de l'ancien code pénal) ?

On tient pour acquis que l'acte de prise illégale d'intérêts éventuel du président est pris sous sa responsabilité propre et que même s'il a donné une délégation de signature à son directeur, c'est bien lui qui comme le maire dans la même situation, est responsable pénalement.

1- Délit de complicité

Un autre cas peut par contre faire du directeur un responsable coupable lorsque ce dernier aurait été complice du délit de prise illégale d'intérêts par le fait de son président.

Pour qu'il y ait complicité, il faudrait que le directeur ait manifesté une attitude active, démontrant son intention de favoriser ou de laisser faire l'acte puni par la loi. Cette attitude pourrait se manifester par la "préparation des décisions", -dans ce cas délictuelles-, que le président l'aurait chargé "de mettre en oeuvre" selon les termes de l'article 51 du décret du 18 juillet 1991 relatif aux CCI. Aux termes du 2ème alinéa de cet article, et en effet, le directeur "assiste les membres élus de la chambre".

L'interdiction de l'article 432.12 du code pénal reste générale, extensive et absolue. Elle recommande au directeur et à ses représentants ou délégataires la plus grande circonspection et de s'abstenir de prendre un risque quelconque de nature à compromettre l'indépendance que l'on doit pouvoir attendre d'un directeur dans sa fonction. Son devoir est d'éclairer correctement le président. Sa fonction d'assistance de l'article 51 du décret précité lui interdit de se retrancher derrière l'ignorance de la prohibition légale de l'article 432.12.

Quid du cas où le directeur général qui assiste au bureau, non seulement s'est abstenu d'éclairer son président, mais a manifesté par des actes ou des abstentions sa volonté active et pratique de favoriser, laisser faire et ainsi d'être quasiment complice au moment de la préparation de décisions de caractère illégal ?

Il faudra, bien évidemment, qu'un tiers ayant intérêt à faire cesser l'état de prise illégale d'intérêts prouve l'intention coupable. La question ne relève pas du domaine contraventionnel. Toutefois l'interdiction étant générale, extensive et absolue, est telle que le juge pénal retient cette infraction dans sa jurisprudence, même sans intention coupable du prévenu, assimilant de fait le délit à une sorte de quasi contravention. (*l'Institution des chambres de commerce*, op. cit. pp. 197 à 200).
La preuve de la culpabilité s'appuiera sur le fait que le prévenu n'a pas été en mesure de s'exonérer en démontrant qu'il n'avait eu aucune idée de fraude ou de lucre, qu'il ignorait (ignorance) la prohibition légale et la jurisprudence dans son rôle "ordinaire" d'exécutant et organisateur des opérations qu'il avait mis en oeuvre ou contribué à préparer (par sa présence notamment dans les instances de concertation précitées). A son niveau de compétence et de responsabilité d'avoir à assister le président de CCI (ou le maire de la commune), il ne peut ignorer la législation et la réglementation. L'appréciation du point de savoir si le délit a ou non été consommé s'effectue en tenant compte du niveau de compétence élevé auquel est censé exercer le titulaire de la fonction - directeur de CCI (ou secrétaire général de mairie), lorsqu'il est chargé de cette responsabilité.
Ainsi, les intéressés ne peuvent pas ignorer de par la culture qui est sensée être la leur, que "cette prise d'intérêt personnelle peut donc être pécuniaire, morale, politique ; ce peut être une satisfaction de vanité, un intérêt d'affection ... Il peut être matériel ou purement moral, important, minime, apparemment nul", un avantage quelconque.

Sources : - Jurisprudence, par analogie, particulière aux secrétaires généraux de mairies des collectivités locales, *Bertil* - Cassation criminelle - Bulletin criminel - 14.06.1988. *Gombard* - Cassation criminelle - Bulletin criminel - 3.04.1991. *Statut général des élus locaux* - 12.206-46.

<u>2- Précisions quant aux sanctions disciplinaires applicables au directeur d'une CCI (ou directeur général), notamment en cas de défaillance ou de faute</u> (statut du personnel administratif des CCI, arrêté du 26 mars 1991 - JO du 21.04.1991, portant approbation des modifications apportées par la commission paritaire nationale audit statut).
Le directeur répond de ses fautes (culpabilité).
La convention qui le lie au président doit lui permettre "*de disposer des moyens matériels et moraux*" nécessaires pour exercer avec l'autorité qui s'attache à ses fonctions de direction, les responsabilités qui lui incombent (art. 40 du statut du personnel administratif de CCI). S'il dispose de ces moyens cela constitue ou peut constituer une circonstance aggravante.
Une défaillance dans l'obligation d'assistance (aux membres élus et au président notamment) qui lui est propre selon l'article 51-2ème alinéa du décret du 18 juillet 1991 précité, est susceptible de sanctions disciplinaires.
Cette défaillance a des conséquences sur la notoriété de l'institution et le bon fonctionnement de tout l'appareil administratif. Elle peut mettre en jeu la responsabilité morale de l'institution telle que la définit désormais le nouveau code pénal en vigueur à partir du 1er mars 1994 (responsabilité des personnes morales et parmi elles, les CCI).
Lorsque directement ou indirectement, le manquement à la probité touche de près ou de loin à la prise d'intérêt illicite (ingérence), telle une mauvaise exécution du devoir d'assistance comme celle ci-dessus rappelée, il peut être sanctionné au moins comme une imprudence, même lorsque manifestement le délit de prise d'intérêt illicite ou le délit de complicité de prise d'intérêt illicite n'est pas prouvé. La sanction prévue par le statut ou les règles particulières aux directeurs généraux intervient lorsque, notamment, les obligations de la charge du directeur général sont manifestement et/ou intentionnellement ignorées : blâme, mise à pied, révocation.

<u>3- Question de la validation des délégations de signature consenties au directeur général par l'exécutif (président, trésorier) Conséquences quant à la responsabilité.</u>
Les fonctions du directeur général sont définies à l'article 51 du décret du 18.07.1991, JO du 1.08.1991 p. 10-204. Le paragraphe 1 de cet article dispose que "les services de la compagnie

consulaire sont dirigés par un directeur ou un directeur général nommé par le président et "placé sous son autorité". Les fonctions du directeur général figurent au règlement intérieur des chambres. "*le président détient seul l'autorité sur les services de la chambre. Il veille à la marche des services et signe le courrier. A cet effet, il lui appartient de déléguer au directeur général les signatures qui lui sont nécessaires*".

Les délégations de signature doivent être renouvelées pour tenir compte de la nomination du nouveau directeur général. Souvent c'est le cas après les élections. En conséquence, de façon pratique, à cette occasion l'assemblée générale n'a pas à "valider" cette nomination ; le président n'a pas à obtenir de l'assemblée générale l'autorisation de déléguer sa signature au nouveau directeur général. Le président doit par contre et impérativement "informer" l'assemblée générale de cette délégation qu'il lui a consentie conformément à l'article 51 précité qui dispose que "le président informe". La saisie de l'assemblée générale doit avoir lieu sous forme d'une communication pour information remise aux membres de la chambre au cours d'une assemblée générale.

Quant au contenu des délégations : le président n'a pas juridiquement la possibilité d'effectuer des délégations générales de fonctions à un délégataire sauf bien évidemment la délégation générale indissociable de la fonction qui est reconnue au directeur général par l'article 51 du décret du 18 juillet 1991 paragraphe 1 complété éventuellement par le règlement intérieur de la chambre.

Quant à leur forme : seules sont autorisées les délégations de signature dans les formes prescrites aux articles 51 du décret de 1991, au règlement intérieur de la CCI et conformément aux dispositions de la lettre-circulaire interministérielle n° 2080 du 18 juin 1992 relative aux règlements intérieurs des chambres -rubrique, note explicative, annexe au document n°2 sur les délégations de signature. Sur les délégations de signature consenties aux commissaires du gouvernement, chefs de mission de contrôle d'Etat et contrôleur d'Etat, et contrôleurs financiers, tous nommés auprès des établissements publics de l'Etat (EPA), se reporter au décret n°99-575 du 8 juillet 1999, JO du 10 juillet , relatif aux modalités d'approbation de certaines décisions financières des EPA (infra index, mots-clefs).

4- Contrôles internes du respect des procédures par l'institution et ses services spécialisés

Un nombre relativement non négligeable de fonctionnaires municipaux appartenant au service "environnement" et "urbanisme" ont été mis en examen et condamnés pour délit de favoritisme pour avoir divisé des marchés en plusieurs unités chacune étant au dessous du seuil légal de 300 000 F en faveur d'une société et perçu en échange des avantages financiers. C'est ainsi par exemple qu'une entreprise, spécialisée dans le nettoyage (vitres, surfaces, parquets) a travaillé avec la commune et a reçu des avantages sous forme de *subsides de remerciements.*

Corruption, favoritisme, faux et usage de faux...Chaque fois le problème se pose de l'absence de procédures de contrôle interne. La signature de marchés quelle qu'en soit la nature juridique doit être effectuée par la mairie ou par délégation par les adjoints. En l'absence de textes on appliquera par analogie les règles et la jurisprudence en vigueur pour les communes. La signature des marchés devra être effectuée dans les CCI par l'exécutif ou les personnalités délégataires membres du bureau ou par des permanents autorisés. Il conviendra en l'occurrence d'examiner si les contrats passés par la CCI "commune spéciale" avec la société incriminée seront renouvelés ou non par les autorités compétentes de la ville (ou de la chambre).

L'affaire pénale met en cause toujours ou presque les délégations de signature consenties par le maire (ou le président dans une CCI) ; on aura intérêt à bien les vérifier.

Article 6- Responsabilité du dirigeant d'entreprise exerçant un mandat public d'élu consulaire

Cette responsabilité résulte de la mise en application des dispositions de la loi n° 66-537 du 24 juillet 1966 sur les sociétés, de son décret d'application n° 67-236 du 23 mars 1967, de la loi n° 78-9 du 4 janvier 1978 (titre IX du livre III du code civil), de la loi n° 89-1407 du 30 décembre 1985 art. 83, de la loi n° 85-598 du 25 janvier 1985 art. 31 à 33, 190, 192, 194, 211.

1- Responsabilité civile. La loi permet aux associés des sociétés commerciales de limiter cette responsabilité au montant de leurs apports. Dans le même esprit, et par comparaison, ou analogie, cette règle s'applique à ceux et celles qui en plus exercent un mandat public d'élu consulaire. Elle ne leur permet pas de limiter leur responsabilité civile (encore moins pénale) : Elle les autorise seulement à déléguer certaines responsabilités techniques quand la responsabilité pénale du dirigeant chef de son entreprise est de plein droit. Ainsi une société de droit français, lire par analogie ou comparaison une CCI, ne peut garantir ses dirigeants contre les actions en responsabilité engagées par des tiers : de telles dispositions seraient nulles et susceptibles d'être qualifiées d'abus de biens sociaux. Il s'agirait d'un abus ou détournement de pouvoir mettant en question la spécialité en tant que principe qu'il est fait obligation aux CCI de respecter. Sous ces réserves, une simple garantie d'assurance peut être obtenue mais elle ne peut pas être totale. Sont ainsi exclus :

-les actes intentionnels, ceux susceptibles d'être pénalement qualifiés ;

-les actes non intentionnels, ceux dont l'élément intentionnel n'est pas toujours nécessaire à la constitution d'une infraction. Les tribunaux déduisent d'une constatation de fait, la preuve de l'élément intentionnel alors qu'il n'est pas démontré que le dirigeant ait eu connaissance ou conscience de commettre une faute pénale.

Qui est dirigeant d'entreprise ? A quel titre est-il concerné ? Les dirigeants sont concernés comme membres du conseil d'administration de leur entreprise en tant qu'organe collégialement responsable de leur gestion même si la direction de leur entreprise est exercée par le PDG ou le DG de la société en vertu d'un mandat qu'ils ont reçu du conseil d'administration.

- 1-1- Dans leur relation avec la CCI, lorsqu'ils ont un mandat public d'élu consulaire et par exemple lorsqu'ils sont en situation d'être atteints par la législation sur la prise illégale d'intérêt – ingérence, ils ne pourraient dégager leur responsabilité en alléguant pour leur défense que le conseil d'administration serait seul responsable et directement, du choix stratégique de l'entreprise, eux-mêmes n'étant qu'administrateurs et se contentant d'examiner les comptes de façon superficielle en se reposant par exemple sur le contrôle effectué par le commissaire aux comptes. Si par exemple, l'entreprise ayant passé un contrat avec une CCI son dirigeant, est impliqué par un mandat public de membre ou de délégué consulaire, il ne peut prétendre pour s'exonérer de toute responsabilité, que n'étant qu'administrateur, il n'est pas présent dans l'entreprise, ne disposant que des informations que la direction lui remet ou que, s'ils peut théoriquement se faire communiquer les éléments qui lui sont nécessaires, il n'a pas toujours les moyens de les exploiter. Il reste cependant responsable de tous ses actes. Il ne lui suffit pas d'être « taisant » pour être irréprochable. Sa passivité ou son manque d'assiduité seront qualifiés de négligence par les tribunaux. Un administrateur, un gérant, ne doit pas accepter de siéger à un conseil d'administration ou à une instance ayant des fonctions de ce type qui ne serait pas ou ne serait que rarement convoqué. Il doit demander au président de cette instance de respecter scrupuleusement la règle, c'est à dire convoquer, utiliser tous les moyens dont il dispose pour s'informer et pour finir, se satisfaire des réponses ou si tel n'est pas le cas démissionner... Par comparaison ou analogie et au plan consulaire, indépendamment des questions de la société commerciale ou de l'association ou de l'instance qu'il dirige, l'élu consulaire qui participe aux assemblées générales des chambres et aux instances décisionnelles telles les commissions des marchés, doit scrupuleusement veiller à ne pas se mettre en situation d'avoir à ne pas accepter ou de devoir révoquer ce genre de mandat au cas où il n'aurait pas les moyens d'exercer ses fonctions dans le strict respect de la législation et de la réglementation et ce, quel que soit le motif (défaut de compétence technique, défaut d'information ou refus d'informer ou refus de se laisser informer, déférence révérencielle envers le président ou les membres du bureau par exemple, ce qui serait un défaut d'assiduité).

-1.2- De même, le dirigeant désigné représentant permanent d'une personne morale comme administrateur encourt une responsabilité identique à celle des administrateurs personnes physiques. Dans ce cas, il peut et doit obtenir de la personne morale société ou association ou par comparaison / analogie, une CCI et pourvu que sa situation soit juridiquement correcte, qu'elle le garantisse contre toutes les actions en responsabilité qui pourraient être exercées contre lui en raison de l'exercice de ses fonctions d'administrateur, ou de ses mandats consulaires.

2- Responsabilité pénale : elle n'est pas susceptible d'exonération.
Sauf si la loi en dispose autrement, un dirigeant chef d'entreprise mis en examen et qui n'aurait pas pris part personnellement à la réalisation de l'infraction pourrait s'exonérer de sa responsabilité pénale seulement (et non de sa responsabilité civile), en apportant la preuve qu'il aurait délégué ses pouvoirs à une personne pourvue de la compétence de l'autorité et des moyens nécessaires. Cette règle a vocation à s'appliquer indistinctement à toutes les situations dans lesquelles est recherchée la responsabilité du dirigeant d'entreprise à l'exception d'une seule : celle de la participation personnelle à la réalisation de l'infraction (*Gaz. Pal., journal du 18 au 20 juillet 1993*).
La liste des irrégularités susceptibles d'être communiquées relevées à l'occasion des enquêtes ordonnées par des tribunaux de commerce n'est pas limitative. Ces irrégularités sont susceptibles d'être relevées à l'encontre de dirigeants de CCI lors de leur fonctionnement, pour la partie industrielle et commerciale des activités en concurrence avec les autres acteurs du marché de l'offre et de la demande où elles se sont volontairement placées.

SECTION III

LES EFFORTS DE L'INSTITUTION POUR RÉPONDRE AUX CONDITIONS DE TRANSPARENCE ET DE RESPECT SCRUPULEUX DES TEXTES RELATIFS AU FINANCEMENT ET AUX ACTES ENGAGEANT LA RESPONSABILITÉ DES CHAMBRES

(*L'Institution des chambres de commerce*, les clefs de l'avenir op. cit. pp. 304 et suivantes)

Cette question évoque principalement l'application aux CCI de la législation relative à l'ingérence, à la prise illégale d'intérêt, à la gestion de fait, au favoritisme et en général aux délits liés aux marchés publics et actes juridiques passés par les chambres pour leurs représentations et participations dans différents organismes des secteurs privé et public de la société.

Article 1 - Cas particuliers des actes des CCI issus des délégations de missions de service public qui leur sont consenties. L'importance de ces délégations dont bénéficient les chambres est telle qu'elle justifie un développement spécial à partir de l'idée très franco-française du service public et notion ignorée dans les autres pays de l'Union européenne du moins sous la forme très développée du droit administratif français.
La mission de service public des CCI doit s'exercer en respectant les trois règles classiques
- égalité d'accès des "clients" au service : les "clients" usagers d'une même catégorie doivent être traités à l'identique.
- neutralité. Voir index à capitalisme, collectivisme, libéralisme, matérialisme, idéologie, spiritualisme-continuité du service (permanence, service minimum imposé le cas échéant par l'autorité publique-adaptabilité du service : le service rendu au client doit être adapté aux changements des exigences de l'intérêt général. La société des années 2000 n'est plus la même que celle des années 1900...
La mission de service public peut être déléguée (délégation de mission) à l'exception des parties indélégables comme la justice, la police et celles liées à l'ordre public. Les CCI peuvent recevoir des délégations de

service public. Elles sont alors soumises aux contrôles non seulement de la Cour des Comptes de la tutelle, et de l'Inspection générale de l'industrie et du commerce (IGIC), mais aussi de l'Inspection générale des finances (IGF), dès lors qu'elles bénéficient de taxes parafiscales, de prélèvements obligatoires, de subventions ou d'autres concours financiers de l'Etat, d'un établissement public de l'Etat ou d'une autre personne morale soumise au contrôle économique et financier de l'Etat (article 43 de la loi DDOEF n° 96-314 du 12 avril 1996). Les délégations consenties aux chambres concernent en général des activités de service public de nature industrielle ou commerciale que d'autres acteurs pourraient gérer en leur lieu et place. Cela explique que le législateur ait tranché de façon positive la question de savoir si ces prérogatives entraient ou non dans la zone de spécialité faisant échapper les CCI au champ d'application des textes généraux relatifs aux établissements publics de l'Etat (nationaux) en raison de règles propres d'organisation et de fonctionnement des chambres. L'inspection générale des finances est donc compétente. De même et sans qu'il y ait besoin d'une loi particulière pour ce qui est de l'application des obligations de transparence et de concurrence aux délégations de service public reçues par les CCI (loi "Sapin" du 29 janvier 1993 relative à la prévention de la corruption et à la transparence de la vie économique et des procédures publiques)

Les délégations consenties par le délégant doivent être limitées dans le temps après une mise en concurrence préalable entre candidats. Une procédure précise de publicité doit permettre la prescription de plusieurs offres concurrentes. L'autorité qui délègue doit négocier librement l'offre. Si le délégataire est une CCI établissement public administratif, le respect de ces procédures est d'autant plus important et surveillé par les instances autorisées chargées de faire respecter les lois au civil et au pénal -pouvoirs publics et tribunaux-. Une action a été engagée et menée à bien à l'instigation du ministre de tutelle et de l'ACFCI pour établir des règles de conduite que, par consensus, les CCI, les chambres de métiers, leurs organismes de tutelle et la Chancellerie présenteraient aux chambres comme des propositions susceptibles de "localiser" leurs actes en matière de passation de marchés et de participations financières diverses.

Les participants au groupe de travail relatif à la prévention du délit de prise illégale d'intérêts dans les CCI ont publié un rapport (adopté le 6 janvier 1997). Ce groupe était composé de représentants de la sous-direction des affaires économiques et financières de la Chancellerie, des représentants des CCI, de l'Université et de la tutelle, notamment de M. Jacques Henri Robert, professeur de droit à l'Université Paris II. Ses recommendations ont été à l'origine de la circulaire interprétative du MEFI en date du 9 août 1999, infra p. 128.

§1- Un code de bonne conduite

Avant de demander au gouvernement et au parlement comment et dans quelles conditions ils envisageaient d'adapter par des mesures particulières aux CCI les modalités originales de leur organisation pour éviter que leurs actions soient quasiment la crainte de la législation draconienne en vigueur, le groupe de travail a établi une sorte de code de bonne conduite auquel ils leur proposent de se conformer pour limiter les risques d'une déontologie défaillante et dénaturée générant des dysfonctionnements et "scandales".

Pour montrer l'intérêt de cette initiative, on se reportera aux réponses ministérielles relatives à ces questions. Voir notamment JORF Assemblée Nationale, les réponses des ministres concernés aux questions de MM. Jacques Bialski, Charles Gheerbrant et Jean-Louis Masson - JO des 11 avril (p.1763) et 30 juin (p. 1822) et pour mémoire au Recueil Dalloz-Sirey de 1982 l'arrêt de la Cour de Cassation chambre criminelle 20 novembre 1980 - arrêt Ducassou - page 246.

§2- Les cinq propositions du groupe de travail ACFCI-APCM-Chancellerie sont autant de suggestions susceptibles de prévenir l'ingérence et la prise illégale d'intérêts.

Il formule les cinq propositions ci-après à l'intention des présidents de CCI chefs d'entreprise et responsables de la moralité vis-à-vis du droit pénal de leur compagnie consulaire.

Une déclaration volontaire des intérêts. Tous les membres titulaires élus de la CCI déclarent, dans un écrit certifié sur l'honneur, les intérêts qu'ils détiennent, ou que détiennent leurs conjoints ou leurs enfants, dans toute forme d'activité économique et sociale. Pour le groupe de

travail, ces déclarations auront un "effet mécanique de responsabilisation". La publicité assurera en outre une "prévention collective et une certaine transparence".
2- Une commission de prévention. Chaque CCI comprend une commission de prévention des conflits d'intérêts. Si un membre s'apprête à traiter avec la chambre, il peut la saisir afin qu'elle précise, dans un avis motivé, si l'élu risque de se trouver, dès lors, en situation de conflit d'intérêts.
3- L'obligation d'abstention. Le président de la CCI doit, par principe, s'abstenir de traiter avec la chambre. Quant aux membres de la CCI, ils s'abstiennent dans tous les domaines où ils sont titulaires de compétence ou d'attribution. "Ils ne pourront pas, dès lors, être soupçonnés, note le rapport, d'avoir exercé un contrôle susceptible de leur avoir permis, à un moment ou à un autre, d'influencer la décision".
4- Un rapport sur certaines opérations. Dès que la chambre réalise une opération avec l'un de ses membres - aide, subvention, passation d'un marché - un rapport "accessible à toute personne faisant valoir un intérêt légitime à en connaître" est rédigé. Il s'agit de "mettre à l'abri de tout soupçon les décisions de ses organes".
5- L'intervention des commissaires aux comptes. Les CCI demandent systématiquement aux commissaires aux comptes un rapport spécial sur les conventions passées entre la chambre et ses membres. En l'absence de tout support législatif ou réglementaire, cette initiative repose, comme les autres, sur le volontariat.
Cette charte déontologique recommandée par la Chancellerie devrait éviter un climat de suspicion généralisée à l'encontre des compagnies consulaires. Ses propositions ont recueilli un avis favorable des chambres. Ainsi M. Claude Danner, président de la CCI de Strasbourg chargé du dossier à l'ACFCI, estime que le groupe de travail de la Chancellerie qui en est l'auteur "a très bien compris ce que sont nos institutions. Dans les chambres, personne ne cherche à échapper à la moralisation de la vie publique. Nous voulions éviter que nos élus baignent dans un climat de suspicion généralisée qui les aurait amenés à démissionner de leurs mandats consulaires. Il fallait aussi éviter que les élus consulaires deviennent délinquants sans le savoir. Dans cette optique, les propositions du groupe de travail représentent un remarquable travail de clarification (1).
L'effort de transparence doit être engagé et se poursuivre mais l'action en cours est menée dans un environnement à risque (cf. *Rapport Gérolami*, 2ème partie, chap. 3, article 5, §2). L'institution est en crise. Selon une opinion qui n'est pas partagée par toutes les CCI, elle doit répondre aux cinq défis et critiques qui lui sont lancés simultanément par leurs partenaires, leurs compétiteurs et détracteurs.
1- La départementalisation (réduire le nombre des CCI infra départementales et renforcer da région).
2- Une meilleure transparence et maîtrise de leurs services gérés et de leurs grandes écoles. "Les CCI seraient des dinosaures dotés d'un cerveau minuscule pour un corps monstrueux".
3- La maîtrise de l'impôt, le renforcement de l'institution sœur et concurrente : celle des chambres de métiers grâce à la charte de l'artisanat dont le projet se précise.
4- La concurrence des conseils généraux et régionaux dans le domaine économique : ils seraient plus proches des entreprises que les chambres.
5- La "bureaucratie d'une partie non négligeable des élites consulaires" dont les habitudes seraient calquées sur celles des élites de la société et de l'administration des années soixante, fait que l'institution ne répondrait pas aux conditions du changement libéral en voie de réalisation.
L'institution doit s'efforcer de ne pas perdre son âme et de recentrer son activité sur ses missions obligatoires : une meilleure organisation de sa fonction représentative mettant en valeur le rôle irremplaçable de ses élus. La discipline de ses assemblées doit permettre la libre expression et la transparence des débats. Les délégations de fonctions régaliennes doivent être évitées, de même sont à éviter les subdélégations. Seraient par exemple à considérer comme indélégables à des consultants privés

---

(1)Voir circulaire du MEFI N°1898 et 1899 du 9 août 1999 relative à la prévention du délit de prise illégale d'intérêt et à l'homologation des règlements intérieurs

l'administration relative aux élections consulaires, aux budgets et aux comptes, à la gestion du personnel . Le droit communautaire en cours de création remettra en cause les habitudes a-concurrentielles des compagnies consulaires. Ainsi les concessions portuaires, aéroportuaires et autres de services publics devront faire l'objet de mises en concurrence (*Communication interprétative de la commission européenne du 7 avril 1999*) entre compagnies d'Europe.

Article 2 - Les nouvelles procédures prévues pour l'adoption en assemblée générale des motions ou avis que les CCI doivent ou peuvent rédiger à l'attention du gouvernement ou des parlementaires ou des autorités dépositaires de la puissance publique doivent être respectées et même honorées.

§1- Respect des procédures parlementaires des chambres

- Règles générales pour une motion ou un avis

La motion est une forme d'avis donné par une CCI. C'est une proposition faite dans une assemblée générale délibérante par un de ses membres. La circulaire n° 2080 du 18.06.1992 ayant pour objet le règlement intérieur relatif à l'organisation et au fonctionnement des compagnies consulaires ne fait pas de distinction entre une motion, un avis, une délibération etc... Ce règlement intérieur fixe seulement les grands principes à savoir :

1- l'interdiction de prendre position au nom de la CCI en dehors des mandats.

2- les conditions d'adoption et de divulgation des délibérations. Ces dispositions institutionnelles figurent aux rubriques 2.1, 2.4 de la *circulaire n° 2080 du 18 juin 1992* précitée.

Ces règles précisées dans la plupart des règlements intérieurs, sont en général particulièrement synthétiques : "le procès-verbal des assemblées générales est adressé dès que possible à l'ensemble des participants. Il est soumis à l'approbation de l'assemblée générale suivante. S'il n'est pas précisé dans le détail l'intitulé des fonctions des destinataires, on doit considérer qu'il s'agit de l'ensemble des participants à qui le président a décidé après consultation du bureau d'envoyer l'avis ou la motion ayant fait l'objet d'une délibération de l'assemblée générale. Traditionnellement, c'est le président de la CCI qui sur avis favorable du bureau choisit les destinataires de la motion. Il le fait en respectant les articles 12, 13, 17, 18 et 19 de la loi du 9 avril 1898 relative aux CCI.

Les délibérations ont un caractère public, sauf le huis clos si cette possibilité est prévue au règlement intérieur. Le caractère public des délibérations est institutionnel. Il oblige de communiquer à toute personne qui le demande toute délibération de la chambre sous forme d'un extrait ou d'une copie intégrale assortie des pièces jointes (certifiées conformes à l'original). Seules les délibérations à huis clos et faisant grief doivent être communiquées aux personnes concernées qui le demandent.

- Procédures particulières pour une motion :

1- préparation de la motion en commission,

2- présentation au bureau par le président de la commission pour avis.

En cas d'avis favorable du président et du bureau, le secrétariat de la commission qui a instruit le projet de motion le remet au service chargé du secrétariat des assemblées générales. Ce dernier, sur instruction du président et de son cabinet veille à ce que la motion soit inscrite à l'ordre du jour de la prochaine assemblée générale, soit rejette, soit reporte son examen à une séance ultérieure.

3- l'assemblée générale délibère sur la motion qui a été portée à l'ordre du jour selon les formes prescrites. Elle l'approuve, la rejette ou la reporte à une séance ultérieure. En cas d'approbation, le président décide des destinataires à qui elle sera remise.

Ces destinataires peuvent être ceux visés aux articles 12, 13, 17, 18 et 19 de la loi du 9 avril 1898 (ministres, parlementaires, journalistes, presse). L'article 19 dispose que les CCI peuvent publier le compte-rendu de leurs séances. Parmi les destinataires peuvent donc figurer "la presse" et les journalistes. La tradition veut, mais ce n'est pas indiqué dans un texte, que l'on adresse les motions et avis des chambres à l'ACFCI, aux ministres et parlementaires intéressés avant de les communiquer aux journalistes et à la presse.

§2- Respect dû envers les élus, entreprenants du commerce , des services et de l'industrie membres des assemblées générales. Le droit de l'élu consulaire au "libre débat".

Définitions :

Le mot "délibération" signifie en terme juridique :

1- l'examen et la discussion d'une affaire par un organe collectif avant qu'il prenne une décision.

2- le résultat de cette discussion : la décision prise. Ce terme est spécialement employé pour désigner les décision prises par les assemblées des collectivités locales.

Le mot "voeu" se dit des simples manifestations d'opinion comportant un souhait et émises sous forme de votes par les assemblées des collectivités locales. Le mot "voeu" s'oppose à "délibération".

Questions :

Un projet de délibération ou de voeu remis sous forme d'un écrit aux membres d'une assemblée générale doit-il être obligatoirement lu par le président ou un membre avant qu'il soit proposé au vote ou à la discussion par l'assemblée générale ? Y a-t-il une jurisprudence ou une doctrine sur cette question en ce qui concerne par exemple les communes ou les conseils généraux ou les CCI ? Noter que dans les règlements intérieurs aucune règle relative à une telle obligation n'est le plus souvent indiquée. Un règlement intérieur peut par exemple disposer que "avant leur vote, les membres ont le droit de prendre la parole pour exposer leur position. Le président peut toutefois limiter à 5 minutes le temps de parole de chaque intervenant".

Réponse :

Il n'existe aucune jurisprudence sur ces points précis. En ce qui concerne les collectivités locales, on considère généralement que le débat est normalement précédé de la lecture ou du compte-rendu d'un rapport sur l'affaire mise en discussion, établi par le maire ou un conseiller municipal désigné à cet effet. Et, même sur ce point, où la lecture proprement dite de ce document n'est pas obligatoire, le Conseil d'Etat (cf. l'arrêt du 23 novembre 1977 Rec., *Demoiselle Lecocq*) estime que l'absence d'un tel rapport n'est pas de nature à entacher la discussion d'irrégularité. La lecture du projet de délibération n'est donc pas une obligation sur un plan général ; toutefois, rien n'interdirait de prévoir une telle disposition dans un règlement intérieur et de s'inspirer des dispositions prévues aux rubriques 0314 L2121-14 et 0328 L2121-31 du nouveau code des collectivités territoriales. 0314 L2121-14 : Les conseillers municipaux ont le droit d'exposer en séance du conseil des questions orales ayant trait aux affaires de la commune. Dans les communes de 3 500 habitants et plus, le règlement intérieur fixe la fréquence ainsi que les règles de présentation et d'examen de ces questions. A défaut de règlement intérieur, celles-ci sont fixées par une délibération du conseil municipal. 0328 L2121-31 : Le conseil municipal arrête le compte administratif qui lui est annuellement présenté par le maire. Il entend, débat et arrête les comptes de gestion des receveurs sauf règlement définitif. Cette procédure est applicable faute de texte et par analogie aux CCI "communes spéciales".

§3- Règles communes relatives au comportement des membres, délégués consulaires et collaborateurs des CCI

L'institution des CCI n'est inféodée à aucun parti, syndicat, ordre, dogme, aucune doctrine philosophique, politique, religieuse. En conséquence, elle s'interdit toute prise de position publique, qui l'engagerait hors de sa spécialité par la voix de ses assemblées, de ses membres, de ses délégués consulaires ou de ses collaborateurs. Tous sont tenus au devoir de réserve que leur impose leur statut.

Garant du respect des dispositions relatives à l'amélioration des relations entre son administration et le public de ses ressortissants, le Président de la CCI apporte les limitations qu'il estime convenable à la communication d'informations sur les travaux de la Chambre. Toute communication officielle faite en son nom doit avoir obtenu son autorisation dans le respect des dispositions de la loi du 17 juillet 1978 portant diverses mesures d'amélioration des relations entre l'administration et le public et dans le respect du règlement intérieur de la CCI. Cette limitation concerne le droit de faire communication à des tiers et organismes extérieurs des rapports et travaux de la CCI. Il est interdit aux membres, délégués consulaires et collaborateurs de se prévaloir de leur statut consulaire pour leurs affaires personnelles. Durant toute la durée de leur mandat électif, ils s'abstiennent de prendre position ès qualités sur toute affaire susceptible de faire l'objet d'une consultation de la CCI. En dehors des délégations qui leur ont été régulièrement données, les membres, les délégués consulaires et les collaborateurs des CCI ne peuvent l'engager ni prendre position en son nom (devoir de réserve).
Dans le même esprit, les membres, délégués consulaires et les collaborateurs ne peuvent se prévaloir de leur fonction ou de leur titre au sein de la Chambre hors de l'institution consulaire. Ils peuvent toutefois y être autorisés par le président pour diverses collaborations extérieures qu'ils auraient de même été préalablement autorisés à accepter : publication d'ouvrages, d'articles, conférences, participation à la gestion d'entreprises commerciales, industrielles ou de services (obligation de non concurrence ou de non ingérence selon le cas) de mandats publics et autres s'ils interfèrent avec le champ d'activité imparti à la CCI qu'ils représentent ou dans laquelle ils exercent une fonction.

§4 Le pouvoir disciplinaire de l'assemblée générale sur ses membres afin d'assurer le bon ordre des délibérations

Toute assemblée générale de CCI dispose d'un pouvoir disciplinaire sur ses membres. Le Conseil d'Etat reconnaît à l'assemblée générale le droit d'exclure de ses délibérations, temporairement et non définitivement, un membre appartenant à une assemblée issue de l'élection. Il appartient le cas échéant au Conseil d'Etat, de vérifier si les faits reprochés aux membres frappés par cette mesure disciplinaire sont de nature à le justifier. Mais le CE n'est lui même pas juge de l'opportunité. CE 5 avril, 6 mai, 17 juin 1935. S. 1935.3.113. Voir aussi CE S 1910.3.142 et Rec. 1908 p.970 et *L'institution des chambres de commerce*, op. cit. p. 321. Observations :
En ce qui concerne les motifs susceptibles d'être invoqués pour justifier une absence à une séance, il n'existe pas de jurisprudence relative aux assemblées générales des CCI. Les procédures de démission d'office obligent les organes de tutelle et (ou) leurs représentants, à motiver leur décision ou leurs avis, et faute de précédent, à prendre leur responsabilité. Voir à l'index les rubriques "démission", "pouvoirs disciplinaires", "procédures", "gouvernement des juges," judiciarisation."
On imagine mal qu'un texte général, loi ou décret, autorise l'annulation pure et simple du mandat de l'élu pour un motif disciplinaire. Dans ce cas à quoi aurait-il servi d'organiser les élections au suffrage universel des commerçants et entreprenants ? Les chambres consulaires ne sauraient être considérées comme de simples établissements publics techniques dont un ministre ou un préfet pourrait démettre les agents membres des instances d' administration, conseils et autres, de leurs fonctions pour des motifs disciplinaires. Voir infra, index général à "démission d'office". Les juridictions compétentes et éventuellement le Conseil constitutionnel pourraient donner leur point de vue.

§ 5 Le respect dû à l'institution des CCI est aussi corollaire du respect de la législation et de la réglementation par les élus consulaires , et par le ministère de tutelle des chambres, de son rôle garant de la légalité.

Voir index à "tutelle" et *L'institution des chambres de commerce* op.cit pp. 139 et suivantes et au mot "tutelle" à l'index de cet ouvrage .

Article 3- Clarté, simplicité, force et code de bonne conduite consulaires .

Depuis l'origine et particulièrement au cours des trois dernières décennies, la langue de bois des CCI, microcosmes de la société, a intégré les mots « fort », « simple », « clair », « incontournable », alors que peu à peu, se banalise le contournement des règles de droit ou la faiblesse, ou le caractère dérisoire des solutions proposées. Le remède au laxisme exige « un code de bonne conduite », une « Charte » (la Charte de Louis XVIII a laissé un bon souvenir dans la mémoire collective des commerçants et entreprenants). On souhaite de la part des pouvoirs publics et du Parlement une politique de mesures « fortes » pour « solutionner » les problèmes « incontournables » de notre société. La solution doit aussi être « incontournable » et cela va de soi, « simple ». Mais hélas, « ce qui est simple est toujours faux et ce qui ne l'est pas est inutilisable » (Paul Valéry). Et par suite le philosophe et l'homme de bon sens (Alain) peut encore et toujours vérifier l'aphorisme selon lequel il faudrait haïr « ceux qui disent clairement les choses obscures » tout comme « ceux qui disent obscurément les choses claires parce que ce sont les mêmes »... Et c'est pour finir, l'immobilisme, la servilité et le laxisme des mœurs qui engendrent le mépris pratique puis l'oubli des lois... Un retour à leur respect scrupuleux paraît être une tendance lourde, en réaction aux abus. Et en effet, Juvénal aurait, s'il vivait aujourd'hui, souhaité ce réveil de lois ignorées et oubliées, par exemple celles relatives à la protection des plus faibles. Bien que restée en vigueur, la loi Julia du droit romain protégeait les familles des abus des usuriers et des professionnels du droit relatif au commerce mais elle était tombée dans l'oubli. Ubi es lex Julia ? dormis... Le moment du « réveil » des lois et réglementations et celui de leur scrupuleux respect est peut-être venu et bien venu ; cela même si les hommes et les femmes de cette fin de siècle ne sont pas exactement comparables aux citoyens romains de Domitien sous le règne duquel vivait le poète et satiriste, période annonçant le bas empire symbole de décadence, qui a succédé au règne de Constantin.

Conclusion

PERSPECTIVES POUR LE TROISIEME MILLENAIRE

CHAPITRE 1

SCÉNARIOS POUR UN CHANGEMENT

L'épreuve de vérité pour les chambres est l'élection avec ses taux déclinants de participation, à l'époque de la mondialisation, d'internet et du multimedia triomphants.
Quels que soient les remèdes, manifestement la baisse des taux est tendancielle (l'Institution des Chambres de commerce, op. cit.). Manifestement, rendre plus facile la procédure électorale n'y ferait rien. Le passage à cinq ans de la durée du mandat, le scrutin de liste avec liste bloquée et obligation pour les candidats de constituer une équipe pour se présenter devant l'électeur avec un programme en espérant que ce sera mobilisateur, etc, etc..., ne seraient que des artifices susceptibles de masquer la réalité et sans effet sur le taux de participation. Seules les périodes de menace sur leur liberté d'entreprendre, ont pour effet de mobiliser les acteurs de l'économie que sont individuellement les chefs d'entreprises et de faire remonter le taux de participation aux élections. En dehors des temps difficiles suscitant des réactions collectives, l'électorat est peu porté à participer aux élections des membres des chambres et des délégués consulaires qui sont accusés de ne plus être représentatifs. L'ouverture de l'électorat à tous les inscrits au RCS sans obligation de prouver une expérience minimum d'existence sur le marché ouvre un droit à des ressortissants qui s'intéressent moins à l'intérêt général qu'à la pérennité de leur affaire. Jusqu'à ce jour, les acquis positifs pour une meilleure organisation des élections sont importants mais encore insuffisants. Ils consistent en la création des membres associés et en l'espoir que l'action collective démocratique par l'effet du suffrage universel aura raison de l'action corporative quelque peu dévoyée par le souci moins de l'intérêt général et même professionnel que de cultiver l'intérêt immédiat, gérant la hausse de l'imposition (CCI) où, en ce qui concerne les syndicats et organismes patronaux en gérant les recettes prélevées pour les prestations qu'elles offrent à leurs adhérents et sur le marché.

1- L'avenir des chambres est à un changement
On peut en imaginer les clefs (*L'Institution des Chambres de commerce* op. cit. pp. 304 et suivantes) Mais quel sera le changement ?
Il n'est pas dans l'intérêt du législateur de supprimer la liberté des chambres d'évoluer avec la société. La loi, expression de la volonté générale, va t-elle supprimer leur liberté en les privant de la faculté qu'elles ont acquise depuis des décennies d'adapter aux besoins du moment leur dimension (dimension, format à "géométrie variable") ? C'est la condition nécessaire pour que le principe vital des chambres qui est la modération (*l'Institution des chambres de commerce* op. cit. pp. 132, 301, 302) puisse continuer à exercer ses bienfaits. Au contraire, développer ce rôle de "modérateur" à l'intersection du secteur public et du secteur privé, se souvenant que les trois piliers de la sagesse du "modérateur" éclairé par l'expérience, se nomment prudence, constance et clémence et caractérisent la gestion probe et experte (l'expérience) des consuls juges et marchands depuis l'origine.

2- Maintenir au sein des chambres l'apport positif des membres associés issus de la réforme de 1964. Il en va de la paix avec les organisations représentatives des commerçants et entreprenants de toutes les professions.
3- Maintenir le rôle par l'élection au suffrage universel des ressortissants, de l'action collective démocratique et être plus exigeant quant aux conditions pour accéder à l'électorat . Constatons que sans cette exigence d'un peu d'expérience, les ressortissants inscrits trop récemment au RCS n'ont ni le temps ni la volonté de sacrifier un peu de leur vie aux intérêts généraux de leurs activités professionnelles dont les CCI sont les organes de représentation démocratique auprès des pouvoirs publics (art. 1 de la loi du 9 avril 1898)...... et tirons en les conséquences.

SECTION I

L'APPORT DES MEMBRES ASSOCIÉS, LA RÉFORME DE 1964

La réforme de 1964 (décret n° 64-1110 du 4 novembre 1964) a créé une catégorie particulière de membres des CCI, les membres associés pour renforcer les liens entre elles et leurs ressortissants. Le législateur espérait redonner vigueur aux interventions des chambres, la base de leur action demeurant le membre élu au suffrage universel. Les membres associés ne sont pas élus au suffrage universel mais issus des organismes professionnels locaux (OP), c'est à dire de l'action corporative. Ils viennent ainsi compenser la perte d'influence de l'institution élue et même mal élue au suffrage universel des membres. Les OP ne sont pas, en effet, représentés avec un poids prépondérant au sein de l'institution puisque de fait et de droit, les membres associés dont ils sont issus ont seulement un rôle consultatif dans les assemblées générales.
M. Emile Arrighi de Casanova, instigateur de la réforme des CCI des années 1950 à 1960, avait estimé opportun de créer cette catégorie particulière pour faire participer à titre consultatif aux travaux des chambres au moins trois catégories d'intervenants : - le syndicalisme patronal avec lequel des relations de partenariat prémunissaient l'institution contre d'éventuels affrontements - les cadres salariés dirigeants d'entreprises non représentés dans les chambres parce que non éligibles, non inscrits sur les listes électorales et cependant parties intégrantes des forces économiques motrices - les chefs d'entreprises non présentés aux suffrages souvent parce que trop récents dans la circonscription et néanmoins susceptibles de témoigner d'initiatives marquantes : notamment à l'occasion de décentralisations ou de délocalisations réalisées dans le cadre de l'aménagement du territoire et aujourd'hui des opportunités nouvelles liées à la mondialisation des économies. Ainsi étaient créés aux côtés des délégués consulaires "des instances soucieuses d'une écoute impliquant au maximum les structures dans leur vocation représentative et les responsables en tant qu'acteurs nourris d'expérience".

Au sein des chambres, le système de ces représentants des forces syndicales, patronales et de cadres salariés par des membres associés, est régi par l'article 4 de la loi du 9 avril 1898. Il est rédigé dans l'esprit d'un consensus qui doit être obtenu à la suite de négociations entre l'assemblée consulaire et les groupements, associations, syndicats de patrons ou de cadres en accord avec le préfet du siège de la CCI, avis pris du préfet du département.
On doit reconnaître que les chambres parviennent habituellement sans difficulté majeure à faire coïncider leur propre système de représentation consulaire avec le système de représentation interprofessionnelle auquel oblige la loi. Et il n'y a aucune règle de base autre que coutumière en ce qui concerne le détail de la répartition des membres associés. Si un président soutenu par son assemblée souhaite diminuer ou augmenter le nombre des membres associés, l'esprit de la loi le conduit à négocier avec les organismes et syndicats professionnels à plus forte raison quand il s'agit de faire une nouvelle répartition des membres associés entre les professions après l'élection des membres titulaires.

Bibliographie. *L'institution des chambres de commerce*, op. cit. pp. 235 et suivantes
Revue d'histoire consulaire N°13 de novembre 1997 pp4 et suivantes. Les raisons des réformes consulaires des années soixante. Un exemple de l'adaptation permanente du statut des CCI. Emile Arrighi de Casanova.

SECTION II

ACTION COLLECTIVE DÉMOCRATIQUE CONTRE ACTION CORPORATIVE, LE MAINTIEN DES ÉLECTIONS AU SUFFRAGE UNIVERSEL DOIT RESTER LE SUPPORT DU CHANGEMENT QUALITÉ DES RELATIONS ENTRE LES CHAMBRES CONSULAIRES ET LES ORGANISATIONS PROFESSIONNELLES PATRONALES .

L'apport des membres associés et des délégués consulaires n'a que peu contribué à ralentir la baisse tendancielle de la participation aux élections consulaires (et aussi aux élections prud'homales)

La raison en est que au cours des dernières années (1980-1988), les transformations des structures de production et le redéploiement consécutifs, des forces des agents économiques ont changé la représentativité sur le terrain de leurs instances professionnelles les syndicats et les organisations professionnelles patronales (OP).

De cette évolution, une étude particulièrement pertinente et d'actualité de *l'Institut des Etudes du Travail* Université Lyon 2, parue en 1996 (étude financée par le commissariat général au plan) déduit que c'est la diminution de la taille des entreprises et l'augmentation du nombre des entreprises du tertiaire qui ont contribué au recul de la représentativité(1) globale des organisations patronales. Selon cette étude, les déficits accumulés du CNPF en 1987, puis le retour en 1984 du déficit seraient un indicateur de ces difficultés. Faute d'avoir connaissance du chiffre des adhérents, cette piste de recherche qui repose sur l'appréciation du changement intervenu dans la taille des entreprises rend probable la vérification de l'hypothèse d'une perte de substance. "L'augmentation du nombre des PME s'est opérée au détriment des grandes. Elle a exercé un effet mécanique sur les ressources des OP et des syndicats patronaux. Les nouvelles entreprises précaires issues des transformations de la société ont un même comportement sauvage de refus pratique de toute vie associative". Contrairement aux institutions consulaires vouées au service public et à la représentation des entreprises de leur ressort, le syndicalisme patronal et les OP auraient réussi à enrayer partiellement la chute du nombre de leurs adhérents cotisants.

Le service individuel qu'ils assurent en tant qu' OP, aurait rendu clients leurs adhérents-cotisants. Les adhérents des OP se sentiraient plus clients qu'électeurs de ceux qui les représentent auprès des pouvoirs publics à savoir leurs élus consulaires.

L'argumentation développée doit retenir l'attention. Les auteurs de l'étude estiment que, profitant des textes législatifs et réglementaires de l'après-guerre 1939-1945 relatifs aux syndicats réputés les plus représentatifs et parallèlement à la perte de responsabilité et de légitimité des membres des chambres, le nouveau MEDEF (CNPF) et la CGPME comme d'ailleurs l'UPA, Union professionnelle artisanale, qui groupe les associations et syndicats d'artisans, seraient en cause dès lors que les patrons des PME et petites entreprises artisanales ne se syndiquent pas davantage "à moins que ne s'instaure de la façon la moins démocratique qui soit un partage concerté de la représentativité entre le CGPME qui aurait le monopole des moins de 500 salariés et le CNPF des plus de 500".Comment ne pas imaginer que du côté des CCI il n'y aurait pas eu la même tentation parallèle à celle à laquelle auraient succombé les syndicats et les organismes patronaux ?

Les OP ne viseraient pas seulement la réduction de la taxe professionnelle ou des charges sociales, leur influence dans la gestion de la sécurité sociale ou le système de formation professionnelle ou du 1 % patronal (en concurrence avec les chambres) "Jamais la cotisation au syndicat patronal ou aux OP n'a été seulement d'un coût supporté par les entreprises pour faire vivre une action collective qui procure des biens collectifs profitables à tous et chacun y compris aux non adhérents". Dans le même esprit, les CCI, elles aussi, auraient cherché à empiéter sur les domaines habituellement réservés aux OP et aux syndicats patronaux se passant du paritarisme et n'hésitant pas à leur porter la concurrence en utilisant leurs structures.

---

(1) *sur la crise de représentativité et en général celle des médiations sociales*, syndicats partis, catégories, voir l'article du *Monde* du jeudi 1er juillet 1999 d'Olivier Filleule, chercheur au CNRS.

et leurs moyens de formation et d'assistance aux entreprises sans que soit toujours et parfaitement réalisées les conditions légales et réglementaires relatives notamment à leur spécialité. A cet égard, la jurisprudence des tribunaux et la Cour des comptes ont été amenés à plusieurs reprises à leur rappeler le respect des règles qui, au nom du principe de la liberté du commerce et de la libre concurrence en économie de marché, leur interdisent d'intervenir sauf en cas de carence ou insuffisance de l'initiative privée. CE, 4 juillet 1984, département de la Meuse c/Poilera,ou si l'activité exercée est le complément normal et nécessaire d'un service public existant, CE 18 décembre 1959 Delansonne.

Les OP et les syndicats d'une part, les CCI d'autre part, se seraient donné le mot pour déborder chacun sur leurs domaine respectifs de compétence sans plus de considération des intérêts collectifs de leurs adhérents cotisants (OP) ou de leurs ressortissants (CCI). Pour les critiques (virulents et souvent malveillants) de l'institution, ce comportement "suicidaire" serait à l'origine non seulement d'un "consularisme" devenu inutile mais aussi du bilan très déficitaire des syndicats, organismes patronaux, tribunaux de commerce tous en perte de légitimité et représentativité. De même d'ailleurs que les syndicats de salariés. Dans cette situation, elles préféreraient cultiver leur intérêt immédiat et gérer la hausse des contributions ou des impositions perçues sur leurs adhérents (OP, syndicats) ou sur leurs ressortissants (IATP des chambres) recherchant autant et plus la performance de leurs prestations au service des individus plutôt que la satisfaction des intérêts commerciaux et industriels d'une collectivité. Là encore les avis des instances consulaires, patronales et ceux des ressortissants des chambres se partagent en opinions diverses voire contradictoires

La qualité des relations entre les chambres consulaires et des OP, associations et syndicats, dépend de leur degré de confiance et collaboration .

La différence entre les CCI et les OP porte sur leur niveau plus ou moins élevé de corporatisme. Celui des CCI est limité par la nature de sa représentativité . Il provient directement de l'élection au suffrage universel par les ressortissants de leur circonscription. Les deux organismes sont des instances "économiques". Mais la représentativité des OP est légitimée par leurs seuls adhérents. Le corporatisme des CCI est en outre considérablement limité par l' appartenance des chambres à la catégorie juridique des établissement publics nationaux (de l'Etat) et notamment les sujétions du service public et de leur spécialité .

Une telle différence explique pourquoi peut exister et existe de fait une compétition entre les compétences des deux types d'organisations lesquelles agissent sur le même terrain; celui du tissu économique des entreprises et de leurs dirigeants, créateurs et repreneurs tous "entreprenants". On a vu supra, comment l'observateur critique peut légitimement se poser la question de savoir si l'arbitrage de l'Etat, par exemple au sein de la commission paritaire nationale du statut de 1952 relatif aux salariés des CCI, ne devrait pas être remis en question dans la mesure où il rompt le paritarisme de la représentation des syndicats des entreprenants avec ceux des salariés, Le rôle d'arbitre de l'Etat, héritier lointain certes, de l'esprit des institutions corporatives des régimes d'autorité italiens et espagnols, lui donne pouvoir décisionnel en cas de partage des voix (Bibliog. *L'institution de Chambres de commerce* , op. cit. pp. 113,114,I22,124.). Dans le même esprit d'un plus grand respect des spécialités de chacun et des légitimités qui leur ont été conférées par le suffrage universel des ressortissants, sa suppression pourrait contribuer à la réduction des conflits entre les deux organismes représentatifs des entreprenants et de leurs entreprises. La suppression du collège des compagnons, salariés représentés au sein de l'électorat des chambres de métiers, particularisme qui comme le précédent n'existe pas en ce qui concerne les CCI, aurait pour effet, si le législateur procédait à cette réforme, de lever un obstacle substantiel à un éventuel regroupement des deux institutions.

Sources : - *La transformation de la représentation patronale en France CNPF, CGPME 1996.* Institut du travail Université Lumière Lyon 2- Centre d'étude et de réflexion pour l'action politique 289 rue Lecourbe 75016 Paris CERAP in *Le Banquet*, revue du CERAP 2ème semestre 19 93 -"*L'institution des Chambres de commerce*, op.cit pp. 113,114,122,124...

CHAPITRE 2

LE RECENTRAGE DES FONCTIONS IMPARTIES AUX CHAMBRES LOCALES, RÉGIONALES ET À L'ACFCI. CINQ SCÉNARIOS POUR UN CHANGEMENT

Article 1 : Premier scénario : le non changement.- "Ne rien faire est une décision" (Peter Drucker)

La lame de fond qui secoue l'institution mène à se poser la question de savoir si l'efficacité de la réforme ne passe pas par l'intervention "musclée" du législateur pour un recentrage et un reformatage des fonctions imparties aux chambres. Et cependant le statu quo pourrait satisfaire tous les protagonistes. Les pouvoirs publics demandent d'année en année aux chambres de mettre davantage de services gratuits à la disposition du public. Ils oeuvrent à veiller à ce qu'elles disposent de moyens financiers tout juste suffisants, les encouragent de fait à ne plus proposer au nom du service public la gratuité de leurs prestations. L'autonomie de chaque chambre et la liberté stratégique dont chacune dispose, résultent du caractère d'assemblée élue et non de représentants nommés et donc placés sous l'autorité des pouvoirs publics. (voir L'institution des chambres de commerce op. cit. p. 310). Cette grande liberté n'est pas pour rien dans la contestation actuelle de l'institution laquelle en effet peut faire ombrage aux parlementaires et aux représentants des collectivités locales. La performance de ce point de vue ne peut qu'être renforcée si l'on considère le comportement des CCI. Si l'on devait caractériser la volonté et l'esprit de l'institution aujourd'hui, on pourrait les résumer ainsi sous forme d'un manifeste en trois points :

"En tant qu'institution consulaire nous sommes des EPA, établissements publics de l'Etat (nationaux), c'est ainsi que dans notre circonscription territoriale nous sommes les organes des intérêts industriels et commerciaux et des services. Nous sommes donc la partie de la Nation (Etat-Nation), la collectivité partielle des "entreprenants" née dans la terre où nous nous sommes développés (bassins de vie consulaire) et nous revendiquons toute notre place et toutes nos prérogatives d'assemblées élues dans nos circonscriptions respectives."

"En conséquence, dans notre terroir tout ce qui est national est aussi nôtre et nous devons pouvoir conserver toutes nos franchises quitte à coordonner librement nos actions en réseaux. Ces actions doivent "pouvoir continuer à s'exercer dans toutes la plénitude des attributions qui nous ont été conférées par la loi du 18 juillet 1898 modifiée et sont notre spécialité..."

Le problème est que cette position n'est plus défendable sans la légitimité "nationale" donnée par les électeurs. Faute de légitimité, "l'Etat" prenant le dessus sur la "Nation", pourrait céder à une tentation qui le conduirait soit à la privatiser (l'Etat se débarrasse d'un corps étranger qu'il ne cherche plus à maîtriser) soit à en faire une courroie de transmission. Ainsi, l'Etat centraliserait, rationaliserait l'institution sur son modèle. Il renforcerait son pouvoir de tutelle sur les finances, les objectifs et la "politique" des CCI après avoir par exemple remplacé le suffrage universel par une simple désignation des membres par les groupements et syndicats professionnels patronaux sous le contrôle des préfets. Dans cette hypothèse qui, on peut l'espérer ne sera jamais vérifiée, les partisans du "tout Etat" pourraient se demander si ce retour à une action corporative dictée par le souci de regagner sous forme d'économies pour l'Etat, pour les syndicats et les OP sous forme de notoriété, ce qui aurait été perdu en légitimité du fait de la suppression du système électoral par le suffrage universel, ne serait pas finalement, pour les chambres consulaires, la solution la meilleure possible. Elle supposerait que leur format soit réduit par des cures successives de mises en concurrence sur le libre marché de leurs interventions aujourd'hui financées à l 'aide de subventions taxes et impôts divers pesant sur les entreprises ? Voir supra 2ème partie chapitre 2 section I, II et III missions facultatives des chambres et infra chapitre 2.

Le problème est d'autant plus aigu que les CCI comme les OP et les syndicats dépendant de plus en plus de l'Etat du fait de leur faible représentativité, conserveraient l'essentiel : une représentativité de commodité ainsi que leurs établissements et services gérés. Les difficultés de trouver des candidats ayant le temps et la volonté de se dévouer pour des actions collectives ne justifieraient-elles pas l'abandon du suffrage universel, système au coût trop élevé excluant tout retour sur investissement sous forme d'un meilleur taux de participation ? Mais la question de la démocratie ainsi posée pour ce qui est des chambres ne risque -t-elle pas d'être aussi posée pour les élections politiques ? La désaffection générale des citoyens pour les élections si l'on en juge par là la tendance à l'abstentionnisme institutionnel, pourrait-elle laisser envisager un retour à une variété de "corporatisme" sans élection et organisé par l'Etat ?

Article 2 : Deuxième scénario : le reclassement des CCI parmi les EPIC

Un second scénario consisterait en un reclassement des CCI parmi les établissements publics industriels et commerciaux (EPIC). Rappel historique de la problématique de ce classement.

On a vu supra, comment le ministère de l'économie des finances et de l'industrie pourrait encore aujourd'hui être tenté de peser dans ce sens malgré le précédent malheureux de l'acte dit loi du 31 janvier 1942 qui avait classé les chambres parmi les EPIC. Plusieurs arrêtés en date du 31 janvier 1942 pris en application d'un autre acte dit loi du 4 juin 1941, avaient classé les chambres au plan fiscal parmi les EPIC. Pour le ministère des finances d'alors, la contribution de la patente devenait exigible dès l'instant qu'en dehors de leurs attributions purement administratives parmi lesquelles figuraient les certificats d'origine, les cartes de légitimation, les chambres gérant des exploitations ou des services donna lieu à la perception de taxes représentatives d'un service rendu (service du public).

Le texte laissait en dehors du champ d'application de la patente, les services gérés gratuitement et le ministre secrétaire d'état à l'économie nationale et aux finances de l'époque, Bichelonne, avait précisé que les bureaux de renseignements des chambres demeureraient exemptés.

Par contre l'administration des finances avait inclu les bureaux de conditionnement et titrage des chambres de commerce et d'industrie lesquels jusqu'alors étaient considérés comme des laboratoires sans caractère commercial et à ce titre exonérés d'impôt. De même étaient estimées imposables les écoles de commerce...

Cette classification ne pouvait qu'introduire un élément certain de confusion dans la législation fiscale applicable aux CCI sauf à leur retirer la gestion des écoles, des établissements de formation dont elles ont la charge.

Les CCI par la voix du président de l'assemblée des présidents de chambres de commerce, M. Lassalle et de M. Ferrasson ancien président de la CCIP avaient contesté ce point de vue au motif que la jurisprudence du CE reconnaissait aux chambres le caractère de "services publics" (1) et que, étant ouvertes à l'ensemble de la population, elles n'étaient pas gérées comme des entreprises ou associations privées poursuivant un but lucratif. Il prenait pour argument qu'elles étaient toujours déficitaires, leur déficit étant très normalement comblé par l'impôt. En fait comme en droit, il lui apparaissait qu'elles étaient assimilables à des établissements publics d'enseignement et comme tels devaient être exonérées non seulement de la contribution de la patente mais aussi de la contribution foncière en vertu de l'exemption expressément prévue pour cette catégorie d'établissement par les arrêtés précités du 31 janvier 1942.

---

(1) Sur la notion de services publics dits « à la française », noter l'ambiguïté de nature de ces services créés en France après la guerre de1939-1945, qui voient leur puissance assise sur des monopoles dans le domaine d'activité de leur ressort. La fin de ces monopoles engagée depuis les années 1990 n'a pas supprimé l'existence de leur spécialité ni de leur obligation légale de respecter les autres règles relatives à l'égalité, la neutralité, la continuité, et la gratuité des services rendus aux clients usagers, notamment dans un but de cohésion sociale et dans les périodes exceptionnelles – voir l'index à économie sociale ou administrative -. En économie de marché, de libre commerce et concurrence, l'institution consulaire microcosme de la société *(l'Institution des chambres de commerce* op. cit. p. 14) , reste tenue au respect dans le cadre de sa spécialité, de ces principes auxquels sont assujettis les établissements publics de l'Etat (nationaux) , de telle sorte que l'usager client n'ait pas à tolérer les interruptions, dispose des mêmes avantages non discriminatoires, que les autres ayant droits, quant à la race, la couleur, la religion, le sexe, à une catégorie sociale, à une opinion philosophique ou politique. Les services publics « à la française », sont des outils de l'économie et de la cohésion sociale de l'Etat républicain.

Les bénéfices réalisés par les exploitations industrielles ou commerciales des chambres avaient été déclarées imposables alors qu'elles étaient sans personnalité ni budget autonome et elles n'auraient pas du être considérées isolément pour l'application de cette imposition en raison de l'application du principe de l'unité budgétaire. L'imposition n'aurait dû frapper que les excédents de recettes du budget général des chambres après application à ces excédents des règles régissant la détermination du bénéfice imposable une fois déduits les amortissements réglementaires.
Le classement des chambres parmi les EPIC était une expérience plutôt malheureuse, et manifestement une erreur à laquelle il devait être mis fin rapidement, les textes ayant du être rapportés dans la précipitation. Les CCI sont bien des établissements publics administratifs. Ils ne sont pas des établissements publics industriels et commerciaux.

Article 3 - Troisième scénario : Les CCI conseils économiques locaux

Un troisième scénario consiste à transformer les chambres en conseils économiques locaux. Les raisons pour lesquelles les CCI ne pourraient être transformés en conseils économiques locaux sont pertinentes et d'actualité.
Les CCI ont des attributions de gestion qui sont la contrepartie tant de l'impôt additionnel à la taxe professionnelle que paient les entreprises que des participations prises par celles-ci aux emprunts des chambres lorsque cela est le cas.
Les syndicats patronaux (et de salariés) n'ont pas d'attribution de ce genre et les syndicats et organisations patronales (O.P.) ne sont soumis par leurs statuts qu'au versement d'une cotisation librement consentie.
Etablissements publics, les CCI se présentent vis à vis des pouvoirs publics comme les organes des intérêts commerciaux et industriels et leur circonscription (art. 1er de la loi du 9 avril 1898). On comprendrait mal que des représentants de syndicats de salariés ou de professions libérales ou d' O.P. c'est-à-dire d'organismes libres et strictement professionnels, puissent être amenés à discuter d'intérêts étrangers à leurs préoccupations ordinaires et statutaires.

1- Vouloir unifier les préoccupations patronales en les fondant selon un même souci d'intérêt général dans un ordre "économique" ne pourrait qu'aboutir à sacrifier le principe d'unité consacré par la loi de 1898 et qui donne aux vœux des CCI de la plus modeste à la plus puissante, le caractère d'une expression d'unanimité des chefs d'entreprises représentés par une assemblée de "patrons" issue du fonctionnement du suffrage universel des ressortissants des chambres. Au contraire et en effet, l'élément salarié ou profession libérale (par exemple) ou une O.P. ne saurait représenter au sein des CCI, l'expression unanime du monde ouvrier ou patronal en matière d'intérêts économiques généraux. D'une part il ne peut pas traduire que des intérêts professionnels, d'autre part, n'est syndiqué professionnellement, chef d'entreprise ou salarié, que celui qui veut l'être. Cet élément salarié ou professionnel ne s'exprimerait qu'au nom d'une minorité.

2- Si même le législateur y parvenait, cela signifierait de sa part un choix pour l'avènement d'une société au mieux a-démocratique et susceptible de mener à un corporatisme politique étroit à base d'économie sociale et administrative . Les chambres n'ont pas les mêmes préoccupations que celles des OP, des syndicats ou associations de salariés ou de patrons mais l'économie sociale comme l'économie administrative ne sont qu'un aspect secondaire et accessoire en certaines périodes de leur action.

3- Les chambres, les syndicats de salariés ou de patrons et les O.P. ont des missions différentes les unes des autres

Au sein des chambres, les membres élus agissent à un autre titre que celui de ces organismes dont ils sont issus. Pour les mêmes raisons les membres consulaires doivent s'abstenir de défendre des intérêts catégoriels, ils doivent s'abstenir d'intervenir dans l'organisation des professions, laissant ce rôle aux syndicats et aux organisations professionnelles. La législation relative aux CCI interdit le vote par catégorie d'activité économique ou professionnelle (commerce, industrie, services, BTP, etc....). Une fois élus, les membres en exercice des chambres doivent oublier leur appartenance d'origine, l'organisation professionnelle, le syndicat professionnel au titre duquel ils ont été présentés par le comité de présentation des candidatures, s'ils ont confié la présentation de leur candidature à un tel comité lors des élections, pour ne plus être en séance d'assemblée générale que les représentants d'une institution chambre de commerce et d'industrie, organe auprès des pouvoirs publics, des intérêts commerciaux et industriels de sa circonscription.(art. 1 de la loi précitée).

Article 4- Quatrième scénario : La fusion des CCI et des chambres de métiers. Le projet des chambres de commerce et des chambres de métiers en vue de mettre fin à leur compétition . Une refondation des chambres consulaires ?

L'expansionnisme de l'artisanat paraît sans limite depuis que le secteur est représenté par une institution particulière séparée de celle qui a vocation à représenter l'ensemble des commerçants et entreprenants de sa circonscription (*L'institution des chambres de commerce* op. cit. p. 94 et pp. 241 à 246). Or le secteur artisanal est comme celui des chambres de commerce, à géométrie variable. Dans les périodes de crise, les gouvernements sont les premiers à trouver un renouveau d'intérêt à l'artisanat créateur d'emplois mais aussi particulièrement gourmand quant à l'appétit de prérogatives nouvelles dont la plupart tendent de fait à renforcer la réglementation de l'accès aux professions ou imposent des règles d'accès qui exigent un diplôme ou une "qualité" labellisée. Certes, il existe des normes européennes de qualité auxquelles les ressortissants des CCI se plient pour pouvoir survivre et même gagner des clients et une réputation. Le label artisanal est un "plus", mais la sélection par exclusion selon ce critère de qualité apprécié par les chambres doit-elle être étendue à tous les secteurs de l'économie locale ? Les hôteliers restaurateurs doivent-ils être annexés à l'artisanat ? L'artisanat est-il toujours porteur de qualité ? Qui doit en décider ?

§1- Pourquoi une réforme structurelle des deux institutions "soeurs" ?

Les opérations de déconcentration des services publics assurés par l'Etat dans les départements devraient mettre fin aux éclatements de responsabilité entre administrations qui s'ignorent ou se combattent (groupe de réflexion sur la réforme des services de l'Etat - Rapport de M. Perben 1996).

Il faudrait si possible que cesse la compétition entre CCI et chambres des métiers pour s'approprier leurs électeurs : Citons pour exemple la contestation pour les CCI du droit de suite légal et réglementaire autorisant un artisan à conserver la qualité artisanale lorsque son entreprise a dépassé les seuils légaux. Cet expansionnisme est générateur de conflit. C'est ainsi qu'à l'occasion des négociations sur les 35 heures en octobre 1998, la CAPEB (confédération de l'artisanat et du bâtiment) adhérente à l'UPA organisme qui groupe les professions de l'artisanat, estime que les propositions de la FNB (fédération nationale du bâtiment non adhérente à l'UPA) qui a pris la nouvelle dénomination en 1999 de FFB "fédération française du bâtiment" , et celles des fédérations du MEDEF (ex CNPF) "ne correspondent pas aux souhaits des PME". "Nous avons parmi nos membres 3 500 entreprises artisanales de plus de 10 salariés. Elles jugent positivement (contrairement à l'opinion de la FFB) ,"l'accord que nous avons conclu pour les entreprises plus petites et souhaitent pouvoir en bénéficier , le seuil des 10 salariés ne tient plus. Nous sommes prêts à aller devant les tribunaux ...". Citons encore les effets des groupes de pression artisanaux pour convaincre les ressortissants des CCI ayant la double appartenance, de la faire cesser au profit des chambres de métiers (*L'institution des chambres de commerce* op. cit. p. 241 et suivantes ...)

Deux possibilités existent de lege ferenda :

1- une réunification des services de tutelle à laquelle répondrait la réunification des chambres de métiers et des CCI en une seule institution locale regroupée au département ; les

circonscriptions intradépartementales deviendraient des délégations. L'institution unifiée pourrait prendre la dénomination de chambre de commerce et d'industrie et de services.
2- un regroupement des CCI locales au niveau de la région lorsqu'elles n'ont pas la taille et le poids économique critiques indispensables pour faire bénéficier les entreprises de synergies de proximité (territorialité) et de complémentarité (compétences). Les chambres départementales deviendraient des "délégations" de chambres régionales.
- La première possibilité n'est pas crédible dans la mesure où la réunification s'oppose aux appareils : d'une part aux deux tutelles, l'une artisanale, l'autre "commerciale" rattachée aux ministres chargés de l'industrie et du commerce, d'autre part aux structures en place des CCI et des chambres de métiers avec leurs appareils dans les départements et au niveau national ACFCI et APCM. Voir à ce propos la conclusion du chapitre 1, section III, articles 4 et 5.
- La seconde possibilité correspondrait parfaitement à l'esprit de la réforme telle qu'elle pourrait exister dans le cadre de l'Union européenne. Il n'est pas souhaitable que le département soit la seule unité de référence pour déterminer s'il y a lieu de créer ou maintenir l'institution ou de la supprimer. Le critère doit être la taille et le poids économique critiques en-deça desquels elle est inefficace.
L'orientation doit être dirigée vers la simplification des structures et aller de pair avec l'allégement et la polyvalence des compétences pour les démarches courantes des entreprises. Aussi les chambres consulaires devraient être regroupées lorsqu'elles n'ont pas la taille et le poids économique critiques indispensables pour faire bénéficier les entreprises des synergies de proximité (territorialité) et de complémentarité (compétences). Avant de procéder à ces regroupements, il conviendrait de rendre enfin homogène et cohérent l'électorat des deux types de compagnies consulaires.
Eviter les doublons issus de la double appartenance des ressortissants à la fois artisans et commerçants suppose leur redistribution entre les CCI et les chambres de métiers. La nouvelle définition du champ d'activité artisanale y invite. En effet, le secteur artisanal est défini de façon beaucoup plus précise que ne l'avaient fait les textes antérieurs par le décret du 2 avril 1998 relatif à la qualification artisanale et au répertoire des métiers.
1) La définition de l'artisan permet d'isoler le secteur artisanal au sein du fichier économique d'une CCI car elle se réfère aux codes d'activité officiels de la nomenclature NAF de l'INSEE et au seuil de 9 salariés au-delà duquel on n'est plus artisan sauf exception précisée à l'article 12 du décret précité.
2) Les personnes immatriculées au répertoire des métiers sont soumises à l'obligation d'immatriculation de la loi du 5 juillet 1996 relative au développement et à la promotion du commerce et de l'artisanat. L'article 1er précise que la qualité d'artisan est reconnue de droit par le président de la chambre des métiers du département et l'article 12 précise qu'en cas de modification la déclaration doit être faite au président. Dans ce même article, il est dit qu'en cas d'emploi de plus de 10 salariés, l'immatriculation au répertoire des métiers est maintenue selon le cas :
a) soit sans limitation de durée (personnes ayant la qualité d'artisan d'art ou de maître-artisan ou titulaire du brevet de maîtrise ou dont le conjoint associé prend part personnellement et habituellement à l'activité de l'entreprise).
b) soit pendant une durée de 3 ans non renouvelable lorsque les conditions énumérées en a) ci-dessus ne sont pas remplies. En cas de transmission de l'entreprise, le cessionnaire peut sur sa demande être immatriculé pour cette même durée,
c) soit pendant un délai maximum d'un an.
L'immatriculation au répertoire des métiers peut également être maintenue pendant ce délai en cas de cessation temporaire d'activité sur déclaration de la personne immatriculée.
d) soit en cas de décès de la personne immatriculée à condition que les héritiers aient requis le maintien provisoire de l'immatriculation dans les 6 mois.

Une définition plus nette et précise du champ de l'activité artisanale rendrait possible une éventuelle redistribution des ressortissants respectifs des CCI et des chambres de métiers.

Ainsi, une hypothèse de travail pour une réforme serait de retirer des fichiers électoraux et économiques des CCI, les artisans inscrits au répertoire des métiers et de les intégrer aux fichiers des chambres de métiers.
Dans le cas particulier de la CCI de Versailles Val d'Oise-Yvelines, la perte serait de 16103 sur les 50752 établissements occupant de zéro à 9 salariés "la TPE" (Très Petite Entreprise), soit 31,75 % du total de l'effectif de cette tranche. La "capitis diminutio" qui en résulterait serait une très forte incitation au regroupement régional souhaité et souhaitable dans un cadre "européen" pour ces compagnies consulaires locales devenues insuffisantes en poids économique. Parallèlement, les chambres de métiers acquerraient la taille et le poids lesquels aujourd'hui leur font défaut pour être efficaces.
Cette "refondation" des CCI devrait si elle se réalisait, être concomitante d'une réforme profonde des chambres de métiers donnant la possibilité aux artisans d'élire les juges du tribunal de commerce, droit que la loi en vigueur leur a toujours refusé. Voir infra conclusion chapitre 1, section III, article 5.

§2- La réforme structurelle précitée entraînerait de fait des conséquences positives pour les deux institutions consulaires soeurs CCI et chambre de métiers en ce qui concerne leur représentativité par l'élection. Mais une telle réforme serait-elle réaliste ?

1) Le vote devrait continuer à se faire au scrutin majoritaire. Chaque entreprise artisanale aurait droit à une voix.
Chaque entreprise ressortissante des chambres consulaires devrait avoir droit à une voix.
Le collège des compagnons - legs moyennâgeux d'avant la révolution et particulier aux chambres de métiers devrait être supprimé ; les organisations syndicales et les OP pourraient :
- soit bénéficier d'une répartition comme celle des CCI par l'intermédiaire des membres associés et selon des modalités comparables.
- soit bénéficier d'une place à part au sein des assemblées des chambres de métiers, les représentants de ces organismes professionnels étant soumis aussi à l'élection au suffrage universel.

2) La réforme structurelle des deux institutions envisagée entraînerait de fait la nécessité et l'obligation morale de séparer les élections des CCI et des chambres de métiers de celle des délégués consulaires tout en réintégrant les artisans dans leur droit - constitutionnel - de pouvoir eux aussi élire librement leurs juges.
Avant la loi du 25 janvier 1985, les artisans ne relevaient pas de la juridiction consulaire. Depuis, l'article 7 de cette loi dispose que le tribunal compétent est le tribunal de commerce si le débiteur est un commerçant ou artisan. Les textes en vigueur à ce jour, ne prévoient pas que les artisans peuvent élire des juges qui connaissent de leurs difficultés (redressement judiciaire, liquidations, banqueroutes, faillites personnelles, contestations des actes de commerce).
On ne voit pas pourquoi les artisans non commerçants n'auraient pas les mêmes droits que les commerçants industriels ou prestataires de services de 10 salariés et plus, et surtout des artisans commerçants qui eux à la différence des artisans purs ont le droit et le devoir civique de participer aux élections de leurs juges. Cette lacune grave consacre une rupture d'égalité entre les artisans purs et les autres y compris les artisans bénéficiaires du "droit de suite", occupant plus de 10 salariés et les maîtres-artisans en leur métier lorsqu'ils ne sont pas inscrits au RCS. La loi nouvelle pourrait par cohérence et esprit de justice rectifier cette anomalie puisque la loi du 16 juillet 1987, articles 6 et 13, et ses décrets d'application n'ont pas accordé ce droit aux artisans exerçant les seules activités artisanales et uniquement inscrits au répertoire des métiers. La loi nouvelle pourrait dans un souci de cohérence et de justice rectifier cette anomalie et ainsi habiliter les artisans à élire leurs délégués consulaires les mettant à égalité avec les commerçants, industriels et prestataires de services.
En ce qui concerne les élections des délégués consulaires, et de lege ferenda, il faudrait créer une quatrième catégorie propre aux artisans ayant une seule appartenance et qui s'ajouterait aux catégories commerce, industrie, services, seulement pour l'élection des délégués consulaires (dans ce cas les électeurs à double appartenance pourraient avoir le choix de voter dans l'une ou

l'autre des catégories auxquelles ils appartiennent ou aux deux ce qui aurait pour effet d'augmenter le nombre des électeurs).
La délimitation de cette nouvelle catégorie est rendue possible par référence à la liste publiée au JORF relevant de l'artisanat avec leur correspondance dans les codes de la nomenclature des activités françaises (NAF).
Elle distribue les activités artisanales en quatre groupes de métiers : alimentation, bâtiment, fabrication, services .
Le système de la pesée économique propre aux CCI pour répartir selon leur poids économique les activités représentées au sein de leur assemblée consulaire pourrait être étendu aux chambres de métiers.
Un effort certain de cohérence a motivé le nouveau grand ministère de l'économie, des finances et de l'industrie (juin 1997) et va dans le sens d'un renforcement des pouvoirs de tutelle de ce ministère sur les chambres de commerce et d'industrie et sur les chambres de métiers.
Ainsi, le décret n°98-976 du 2 novembre 1998 a créé une direction des entreprises commerciales artisanales et de services au ministère de l'économie, des finances, et de l'industrie. (MEFI)
Elle intervient dans des actions qui sont de la compétence à la fois des chambres de commerce et d'industrie et des chambres de métiers. Elle est associée à l'élaboration de la législation sur la concurrence et de la législation fiscale commerciale et sociale relative aux entreprises commerciales artisanales et de services. Elle propose les mesures d'adaptation des statuts juridiques et fiscaux des artisans et des commerçants ainsi que les simplifications administratives à destination des entreprises commerciales artisanales et de services et notamment des petites et moyennes entreprises. Elle concourt à l'élaboration et à la mise en œuvre des politiques et des actions dans les domaines de l'orientation professionnelle, de la protection sociale, de l'emploi et des relations de travail des entreprises relevant de sa compétence. Elle participe aux actions de l'Etat en matière de création, de transmission, de développement et de financement des entreprises commerciales, artisanales et de services aux côtés de l'APCE (agence pour la création d'entreprises, ex ANCE agence nationale pour la création d'entreprise). Elle facilite leur adaptation à l'évolution des marchés, des technologie (transferts de technologie) et à la concurrence internationale. Elle concourt à l'élaboration et à la mise en œuvre de la politique de la Ville et de celle de l'aménagement de l'espace rural dans les domaines relevant de sa compétence.
Dans l'esprit d'une certaine interconsularité chambre de commerce-chambre de métiers, cette direction participe à la tutelle de l'ACFCI et à celle des chambres de commerce et d'industrie. Ce renforcement de l'interconsularité serait-il le prélude d'une fusion ? Le quatrième scénario serait celui de la fusion des chambres de métiers et des chambres de commerce. .Couplé avec l'unification des tutelles sous l'égide du ministère de l'économie des finances et de l'industrie, ce scénario est possible mais très improbable. Les deux tutelles séparées risquent d'être pérennisées : l'interconsularité pour la coordination des deux tutelles serait assurée par un bureau chargé des affaires interconsulaires en attendant mieux.

Article 5 - Cinquième scénario, le *rapport Gérolami* et le *rapport d'enquête de l'IGF* : une réforme par touches successives du statut actuel

Un cinquième et dernier scénario plus vraisemblable consisterait à conserver l'essentiel du statut actuel en le réformant par touches successives à partir de certaines des propositions contenues dans le rapport Gérolami et en réservant l'accès à l'électorat aux seuls dirigeants et propriétaires d'entreprises légalement habilités qui pourraient prouver avoir été en activité cinq ans et par là leur expérience (ancienneté).

§1- Une variante possible de ce scénario consisterait en fait en un changement de format des chambres par réduction du nombre de ses ressortissants et de ses activités : les CCI auraient pour ressortissants les seules entreprises occupant 10 salariés et plus.

Le secteur artisanal est défini par le décret du 2 avril 1998 relatif à la qualification artisanale et au répertoire des métiers.
1) La définition de l'artisan permet d'isoler le secteur artisanal au sein du fichier économique d'une CCI car elle se réfère aux codes d'activité officiels de la nomenclature NAF de l'INSEE et au seuil de 9 salariés au-delà duquel on n'est plus artisan sauf exception précisée à l'article 12 du décret précité.
2) Les personnes immatriculées au répertoire des métiers sont soumises à l'obligation d'immatriculation de la loi du 5 juillet 1996 relative au développement et à la promotion du commerce et de l'artisanat.
L'article 1er précise que la qualité d'artisan est reconnue de droit par le président de la chambre des métiers du département et l'article 12 précise qu'en ce cas de modification, la déclaration doit être faite au président. Dans ce même article, il est dit que si l'entreprise emploie plus de 10 salariés, l'immatriculation au répertoire des métiers est maintenue :
a) soit sans limitation de durée (personnes ayant la qualité d'artisan d'art ou de maitre-artisan ou titulaire du brevet de maîtrise ou dont le conjoint associé ou un associé prend part personnellement et habituellement à l'activité de l'entreprise) .
b) soit pendant une durée de 3 ans non renouvelable lorsque les conditions énumérées en a) ci-dessus ne sont pas remplies. En cas de transmission de l'entreprise, le cessionnaire peut sur sa demande être immatriculé pour cette même durée
c) soit pendant un délai maximum d'un an
L'immatriculation au répertoire des métiers peut également être maintenue pendant ce délai en cas de cessation temporaire d'activité sur déclaration de la personne immatriculée.
d) soit en cas de décès de la personne immatriculée à condition que les héritiers aient requis le maintien provisoire de l'immatriculation dans les 6 mois

Ainsi, cette définition plus précise et plus extensive de l'artisanat rendrait possible, de lege ferenda, une redistribution des ressortissants respectifs des CCI et des chambres de métiers, l'hypothèse d'une fusion entre les deux institutions étant écartée. La réforme consisterait à retirer des fichiers électoraux et économiques des CCI les artisans inscrits au répertoire des métiers et à les intégrer aux fichiers des chambres de métiers.
Dans le cas particulier d'une CCI interdépartementale comme celle de Versailles Val d'Oise-Yvelines, la perte en nombre d'établissements ressortissants serait importante. Voir ci-après la répartition par type d'activité des artisans-commerçants répertoriés dans le fichier économique de la CCI.

En résumé et en conclusion, si une telle réforme voyait le jour, les artisans-commerçants jusqu'alors ressortissants des CCI deviendraient ressortissants des seules chambres de métiers. En l'état actuel de l'opinion, serait-elle réellement souhaitée par les intéressés? En tout état de cause cela supposerait de mener une révision drastique des répertoires tenus par les chambres de métiers dont elles ont la responsabilité de la tenue légale , afin d'en renforcer la qualité . Ce changement de format pourrait être accompagné par une série de mesures prises au coup par coup de façon pragmatique en tenant compte de l'avis des chambres consulaires et de leurs partenaires, cet avis n'étant que consultatif et le gouvernement ayant à jouer son rôle de tutelle attentive bienveillante, ferme mais concertée. Là encore les instances consulaires et patronales paraissent partagées. Voir ci-après la simulation effectuée pour une grande chambre choisie en raison de son caractère interdépartemental et du fait que les informations économiques et administratives sur son tissu industriel, commercial, artisanal et de services étaient disponibles.

DÉNOMBREMENT ET POIDS EN POURCENTAGE DES ARTISANS-COMMERÇANTS INSCRITS AU FICHIER ÉCONOMIQUE DE LA CHAMBRE DE COMMERCE ET D'INDUSTRIE DE VERSAILLES VAL D'OISE-YVELINES

RÉPARTITION EN NOMBRE

0 À 9 SALARIÉS
TOUTES CATÉGORIES

Source : fichier économique
dénombrement : mai 1998

YVELINES	VAL D'OISE	YVELINES - VAL D'OISE
29 272	21 453	50 725

RÉPARTITION EN NOMBRE ET POURCENTAGE

0 À 9 SALARIÉS
ARTISANS-COMMERÇANTS
EN NOMBRE ET EN POURCENTAGE

YVELINES	VAL D'OISE	YVELINES - VAL D'OISE
8 667 29,61 %	7 436 34,66 %	16 103 31,75 %

RÉPARTITION DES ARTISANS PAR MÉTIERS

METIERS	YVELINES	VAL D'OISE	YVELINES - VAL D'OISE
SERVICES	3 929	3 134	7 063
FABRICATION	1 482	1 380	2 862
BATIMENT	2 079	1 857	3 936
ALIMENTATION	1 177	1 065	2 242
TOTAL	**8 667**	**7 436**	**16 103**

§2- Le *rapport Gérolami* (du nom du conseiller maître à la Cour des comptes qui a présidé le groupe de travail sur l'avenir des CCI en 1994).
Le scénario du *rapport Gérolami* avait quatre objectifs: recadrer les missions des chambres, améliorer leur représentativité, mettre en place une architecture de réseau, renforcer leur gestion en la rendant plus autonome et plus responsable.
Les conclusions du rapport, malgré un intérêt évident, ne pouvaient pas dans leur totalité recueillir l'assentiment des CCI et de leurs partenaires. En particulier, le risque de transformer les chambres en conseils économiques locaux ou en établissements publics industriels et commerciaux, les désaccords entre CCI et CRCI, mis en évidence lors des débats internes aux chambres ainsi que les conflits avec les organismes et syndicats patronaux partenaires, ont sans doute fait hésiter les pouvoirs publics dans leur élan pour réformer l'institution en crise.
L'intérêt des propositions faites par le groupe de travail a cependant été d'ouvrir la discussion au moment critique démontrant que la situation ne pouvait rester en l'état. Et en effet pourquoi ne pas envisager qu'au moins quelques unes des idées remuées lors de ce "brain storming" ne soient pas reprises pour partie lorsque la réforme sera remise en chantier par les successeurs des ministres en charge des entreprises en1994?

1- Le rapport Gérolami pourrait avoir eu pour mérite de tracer des pistes possibles pour la partie relative à la réforme du régime électoral des chambres et de tirer les conséquences des échecs des tentatives de réforme passées.
Ainsi par exemple, il serait mis fin définitivement aux expériences malheureuses de traitement statistique des élections aux CCI conduisant, comme en 1991, l'institution à présenter des résultats de participation peu glorieux sous la forme de taux de participation dit "pondéré" faisant passer le taux national de 23 à 27 % ce dernier "pour rassurer les inquiets". Il faudrait qu'il en soit fait de même en ce qui concerne les spéculations ayant le même objet suggérant que le scrutin ait lieu "à la proportionnelle" et qu'ensuite on appliquerait aux résultats un coefficient de voix en fonction du poids économique. Le résultat serait ultérieurement modifié par cette pondération et bien évidemment, les résultats à la proportionnelle avant pondération devraient être tenus secrets pour éviter que l'électeur moyen soit choqué par la différence entre les deux résultats. Quid alors de la transparence? De même la question du recentrage des fonctions imparties aux chambres locales, régionales et aux assemblées des chambres à l'échelle nationale ne pourra être éludée. En attendant ce recentrage, le renouvellement des CCI tous les cinq ans ne pourrait-il pas être institué à partir du système électoral existant (scrutin majoritaire) ? Cette mesure pourrait être prise par décret. Mandat de six ans ou de cinq ans ? Le mandat est actuellement de six ans. Celui des élus des CCI devrait être renouvelé tous les six ans en attendant une réforme plus définitive. Cinq ans serait sans doute préférable dès que les conseils généraux bénéficieraient de la même périodicité ? Ou faut-il sans plus attendre porter à cinq ans le délai entre deux élections aux CCI, nonobstant l'inconvénient du nouveau système (suppléants, etc…)?
Une telle réforme poserait le problème des délégués consulaires. Il faudrait séparer leurs élections d'avec celles des membres et conserver leur périodicité de trois ans. En effet, le renouvellement de l'électorat des juges paraît indispensable au bout de trois ans. La perte de substance pendant ce laps de temps est importante (30 à 40 % des délégués consulaires, qui sont les électeurs de base des juges ne présentent plus les conditions légales pour rester en fonction, s'agissant notamment de cadres dirigeants fréquemment mutés d'un établissement à l'autre et qui constituent une part importante de l'électorat des juges).
Il en est de même de la fusion des collèges des membres et des délégués consulaires avec le principe : un homme = une voix (une loi serait nécessaire pour imposer la réforme), de la généralisation du vote par correspondance et éventuellement un système de vote électronique (un décret suffirait), de la réduction du nombre des bureaux de vote qui pourraient être ramenés

au niveau de l'arrondissement (un par arrondissement) ou du groupe de cantons ou de communes adapté à la situation locale du tissu économique à condition que l'on vote par correspondance. Dans les petites CCI, un bureau pourrait être maintenu au niveau du canton ou d'un groupe de communes approprié à la taille consulaire (un décret est nécessaire).
Par contre il faut se demander si réellement comme le propose le rapport Gérolami, l'adoption du scrutin de liste, le scrutin restant nominal et majoritaire serait réellement un progrès. Cette mesure améliorerait-elle la participation ? Quel avantage y aurait-il à compliquer un peu plus les élections en exigeant des comités de candidatures qu'ils déposent des listes bloquées (ce qui n'est pas le cas actuellement)? Nous pensons pour notre part que les candidatures devraient continuer à pouvoir être simplement groupées sur le bulletin de vote, restant individuelles, de telle sorte que les candidatures isolées restent possibles les autres pouvant être présentées par les comités électoraux, associations ou syndicats patronaux dont cela doit continuer à être le rôle.

2 - Une partie des conclusions du rapport paraît cependant très contestable et "à risques" pour l'Institution. Combinées avec les embryons de réforme inclus dans différentes lois DDOEF (diverses dispositions d'ordre économique et financier), elles pourraient faire que la tentation "libérale" se développant, le risque soit pris d'abord de casser l'existant pour ensuite reconstruire. A cet effet, les possibilités nouvelles de la loi Trémège, du nom de l'ancien président de l'ACFCI, (CCI établissements publics "économiques") ne pourraient-elles pas être utilisées pour une opération en deux temps :
- Dans un premier temps, transformer en "conseil économique local" les chambres de commerce et de métiers regroupées ou non et pour ce qui est des CCI comprenant désormais les professions et entreprises "libérales" - les mêmes que celles qui cotisent à la CANAM (caisse nationale d'assurance maladie) moins les salariés et les professions et entreprises ressortissant des chambres d'agriculture?
- Dans un deuxième temps et parallèlement, conférer la nature d'établissement public industriel et commercial aux services opérationnels gérés par les chambres? Les CCI éviteraient ainsi d'avoir à respecter les règles relatives aux appels d'offre du code des marchés (l'évolution en cours vers un statut d'établissement public de l'Etat - EPA - mène peu à peu les CCI à l'obligation de se plier à ces règles particulièrement sévères quant à l'obligation de transparence). Le prix à payer pour obtenir l'indépendance si souvent réclamée - en vain - par les CCI françaises serait le changement de leur statut et corrélativement la perte des avantages fiscaux (privilèges et exonérations diverses) accordés aux chambres alors que leur mission d'intérêt général ne recouvrait pas la fourniture de prestations relevant normalement du secteur concurrentiel soumis aux lois du marché (voir supra 2ème partie, chap. 1, section I, article 2).
Les seuls remparts du "bastion" seraient la loi de 1898, notamment en ses articles 1 et 14, la loi n°75.678 du 29 juillet 1975 F321 page 5), base du financement public des CCI par l'impôt qui indexe les ressources des CCI sur le "rendement" de la taxe professionnelle. Pour cela il faudrait et il suffirait que le Parlement vote une modification de cette législation dans le sens indiqué supra et affecte au fonctionnement des chambres "nouveau modèle" une taxe particulière et non plus une fraction de la taxe professionnelle comme actuellement. A long terme, dans un troisième temps, l'opération pourrait aboutir à leur retirer les attributions des CFE et de la formation, (les écoles de commerce resteraient de la compétence des chambres tant que l'article 14 de la loi de 1898 ne serait pas abrogé), qui en effet n'entrent pas "automatiquement" dans les attributions des nouveaux établissements publics à spécialité "économique". L'article 1er de la loi du 9 avril 1998, modifiée, dispose que "les chambres de commerce sont (...) des établissements publics économiques". Si l'on considère que le terme "économique", dans l'une de ses acceptations, caractérise les organismes dont le fonctionnement participe au libre jeu de l'offre et de la demande en économie de marché, le champ des attributions des chambres serait de ce fait limité à celui des EPIC. Ce scénario ne serait pas favorable au développement de l'institution dont une partie des prestations offertes à ses ressortissants le serait en concurrence avec les autres acteurs du marché.

Sur un point particulier, les auteurs de la réforme pourraient utilement avoir pour souci de mettre fin aux émulations funestes entre les chambres de commerce et les chambres de métiers dans certaines circonstances, accompagnées par leurs instances de tutelle au sein d'un même ministère. Par exemple, la chambre de métiers ne devrait pas pouvoir espérer absorber les actuels ressortissants des chambres de commerce, d'industrie (et de services), tels les restaurants et métiers dits de bouche au prétexte que seul le label "artisanat" ,"artisan" serait la seule et meilleure garantie de la qualité. Une telle vision réductrice est incompatible avec l'avènement de normes non artisanales auxquelles, dans le cadre de la réglementation européenne doivent se conformer tous les entreprenants, sans exception, commerçants, artisans, industriels et prestataires de services de tous les pays de l'Union européenne. (au sujet des chambres de métiers, voir *l'institution des chambres de commerce*, op. cit. pp. 241 et 242). Par contre, l'hypothèse avec toutes ses conséquences d'une redistribution des ressortissants à partir du seuil des 10 salariés et plus, mériterait d'être étudiée.(supra art. 5). Cette opinion, une parmi d'autres, n'engage que son auteur dans un libre débat. L'ACFCI, tout comme l'Assemblée Permanente des Chambres de Métiers (APCM), se sont prononcé sur ces questions. (4éme trimestre 1998 - 1er trimestre 1999). Elles se sont abstenu de prendre parti totalement ou totalitairement pour ou contre telle ou telle voie ou solution préconisées dans le rapport Gérolami ou dans d'autres documents ou écrits présentant des points de vue plus ou moins autorisés. Mais sur cette question comme sur les autres l'opinion des élus consulaires reste partagée.

La réforme des deux institutions consulaires, Chambre de métiers et CCI, passe nécessairement par des expertises de constitutionnalité de leurs textes refondateurs. La tentation permanente d'obtenir les réformes estimées indispensables par des textes de nature réglementaires afin d'éviter les procédures parlementaires pour ce qui est des modifications à apporter aux dispositions relevant de l'article 34 de la Constitution a fait que certains d'entre eux peuvent voir leur valeur contestée par des personnes y ayant intérêt (électeurs, élus des chambres par exemple). Elles pourraient, en effet, et quitte à risquer de se faire accuser d'un éventuel procès d'intention, argumenter à partir de l'idée générale que les auteurs des propositions de réforme sont nécessairement les tenants d'une technocratie instaurant la dictature de fait d'un gouvernement des moyens sur les fins. Il conviendrait en conséquence de rétablir le Parlement dans ses prérogatives, lui confèrant le droit et le devoir de légiférer dans les matières relevant de la loi et non du règlement et dont s'approprieraient l'exécutif ou ses représentants après avoir recueilli l'avis favorable de comités ou commissions ou d'associations ou syndicats de salariés ou d'entreprenants, représentants des factions ou intérêts particuliers et perméables aux pressions de la technocratie bureaucratique ou politicienne en place .(voir index à "Constitution"). La discrimination de droit prive les artisans de la possibilité d'élire leurs juges : la loi n° 89-1008 du 31-12-1989 n'autorise à élire leurs juges que les artisans ayant la double appartenance de commerçants -artisans, cela au mépris de l'égalité qui devrait exister devant les tribunaux pour tous les justiciables sans discrimination (Bibliog. *L'institution des Chambres de commerce* op.cit. pp. 244 et 245). Noter aussi l'existence au sein des professions de l'agriculture, d'entreprises et d'entrepreneurs, dont une partie de l'activité est rattachée au commerce, et qui pourraient souhaiter être jugés par leurs pairs. Rien ne leur interdirait d'essayer d'obtenir par exemple que les comités de candidature aux élections aux tribunaux de commerce sollicitent l'avis des comités de liaison interconsulaires qui groupent au sein de structures purement internes à l'institution consulaire, l'Assemblée permanente des chambres d'agriculture (APCA), l'Assemblée permanente des chambres de métiers (APCM) et l'Assemblée des chambres françaises de commerce et d'industrie (ACFCI). Ces organismes ont comme correspondants des comités locaux et régionaux constitués sur le même principe. Ils pourraient être utilisés pour contribuer à la présentation de candidatures aux fonctions de juge aux tribunaux de commerce lorsque les ressortissants intéressés appartenant au monde agricole, seraient intéressés à être éligibles en tant qu'élus et dirigeants ou propriétaires des établissements les mettant en situation de relever de la compétence des tribunaux de commerce .Voir à ce sujet *Répertoire commercial Dalloz*, rubrique 322.

La justice consulaire a depuis ses origines été l'objet de multiples pressions pour que l'institution des juges élus soit supprimée ou que ces derniers partagent avec les magistrats professionnels les formations de jugement (échevinage). Le projet de réforme de 1999 (*rapport de la commission Bernard-Babusiaux sur la mixité*, d'avril 1999) est dans la droite ligne des contestations séculaires de l'institution d'une justice commerciale élue par les magistrats professionnels issus des concours ou de corporations sans intervention d'un suffrage universel même limité. La Royauté, l'Empire, les Républiques ont su résister jusqu'alors aux tentatives de nature technocratique qui ont lors de chaque mise en cause de l'institution utilisé ses défauts, déviations et dysfonctionnements les aidant à passer à l'ère des contrôles, de la transparence et de la judiciarisation du droit.

L'institution consulaire des CCI vit parallèlement la même problématique. De même que la justice consulaire est contestée, pas toujours par des critiques désintéressés. L'Etat et l'institution elle-même en raison d'une plus lente évolution des mœurs n'ont pas donné une suite pratique et concrète à l'idée d'une réelle région consulaire, alors que l'inventeur de la région économique, le ministre Clémentel, avait le premier dès 1917 pressenti et démontré l'intérêt pour le pays de se doter d'un nouveau degré administratif se substituant au degré départemental déjà soupçonné d'être incapable de s'adapter à l'évolution en cours vers une régionalisation à l'échelle de la future Europe (Bibliog. *L'institution des chambres de commerce*, op.cit. pp.277 et suivantes).
Non seulement une redistribution des chambres au travers de l'espace économique national est indispensable, la base locale restant le département, mais la représentation infra-départementale actuelle assurée par plusieurs chambres devrait pouvoir être assurée au sein des unités départementales maintenues. Le *rapport de l'Inspection générale des finances de 1999* (voir supra au mot-clef IGF et bibliog.) conduit à s'interroger quant à l'urgence de conférer ou de ne pas conférer aux chambres régionales les pouvoirs et la légitimité qui leur font aujourd'hui défaut. Il y a lieu à débat : la région est devenue un niveau d'administration de l'espace économique essentiel que les CCI, communes spéciales, si possible, ne devraient pas laisser occuper par d'autres structures de circonstance inventées à un moment donné par des bureaucrates ou des idéologues dont les préoccupations seraient isolées ou éloignées du terrain où se développent les entreprises. Faut-il faire élire les membres des CRCI en même temps et aux mêmes élections que les CCI locales ? -*Première piste de réflexion* : quel poids électoral devraient avoir les représentants des CRCI au sein de l'instance nationale l'ACFCI ? Dans les Etats à régime d'autorité (voir *L'institution des chambres de commerce* op cit pp. 132,251,304,315) des structures à hiérarchie pyramidale pourraient privilégier systématiquement les CRCI sans considération particulière d'une plus ou moins grande légitimité. Dans des Etats réputés à régimes de liberté ou (et) de démocratie libérale, la hiérarchie pyramidale n'existe pas (chambres françaises). Quelle solution pour les CCI françaises ? La voie libérale pure suivie traditionnellement par les chambres anglo-saxonnes exclut non seulement ces structures hiérarchiques mais donnent aux compagnies consulaires un rôle très limité. Leur domaine d'intervention est strictement résiduel de celui laissé au jeu libre et sans aucune contrainte du marché en économie libérale ; un rôle éventuel de cohésion sociale est parfois admis sous cette réserve à condition qu'il ne soit qu'un accessoire secondaire ; un tel système est accepté par les tenants de l'économie sociale de marché d'un "social libéralisme", "libéralisme social", ou d'un "socialisme libéral" (Allemagne, Hollande). Le cas français, on l'a vu, se situe à part ; voir supra et index général à "économie sociale, administrative". - *Deuxième piste de réflexion* : les auteurs de la future réforme auront à se demander comment changer le droit applicable aux chambres françaises et refonder une voie française qui tienne compte du futur, mais aussi, cela est fondamental en effet, de la tradition de modération et de présence des chambres et de leurs prestations, le plus possible, à proximité des entreprises de leur ressort ; cette deuxième piste de réflexion doit faire se

poser la question aux penseurs du changement, de savoir si une troisième voie serait viable : cette voie consisterait pour les chambres françaises et l'Etat "républicain" au sens du droit romain, qui accompagne leur destinée depuis l'origine, à prendre pour modèle le néerlandais (voir bibliog ; Pierre Puaux , *l'avenir des chambres de commerce*) Il n'est pas évident que ce modèle, séduisant certes, soit adaptable aisément. Le comportement des entreprenants n'est pas exactement le même d'un pays à l'autre et les CCI à la française constituent aussi un pôle attractif particulièrement dans de nombreux pays où l'Etat souhaite continuer à avoir un rôle non pas prédominant mais de garant de la cohésion sociale de la société civile telle qu'elle existe avec ses particularismes et spécificités. Enfin et liée à la précédente piste de réflexion et à l'avènement de l'Europe, quelle place donner à la région en ce qui concerne sa représentation électorale ? Ne faut-il pas faire élire ensemble et le même jour les élus des CCI et ceux des CRCI, leurs représentants étant appelés à siéger à l'ACFCI et à se prononcer dans des domaines de compétence clairement distincts : par exemple. Aux CRCI, les questions relatives à la formation et l'enseignement ; aux CCI locales, les services de proximité aux entreprises de leur ressort (CFE, Centres de Formalités des Entreprises, centres de documentation et de renseignements etc...). Si le changement suit cette piste, quelle pondération accorder relativement les unes aux autres, aux voix respectives des représentants élus des CCI et des CRCI ? Faut-il ou ne faut - il pas faire siéger ensemble leurs représentants à l'ACFCI avec les mêmes critères de pondération, ceux de la pesée économique, critères objectifs combinés du montant des bases de l'IATP, du nombre de salariés et du nombre d'établissements ?
N'y a-t-il pas lieu de compléter la représentativité consulaire en tenant compte d'une nouvelle spécialisation réservée aux CRCI, qui les ferait devenir compétentes pour la gestion des grands établissements et services gérés dont la taille importante et une moindre proximité d'avec les entreprises du ressort, sans inconvénient majeur, justifieraient cette nouvelle responsabilité ? Là encore et en ce qui concerne les réponses à toutes ces questions, les avis et opinions des élus et membres des chambres consulaires sont loin d'être unanimes.

§3 Le rapport d'enquête de l'IGF, inspection générale des finances de 1999 sur les CCI françaises.

Ce rapport remis au ministre chargé de l'économie et des finances, tutelle des CCI, est le premier à faire date par son importance avec une chance non négligeable d'orienter le changement. Son rapporteur constate que globalement et nonobstant de graves dérives, les chambres sont "des outils utiles" et "normalement réformables". Le MEFI, sur cette constatation, s'est engagé à "mieux mettre les CCI au service des entreprises, en particulier des PME et PMI et à accroître l'efficacité et la transparence de leur gestion".
Sont dénoncés un manque de rigueur, des structures obsolètes, la responsabilité "accablante" de l'Etat dans les dérives que connaissent les chambres, la rareté des contrôles mal organisés et peu suivis d'effet, enfin la faible efficacité de services rendus par l'institution élue au regard des prélèvements obligatoires opérés sur les entreprises(voir supra bibliog. p153 fin de page).
La réponse aux critiques : penser et organiser le changement.
Les critiques de l'IGFont fait l'objet d'une large diffusion dans la presse économique et d'opinion. Elles se situent dans le prolongement non seulement des autres organes de contrôle notamment l'IGIC et des instances corporatives en compétition avec les CCI (supra), mais d'un souci constant des bureaux du ministère des finances (Rivoli puis Bercy) traditionnellement peu favorables à une libre administration des chambres consulaires (Bibliog. *L'institution des chambres de commerce* op.cit p.140 et supra la tentative historique du Gouvernement de Vichy de transformer les CCI d'établissements publics administratifs en EPIC). Il s'agit apparemment de n'envisager que des solutions pragmatiques de nature à maintenir ou renforcer un encadrement strict et sans partage des ressources qui abondent les finances des CCI. A cette fin, il conviendrait de renforcer les structures et mécanismes de contrôle en contribuant aux côtés des tribunaux, de la Cour des comptes, du Conseil d'Etat, de la Cour de Cassation et du Conseil constitutionnel pour faire cesser les dérives et dysfonctionnements constatés. Parallèlement, le pouvoir tutélaire est d'ores et déjà encouragé à agir rapidement et de façon

pertinente par l'obligation faite aux tutelles des établissements publics d'avoir à approuver les budgets et les comptes dans un délai strict d'un mois dès leur réception, sauf à ce qu' ils soient implicitement approuvés (voir supra et index aux mots-clefs à approbation, budgets, comptes, contrôle financier, décisions financières).

- La solution conservatrice, pragmatique et sans imagination préconisée consisterait à prévoir pour les chambres deux ressources distinctes : une cotisation forfaitaire avec un plafond, une IATP, imposition additionnelle à la taxe professionnelle pour frais de CCI, destinée à financer les contrats de partenariat-association portant sur des " missions stratégiques", la répartition se faisant à l'échelle des régions (préfectures de région). Une telle solution ne résoudrait pas les problèmes de l'institution liés à l'identité consulaire, les CCI étant les organes des intérêts commerciaux et industriels et en crise permanente de par leur nature, lot des EPA établissements publics administratifs. Les attaques à l'encontre de l'institution consulaire existent depuis leur origine. Leur ancienneté et leur renaissance permanente rendent délicates et relativement provisoires toutes les tentatives de solution. Les mises en cause de l'institution le plus souvent directes, globalement accusatrices et sans hauteur de vue prennent appui sur des faits dégagés de leur contexte, sans débat contradictoire et l'accent étant mis sur les défaillances de quelques compagnies privilégiées pour être mises au pilori.

Dans le contexte actuel, une réforme en deux temps pourrait se profiler à l'horizon du troisième millénaire. Dans un premier temps, des mesures pragmatiques viseraient à réduire les défaillances et défauts les plus graves mettant en cause les hommes et les structures notamment de contrôle des chambres. Dans un second temps, serait mise en œuvre la réforme tant attendue ; cf. les propositions du ministre Clémentel dès 1917 (*L'institution des chambres de commerce*, op.cit p.277). Cette réforme obligerait à choisir notamment entre l'existence de CRCI sans légitimité élective et un nouveau "futur" régional composé de chambres à pouvoir accru et surtout élues par les ressortissants inscrits au RCS, lors des élections des membres des CCI locales ou (et)de leurs délégations ou (et) de districts de délégations (voir supra et index). Parallèlement le législateur pourrait, s'il recueillait suffisamment d'avis favorables des chambres qui devraient être consultées sur ces questions cruciales, envisager de réduire leur nombre de telle sorte que leur existence sur le terrain corresponde réellement à un poids économique suffisant pour la justifier ; l'objectif est que chacune dans sa circonscription représente le mieux possible le tissu économique du bassin d'emploi correspondant (maintien du principe de la pesée économique tous les neuf ou dix ans). Les CCI locales sont aujourd'hui à la fois trop proches, parce que trop nombreuses, de leurs ressortissants (CCI infra départementales) ; les CCI de Paris et de Versailles et d'autres chambres à vocation de métropole sont encore trop éloignées de leurs ressortissants alors que leur éclatement en unités plus petites leur supprimerait l'effet de masse critique indispensable pour être efficaces et justement représentatives des intérêts commerciaux et industriels des entreprenants auprès des pouvoirs publics (démocratie consulaire face aux actions corporatives des associations et syndicats professionnels patronaux). Ici et encore il y a lieu à débat et les avis sont partagés.

Le cadre rigide du département ou du ressort territorial infra-départemental devrait céder la place à une région consulaire vraie. Voir à ce sujet le concept encore nouveau et révolutionnaire en France de "district économique". Le ressort de ce "district économique" pourrait être le pendant local infra départemental d'unités régionales nouvelles plus grandes regroupant par binômes ou trinômes d'anciens départements ayant des affinités et complémentarités (Bibliog. *L'institution des chambres de commerce* op. cit. p313) les uns avec les autres. Dans le même esprit, le système de représentation des chambres régionales et des chambres locales au sein de l'ACFCI serait à inventer de telle sorte que les nouvelles structures régionales aient le poids critique qui convient pour tenir compte aussi et surtout de leur nouvelle légitimité pour une meilleure réponse aux défis de l'Union européenne en gestation.

- Vanité de la recherche d'une hypothétique troisième voie. La sociologie des entreprises du tissu économique de la France pourrait laisser penser que serait souhaitable et viable l'instauration d'une troisième voie entre l'anglo-saxonne et celle de la tradition napoléonienne, voire romano germanique, solution qui éviterait le recours à une voie française maintenue et refondée sur la culture propre au terroir national de l'Etat. Si cette troisième voie a une chance d'exister un jour, elle ne se construira pas dans la facilité de l'imitation d'un modèle existant dans l'un ou l'autre des pays de l'Union européenne. La voie française pour perdurer sera nécessairement originale, démocratique et européenne, à l'image des communes regroupées au sein des 36.000 assemblées communales de base. Le législateur français a compris tardivement (1982), sans être en mesure d'en tirer en profondeur toutes les conséquences logiques, le message lancé aux consulaires et politiques dès 1917 par les hommes de progrès, précurseurs radicaux de la décentralisation, le ministre Etienne Clémentel et le géographe Henri Hauser. Plus que jamais, décentralisation signifie absence de pouvoir hiérarchique. Les CCI restent des structures et fonctionnalités électives libres. "Les administrateurs de l'établissement public ne sont pas tenus d'obéir aux ordres du ministre ; ils ont une assez large indépendance dans la gestion de l'établissement public" (Bibliog. Marcel Waline. *Droit administratif 8ème éd.* p.362, et *l'institution des chambres de commerce* op.cit. p.310). Régionaliser n'est pas accumuler les degrés administratifs mais supprimer ceux qui, à l'usage, et "de fait", se révèlent être un obstacle à la modernité de l'institution consulaire élue et à son adaptation aux conditions nouvelles de la vie des entreprises.

Bibliog.
Rapport d'enquête de l'IGF. Le Monde 5 juin 1999. L'Inspection des finances dénonce la gestion des chambres de commerce.
Le Monde 7 juin 1999.Le Gouvernement annonce une réforme. Deux articles de Virginie Malingre.Infos 28. Paris.
Rapport de l'IGF sur les CCI. Les pistes de réforme possibles analysées par Pierre Puaux. Mercredi 16 juin 1999, n°223.

CHAPITRE 3

UTILITÉ SOCIALE DU COMMERCE
PHILOSOPHIE DU COMMERCE ENTREPRENANT INDUSTRIEUX ET MODERNE

Le culte de la profitabilité et de la rentabilité immédiate s'allie avec celui de la croyance que la rapidité avec laquelle le travail est effectué par l'employeur ou le salarié permet de réduire la durée du travail effectivement accompli dans l'entreprise dans le minimum de temps compatible avec le respect de la légalité en matière d'hygiène, de sécurité et de salubrité. Ce travail doit s'accomplir dans le minimum de temps et le maximum de souplesse, de flexibilité, d'employabilité exigés pour s'adapter aux conditions du marché. On retrouve là l'esprit même du libéralisme du XIXème siècle.

Le système de production moderne, comme toute chose humaine offre divers inconvénients, principalement moraux (problème de la gestion du temps des femmes, des hommes et des familles) à côté des immenses avantages matériels qu'il présente dans une économie mondialisée de type libéral. Mais, d'une part il est impossible à l'industrie de renoncer aux derniers en considération des premiers ; et de l'autre il est fort possible d'atténuer et même de faire complètement disparaître les inconvénients auxquels les économistes néo-libéraux de l'an 2000 font allusion : le vrai libéralisme par nature optimiste n'est pas malthusien, aussi la substitution, l'adjonction des machines qui traitent l'information (ordinateurs, réseaux, système internet) à l'intelligence de l'homme, à sa force musculaire, à la force mécanique et à la galaxie Gutenberg des années 1960 (voir *L'institution des chambres de commerce*, op. cit. index à " information "et " informatique") doit permettre d'employer dans les entreprises, notamment dans celles appartenant aux secteurs des services et du commerce, un beaucoup plus grand nombre de salariés ou de professionnels travaillant à leur compte : "chaque client est un marché. Chaque employé est un entrepreneur" (Jean Boissonnat, commissaire général du plan et auteur de l'ouvrage *Le travail dans vingt ans* 1998). Le régime du commerce au sens large est une des dernières transformations de l'industrie moderne, transformation devenue nécessaire par le développement des besoins, par l'exigence des consommateurs et par les progrès de la concurrence, à l'ère non plus des Etats mais des continents".

Le commerce n'est qu'une branche particulière du travail, c'est une "industrie" distincte.

L'évolution de l'économie moderne de l'an 2000 fait un retour au libéralisme d'un Jean-Baptiste Say imprévisible, inouï et inespéré. La notion d'industrie est réservée par le bon sens populaire à tout ce qui est commerce en tant que considéré dans le sens limité d'être "une branche particulière de travail". Le commerce est alors "l'industrie qui met un produit à la portée de celui qui doit le consommer". Mieux, ce doit être "l'industrie spéciale, au sens de travail spécial, qui a pour objet d'effectuer les échanges".

Le commerçant, au sens libéral moderne "à la manière de Jean-Baptiste Say", devient "l'industrie qui sert d'intermédiaire pour les échanges entre le producteur et le consommateur". Aussi sont dépassées les définitions de l'industrie "manufacturière" et de l'industriel "manufacturier". A l'ère d'internet comment ne pas reconnaître la modernité de cette définition du commerce industrieux qui fait du commerçant un vrai travailleur ? Reste donc pertinente la démarche des libéraux du XIXème siècle, Frédéric Bastiat, Jean-Baptiste Say, Dunoyer, Mac Culloch.

Mais comment ne pas se poser la question de la pérennité de la classe des commerçants et entreprenants lorsque les abus des monopoles et des Etats totalitaires détruisent le modèle ?

Il n'est pas rare d'entendre en période de crise des gens déblatérer contre le commerce et les classes marchandes et entreprenantes. Le commerce à les en croire, consiste uniquement dans l'art d'acheter, produire à bon marché et de vendre cher, et le "marchand" est un être parasite qui exploite, c'est-à-dire pressure à la fois le producteur, l'acheteur et le consommateur. Ce qui précède suffit pour démontrer combien cette classe intermédiaire est util et indispensable au développement du travail et de la production, ainsi qu'à l'accroissement du bien-être des consommateurs ; Néanmoins, il est très vrai que le commerçant vend parfois trop cher ce qu'il a acheté ou produit à très bon marché ; mais il faut observer que le travail du commerçant est souvent bien supérieur à celui de l'individu que l'on veut gratifier exclusivement de la qualité de "producteur". "Il est beaucoup plus difficile et plus dispendieux de transporter une pièce de bois du Canada en Angleterre que d'abattre l'arbre". Cela sera fait mais avec quel profit ? Le profit du "commerçant" - au sens large, car tout producteur vend ses produits et devient marchand, "*industriels, prestataires de services, négociants, détaillants, nous sommes tous des commerçants*" -, ne saurait excéder celui que donne toute autre espèce d'entreprise industrielle : la concurrence est là pour y mettre bon ordre. Les profits supérieurs que donnent certains genres de commerce et entreprises résultent généralement des risques que l'on y doit courir, ou bien encore de la quantité considérable de capitaux qu'ils exigent, conditions qui se retrouvent également dans toutes les entreprises agricoles (agro-alimentaires) ou manufacturières. Doivent être considérées à part les espèces de commerce ou d'industries au sens ci-dessus, qui, pour une raison ou pour une autre, ont été érigées en monopoles. Dans ce cas, la concurrence, dont l'un des rôles essentiels est de niveler les profits, ne peut faire sentir sa bienfaisante influence, les marchands et entreprenants spéculant sur les marchés peuvent véritablement et alors, faire la loi aux producteurs et aux consommateurs.

Dans la nouvelle économie de marché mondialisée, les liens entre les capitalistes propriétaires des entreprises restent fondés sur le contrat de travail, association volontaire d'intérêts. Est prise en considération non pas la personne mais l'individu libre(1) qui apporte l'un, les avantages du capital, l'autre, ceux du travail. Reste vérifiée la constatation de Joseph Garnier, publiciste et libéral, s'il en est un du XIXème siècle, que l'association complète entre les patrons et les ouvriers, les capitalistes et les salariés, représentait, sauf exception, "des difficultés telles qu'elles équivalent à presque des impossibilités". Les chambres consulaires dans leur tradition n'ont jamais succombé au mirage de cette utopie censée produire l'émancipation du travailleur en remplaçant le salariat par une condition nouvelle moins "mortifiante", le salarié devenant progressivement et automatiquement propriétaire du capital des entreprises. A la fin des années soixante, Louis Vallon et René Capitant dans un esprit très saint-simonien, avaient proposé une expérience d'association du capital et du travail consistant à instituer un capitalisme populaire et qui, entrave à la libre entreprise, aurait été en fait, si la loi l'avait rendu obligatoire, une atteinte à la liberté d'entreprendre et au droit de propriété. Plus réaliste, le législateur français a institué un système d'intéressement des salariés à l'entreprise et à la participation qui ne présente pas ces inconvénients ci-dessus rappelés (art. 442-1 du code du travail). L'évolution mondiale en cours apparemment fidèle aux " Principes d'économie politique " de J. Stuart Mill, notamment en ce qui concerne le salariat, prétend au contraire libérer l'innovation individuelle en libérant les initiatives de la société par une simplification qui exclut toute réglementation des salaires par l'Etat.

---

(1)voir p157 note en bas de page. La notion de "personne"a cédé la place à celle de "l'individu" libéré des contraintes de la collectivité et des corporations. L'"optimum d'Etat" devrait parvenir à modérer ou supprimer les effets négatifs de l'individualisme sans administrer l'économie mais en préservant la cohésion sociale, s'efforçant ainsi d'éviter les révolutions, les guerres, l'extermination, l'esclavage des masses qui ont entaché l'image que laissera aux générations futures le XXème siècle.

CHAPITRE 4

UTILITÉ SOCIALE DES CHAMBRES DE COMMERCE
LE NOUVEAU FORMAT DES CCI FRANÇAISES À L'AUBE DU TROISIÈME MILLÉNAIRE
DÉFENDRE L'ORIGINALITÉ ET LES DROITS FONDAMENTAUX DES CCI
PERSONNES PUBLIQUES ET COMMUNES SPÉCIALES

Comment ne pas se poser la question du maintien des missions facultatives (voir supra section III) des chambres si l'on considère que la société a changé ne leur laissant qu'un secteur d'activité de plus en plus étroit dès lors que le marché satisfait de mieux en mieux tous ses besoins par le libre jeu de ses règles. Le commerce, l'industrie et les services se seraient développés beaucoup plus rapidement si le pouvoir ne s'en était mêlé en aucune façon car, pour l'Etat, encourager par ses institutions, ses établissements publics - tels les chambres - et réglementer sont deux idées inséparables l'une de l'autre. Opinion très contestable certes, mais toute intervention de ce genre se justifierait de moins en moins, au fur et à mesure de la libéralisation et de la mondialisation des économies. Ce point de vue qui était celui des libéraux du XIXème siècle trouve aujourd'hui de plus en plus d'échos et d'adeptes. Une partie des missions facultatives des chambres consulaires ne se justifierait plus en raison de l'état du marché. Il conviendrait d'y répondre dans l'esprit de service public qui reste celui de l'institution. Toutefois, si les prix des prestations fournies aux clients ne sont pas compétitifs et si les concurrents sont les meilleurs, il n'y a pas de lacune du secteur privé et il n'y a pas lieu pour la CCI d'intervenir. D'autres prestations auraient été délivrées avec au départ des idées innovantes, la chambre montrant la voie du progrès mais, au fil du temps, leur maintien dans un secteur concurrentiel où la compétition est de plus en plus âpre, ne se justifierait plus. Le maintien de la présence des chambres dans cette activité fausserait la concurrence dans la mesure où le produit de l'imposition à la taxe pour frais de CCI servirait à combler d'éventuels déficits d'exploitation. De même, il serait anormal que les chambres voient leurs missions "obligatoires" détournées par l'affectation de leur structure et de leurs moyens financiers au service d'une politique autre que celle que suppose leur mission générale. Ces missions restent d'assurer la prospérité de l'industrie et du commerce, doublant celles proprement dites des administrations de l'Etat. Dans ce secteur la sanction n'est pas le marché mais le budget. En France le budget des chambres dépend de la taxe professionnelle et le nouveau format des chambres dépend de l'évolution de cette taxe professionnelle. Une des clefs de l'avenir des chambres est bien son évolution future (Bibliog. *L'institution des chambres de commerce* op. cit. p. 310).

Amenuiser ou supprimer en totalité ou partie la base salariale de la taxe (la masse salariale) revient à priver les chambres d'une partie de l'imposition additionnelle à la taxe professionnelle. Cette perte de substance ne serait pas automatiquement compensée par une dotation budgétaire comme pour les collectivités territoriales (Loi de finances pour 1999). Si tel était le cas, l'évolution en cours pourrait mener à une réduction du format des chambres qui devraient recentrer leurs activités sur leurs missions obligatoires et réduire l'importance de leurs missions facultatives en concurrence sur le marché. La sanction de leurs actions n'étant pas le marché mais le budget, elles auront tendance à diminuer le coût budgétaire de leur administration privilégiant l'emploi des catégories de personnes les moins coûteuses à rémunérer. Parallèlement gérées au plus près des intérêts de leurs ressortissants, elles veilleraient à ce que le montant de leur impôt soit utilisé au mieux. Elles anticiperaient, en ce qui concerne leurs missions facultatives, l'effet mécanique négatif sur leur budget de la réforme de la taxe professionnelle.

Le scénario-limite, sans doute le plus défavorable pour les chambres, serait que la suppression de la part salariale rende injustifiable à terme le maintien d'une taxation du capital productif et que l'amorce de dépérissement de la taxe professionnelle se poursuive jusqu'à la disparition du vieil impôt.

Plus que jamais interviendra dans l'appréciation des chambres par leurs ressortissants et partenaires publics (collectivités, Etat, GIP) et privés (grands groupes, grandes sociétés de l'économie marchande) celle de la qualité de leurs prestations. Les chambres seront jugées sur la transparence et la performance de leurs prestations en information en produits en services, de leurs missions obligatoires et de leurs missions facultatives (Bibliog. Encyclopédie Dalloz, *répertoire commercial*, rubriques 165 et 166). Elles seront en compétition avec d'autres prestataires, plus ou moins armés pour gagner la guerre des intelligences économiques. Le maintien de leur avantage institutionnel dépendra de leur sentiment d'appartenance solidaire à une même citoyenneté consulaire (élue) et d'être pour les entreprises de leur ressort un service et un recours de proximité "tout près" et "au pied".

Les chambres de commerce sont secouées par la mondialisation et les excès imputés abusivement au libéralisme après la victoire et l'avènement brutal dans le monde entier de l'économie de marché selon un modèle réputé à tort libéral mais le plus souvent dévoyé par le pouvoir politique. On a vu supra comment plusieurs scénarios étaient possibles. La survie et le développement des chambres restent plus que jamais garanties par :

1- La transparence et l'excellence de leur gestion des hommes et des choses

2- L'indépendance et la liberté maintenues dans le cadre de leur spécialité : cela dépend de leur esprit de modération et du maintien d'une tutelle libérale par un Etat démocratique exerçant ses prérogatives régaliennes sans intervenir abusivement dans l'économie. (optimum d'Etat)(1)

3- Le maintien et l'expansion de la zone de franchise "naturelle", autorisée par la loi fondamentale de 1898 qui, non seulement, laisse libre cours à l'esprit consulaire d'émulation et de compétition mais contribue à maintenir les traditions et pratiques qui donnent à l'institution la souplesse nécessaire pour s'adapter aux changements en préservant l'avenir. Ainsi en cas d'échec du libéralisme (ou de ce qui a été présenté comme tel) après celui du collectivisme, les chances de réhabilitation d'un minimum de régulation seraient aussi celles des chambres aux activités à géométrie variable s'adaptant à la politique d'un optimum d'Etat dont elles ont la vocation par nature en conformité avec leur statut d'établissement public économique et administratif de l'Etat.

Les chambres demeurent, il faut le rappeler, des établissements publics élus avec une spécialité large (*L'institution des chambres de commerce* ,op. cit. p. 13). Elles nouent des relations plus ou moins étroites avec les collectivités territoriales avec qui elles sont ou devraient être plus partenaires que compétiteurs (pp. 275, 322 op. cité). La CCI est bien, comme on l'a dit, "une commune spéciale". La loi du 9 avril 1898 modifiée (et modernisée) s'apparente aux grandes lois municipales de la fin du XIXème siècle. Le modèle est la commune mais avec un "plus" : elle fait profiter la chambre des compétences de son président et de l'équipe d'élus du commerce et de l'industrie qui l'animent. Les chambres mettent au service de l'intérêt général (elles sont les organes des intérêts industriels et commerciaux des entreprenants de leur circonscription), leur savoir faire et leurs relations (CCI au carrefour du secteur public et du secteur privé). Elles ont en elles-mêmes le souci du service public en vue de satisfaire les intérêts généraux du commerce et de l'industrie qui sont aussi et en quelque sorte ses "clients". Elles doivent rester "libres", comme les communes, dans le cadre politique de l'Etat de droit (voir index op. cit. aux mots optimum d'Etat, dirigisme, libertés, libéralisme et les clefs de l'avenir, conclusion chap. II).

§ 1 - La modernisation des chambres s'effectue dans la continuité d'une évolution par sauts successifs vers une plus grande autonomie. Voir supra pages 108 à 111.

1- Autonomie vis à vis de l'institution politique jalonnée par les arrêts et avis du Conseil d'Etat et par les décisions du Conseil constitutionnel.
2- Autonomie vis à vis de l'Etat central par les textes relatifs à la déconcentration, tutelle jusqu'alors centralisée au niveau national et déconcentrée au profit du préfet du département. l'institution espère une plus profonde liberté pour ses budgets. Les CCI sont particulièrement

---

(1)défini comme "le mieux possible d'Etat" pour la cohésion sociale, compatible d'une part avec le respect du libre jeu des lois du marché et du libre commerce en économie libérale et d'autre part avec celui des règles imposées par l'Union européenne

concernées par le décret n° 99-575 du 8 juillet 1999 relatif aux modalités d'approbation de certaines décisions financières des établissements publics de l'Etat. Ce texte très attendu, décrète que: " dans tous les cas où l'approbation préalable par l'Etat, expresse ou tacite, des décisions des instances compétentes des établissements publics de l'Etat portant sur le budget ou l'état prévisionnel de recettes ou de dépenses, leurs modifications, ainsi que sur le compte financier, est prévue par les textes règlementaires applicables à ces établissements, ces décisions sont exécutoires, à défaut d'approbation expresse déjà notifiée, à l'expiration d'un délai partant de la date de réception, par la ou les autorités de l'Etat compétentes, de la délibération et des documents correspondants, à moins que l'une de ces autorités n'y fasse opposition pendant ce délai. Le délai mentionné à l'alinéa précédent est fixé à un mois, sauf durée inférieure prévue par les textes applicables à l'établissement public. Lorsque les autorités de l'Etat précitées demandent par écrit des informations ou documents complémentaires, ce délai est suspendu jusqu'à la production de ces informations ou documents ." Même si par dérogation à l'article 1er et " postérieurement à la publication du présent décret, les dispositions règlementaires applicables à un établissement public peuvent rétablir ou instituer des modalités d'approbation expresse des décisions financières mentionnées à l'article 1er ". Il s'agit d'une nouvelle liberté qui suppose un meilleur fonctionnement des tutelles, la disparition des dysfonctionnements auxquels on peut souhaiter que la judiciarisation du droit applicable aux CCI aura contribué.

Le même décret dispose en son article 3 que "les commissaires du Gouvernement, les chefs de mission de contrôle d'Etat et contrôleurs d'Etat et les contrôleurs financiers nommés auprès des établissements publics de l'Etat peuvent recevoir délégation de signature des ministres sous l'autorité desquels ils sont placés pour s'opposer aux décisions mentionnées à l'article 1er ou pour les approuver expressément. Dans ce cas, le délai fixé à l'article 1er court à compter de la réception par le ou les délégataires de la délibération et des documents correspondants qui leur sont adressés par l'établissement public de l'Etat."

Noter que demeure en vigueur le décret n° 53-1227 du 10 décembre 1953 relatif à la réglementation comptable applicable aux établissements publics nationaux à caractère administratif et en conséquence, aux CCI et notamment aux ordonnateurs et comptables de l'institution hors, bien évidemment les domaines qui lui sont reconnus spécifiques par la Haute juridiction.

Noter, en ce qui concerne les marchés publics, que le décret n°99-634 du 19 juillet 1999, JO du 24 juillet, a modifié le code des marchés publics. Il dispose que par dérogation aux dispositions de l'article 250, le nouvel article 250 bis est rétabli dans une rédaction qui ne soumet pas "aux dispositions du présent livre les marchés ayant pour objet 1° des emprunts ou des engagements de financement , qu'ils soient destinés à la couverture d'un besoin de financement ou de trésorerie, des services relatifs à l'émission, à l'achat, à la vente ou au transfert de titres ou d'autres instruments financiers; 2° des services rendus par la Banque de France ou par le Système européen de banques centrales".

L'article 3-I du décret du 19 juillet supra dispose que - le premier alinéa de l'article 387 du même code est ainsi rédigé: "Font l'objet de l'avis d'appel public à la concurrence prévu à l'article 380: - les marchés négociés de travaux passés en vertu du 1° du 1 et du 2° de l'article 104; - les marchés négociés de fournitures passés en vertu du 2° du 1 de l'article 104; - les marchés négociés de services passés en vertu du 1°, du 2°, du 8°(a) et du 9° du I de l'article 104".

L'article 3-II dispose que -le deuxième alinéa du même article est complété par une phrase ainsi rédigée ; "Toutefois , en cas d'urgence ne résultant pas de son fait, la personne responsable du marché ou l'autorité compétente peut décider de ramener ce délai à quinze jours au moins".

L'article 3-III dispose que- le premier alinéa de l'article 396 du même code est ainsi rédigé : "par dérogation aux dispositions de l'article 387 du présent code, seuls les marchés négociés de fournitures ou de travaux passés en vertu du 2° et les marchés négociés de services passés en vertu du 11° du 1 de l'article 104 du présent code font l'objet de l'avis d'appel public à la concurrence prévu à l'article 380". Voir infra l'index à marché public, déconcentration et supra. A ce sujet, on doit remarquer que l'ensemble de ces dispositions résultent de l'entrée en droit national de la Directive service du Conseil des ministres de l'Union européenne en date du 18 juin 1992 N°92/150 CEE relative aux marchés de services. Le CE a supprimé de la liste, par sa décision du 9 avril 1999, les services juridiques, des dispositions transposant la Directive précédemment inclues par les décrets de transposition 98.111 et 112 du 27 février 1998. Ainsi, ne sont plus concernés les marchés des CCI relatifs aux contrats qu'elles sont amenées à passer pour les études, consultations juridiques et autres dont elles ont besoin pour leur gestion et qui entrent dans le cadre de cette règlementation.

§ 2 - Le rôle régulateur de la jurisprudence, des décisions du Conseil constitutionnel, des tribunaux et de la Cour des comptes remplit le vide juridique jusqu'alors très vaste que l'institution avait pris l'habitude de combler par la création d'autant d'espaces de libertés que nécessitait son expansion. La construction juridique et judiciaire opérée par ces institutions reste cependant fragile et le législateur peut à tout moment remanier voire refondre dans sa totalité le statut des CCI. L'évolution de leur droit depuis les années 1990 laisse imaginer que le temps pourrait être venu de donner une base légale plus certaine, sinon mieux assise, mettant un point final à l'incertitude sur leur nature juridique. Elle ne pourrait cependant que confirmer la nature d'établissement public en crise quasi "naturelle" et permanente, qui caractérise ce type d'établissement à nature corporative avérée et périodiquement contestée (Drago, Thèse op. cit.)

Ces établissements publics administratifs, même soumis au droit commun, ont un régime juridique spécial qui fait de chaque chambre une "commune spéciale". Le régime légal de la commune est par analogie, lorsqu'aucun texte ou aucune jurisprudence n'existe, le régime auquel le praticien du droit des CCI doit se référer comme le plus proche par l'esprit du fond et de la forme de l'établissement public élu "Chambre de commerce et d'industrie". Les qualifier d'établissement public industriel et commercial (EPIC) serait une erreur (voir scénario supra), car ce serait leur retirer la représentativité professionnelle qui les rapproche des collectivités territoriales avec des prérogatives de puissance publique. Le sens de leur histoire les conduit à garder leur caractère spécial "sui generis" au sein d'un établissement public qualifié par la loi d'"économique" ce qui ne leur ôte aucunement leur qualité d'établissement public administratif mais signifie comme pour les universités, qu'elles ont ce régime juridique "spécial" que leur reconnaît la jurisprudence Crépin de 1991 (CE sect. 29 nov) et l'avis de la haute assemblée du 16 juin 1992, opinion de M. le professeur Roland Drago).

Le libéralisme n'est pas le droit de pillage concédé par l'Etat aux plus riches et aux plus puissants. Il est indispensable que soit mise en place une régulation contre les abus de la nouvelle liberté économique instituée après la suppression du contrôle des changes et la suppression du contrôle des prix (abrogation des ordonnances de 1945 par l'ordonnance n°86 1243 du 1er décembre 1986 relative à la liberté des prix et de la concurrence). A cet égard, l'institution par ses structures, par ses origines, ses traditions et leur adaptabilité (sa dimension à "géométrie variable"), reste utile en temps de paix, et un instrument précieux en temps de crise. Les chambres peuvent devenir alors les éléments actifs de la puissance publique. Bureaux et "officines" de renseignements, "administration parallèle", elles deviennent un moment des auxiliaires efficaces par leur rôle actif d'entremise, de relais institutionnel ou de "secours" ou de "commodité" ("L'Institution des chambres de commerce", op. cit. pp. 206 à 217). Mais, dans une économie mondialisée et de libre commerce, l'institution refondée ne peut être inféodée au modèle d'étatisme et d'économie administrée de temps de crise. Les origines des chambres, leur évolution et leur comportement depuis plus de deux siècles sont des garanties à la fois pour l'Etat et pour leurs ressortissants de leur liberté et de leur modernité. Mais c'est en période de crise des structures étatiques ou de grands périls pour l'économie , que les pouvoirs publics ont eu à utiliser et s'il en est besoin, auront à utiliser les chambres.

§ 3- Défendre les droits fondamentaux des CCI contre les empiétements des forces technocratiques et des instances professionnelles concurrentes outrepassant leur spécialité.

Dans le numéro spécial de l'AJDA des 20 juillet/ 20 août 1998, M. le professeur Drago soutient que les personnes publiques élues par tous les membres et pourraient aussi avoir des droits fondamentaux. Les CCI établissements publics nationaux (de l'Etat), se trouvent en cette fin de siècle et alors que leur utilité et leur existence sont contestées au nom de la mondialisation et de la déréglementation voire de la mort historique de l'Etat-Nation (?), dans une situation dont la jurisprudence souligne le caractère "sui generis", spécifique de l'espèce corporative à laquelle les CCI appartiennent. (Drago, op. cit.). L'Etat doit continuer à protéger ses "consuls"élus des CCI en tant qu'"établissements publics administratifs de l'Etat" ("nationaux") et corps constitués, des empiètements de son administration et de sa justice ordinaires. Il doit aussi veiller à les protéger des tentations d'interventions de nature à troubler le jeu libre du marché dans les limites indiquées supra (souci de la cohésion sociale et du respect des lois et règles d'un Etat de droit). Il doit encore le protéger des cabales des milieux professionnels traditionnellement jaloux des prérogatives et franchises qui leur ont été consenties de siècle en siècle par le roi, l'empereur ou le président sous tous les régimes de gouvernement que la France a connus.

What is past is prologue

" LES GRANDES ÂMES, SEULES
CONNOISSENT LE MÉRITE DES GRANDES ÂMES,
ET CEUX QUI NE POSSÈDENT POINT CETTE VÉRITABLE
GRANDEUR
NE CONNOISSENT PAS CE QUI EST DU A CEUX QUI LA POSSÈDENT ..."

Préambule de la lettre du 14 décembre 1682 de Moulay Ismail, roi du Maroc à Louis XIV.

LES INSTITUTES DU DROIT CONSULAIRE,

OU

LES ELEMENS DE LA JURISPRUDENCE DES MARCHANDS.

D'un tres-grand ſecours au Palais, utiles à tous Marchands & Negocians, & neceſſaires aux Juges & Conſuls.

Par JEAN TOUBEAU, ancien Prevôt des Marchands & Echevins de la Ville de Bourges.

Seconde Edition augmentée du tiers.

TOME I.

Imprimé à Bourges.

A PARIS,
Chez NICOLAS GOSSELIN, dans la grande Salle du Palais, du côté de la Cour des Aydes, à l'Envie.

M. DCC.

AVEC PRIVILEGE DU ROY.

LES INSTITUTES DU DROIT CONSULAIRE, OU LES ELEMENS DE LA JURISPRUDENCE DES MARCHANDS.

D'un tres-grand secours au Palais, utiles à tous Marchands & Negocians, & necessaires aux Juges & Consuls.

Par JEAN TOUBEAU, ancien Prevôt des Marchands & Echevins de la Ville de Bourges.

Seconde Edition augmentée du tiers.

TOME II.

Imprimé à Bourges:

A PARIS,

Chez NICOLAS GOSSELIN, dans la grande Salle du Palais, du côté de la Cour des Aydes, à l'Envie.

M. DCC.

AVEC PRIVILEGE DU ROY.

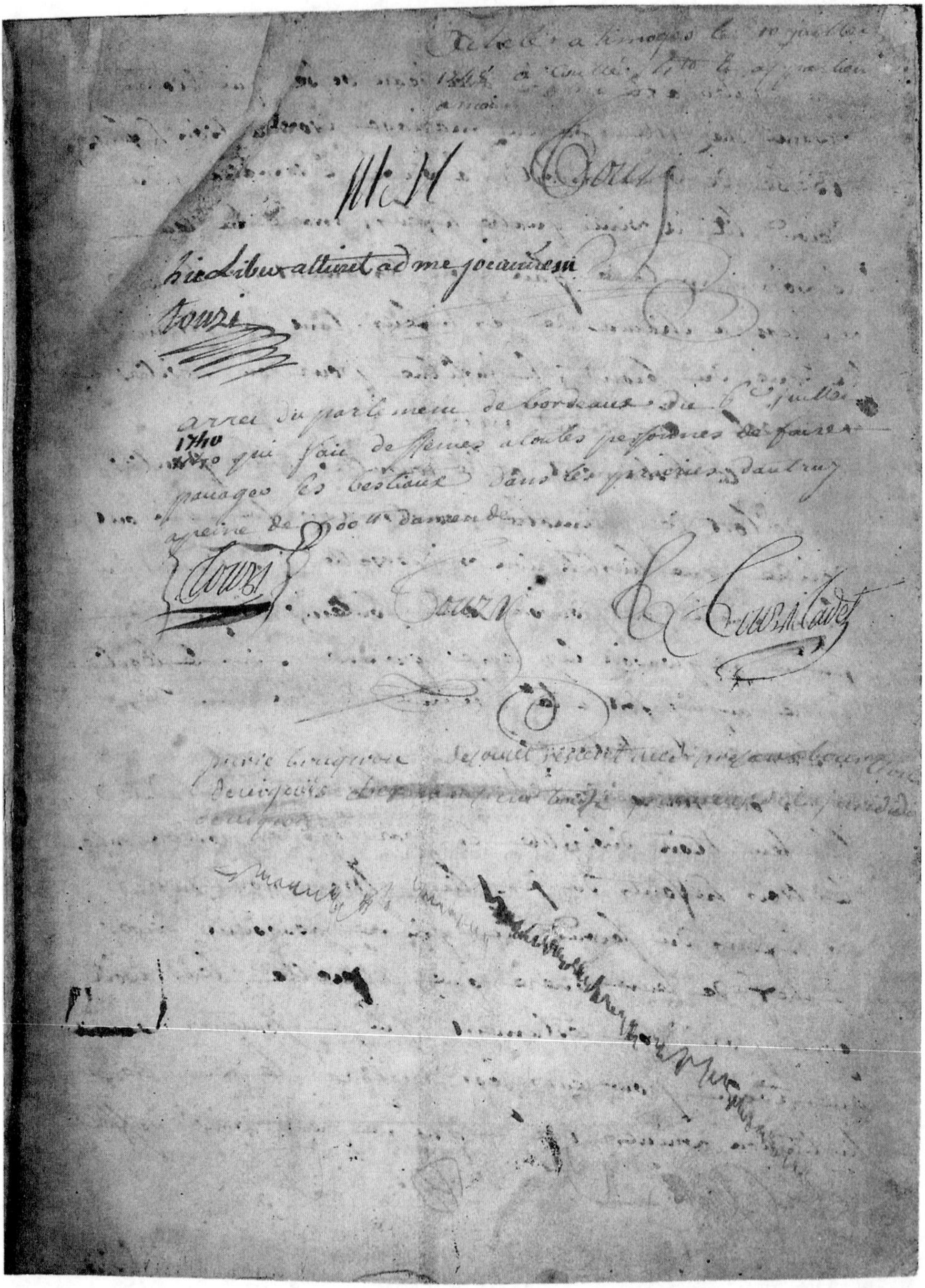
arret du parlement de bordeaux du 6 juillet 1740 qui fait deffenses a toutes personnes de faire paccager les bestiaux dans les prairies dautruy a peine de [illegible] de dommages

Distanciation

Je dis, il faut dix ans, non, mais vingt, mais trente,
et le chemin allait, s'allongeant devant moi.
Courant toujours plus loin dans ma poursuite ardente,
je me perdis de vue , je m'éloignai de moi.

Jules MICHELET (1798-1874).

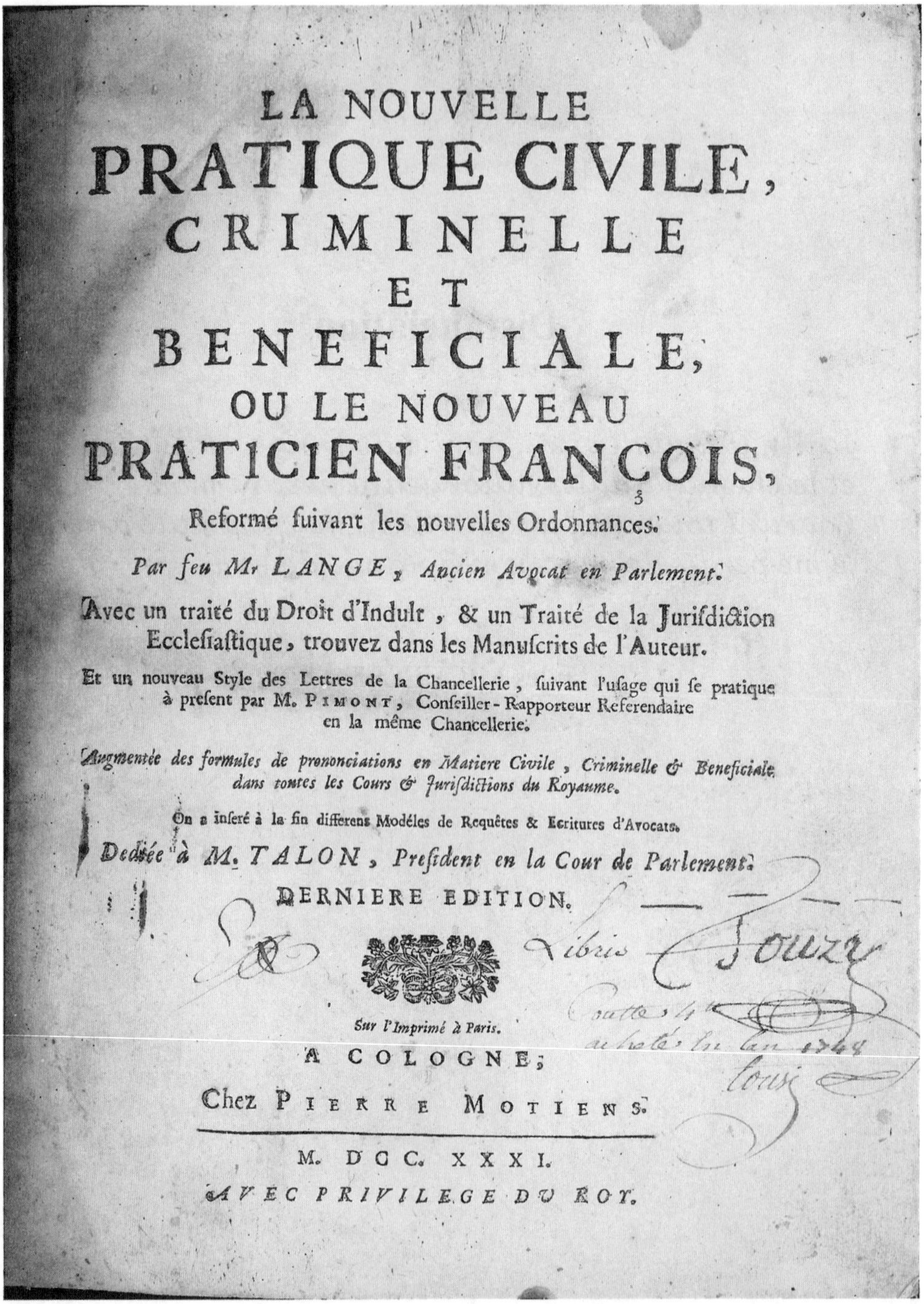

LA NOUVELLE
PRATIQUE CIVILE,
CRIMINELLE
ET
BENEFICIALE,
OU LE NOUVEAU
PRATICIEN FRANCOIS,
Reformé suivant les nouvelles Ordonnances.

Par feu Mr LANGE, *Ancien Avocat en Parlement.*

Avec un traité du Droit d'Indult, & un Traité de la Jurisdiction Ecclesiastique, trouvez dans les Manuscrits de l'Auteur.

Et un nouveau Style des Lettres de la Chancellerie, suivant l'usage qui se pratique à present par M. PIMONT, Conseiller-Rapporteur Referendaire en la même Chancellerie.

Augmentée des formules de prononciations en Matiere Civile, Criminelle & Beneficiale dans toutes les Cours & Jurisdictions du Royaume.

On a inseré à la fin differens Modéles de Requêtes & Ecritures d'Avocats.

Dediée à M. TALON, *President en la Cour de Parlement.*

DERNIERE EDITION.

Sur l'Imprimé à Paris.

A COLOGNE;
Chez PIERRE MOTIENS.

M. DCC. XXXI.
AVEC PRIVILEGE DU ROY.

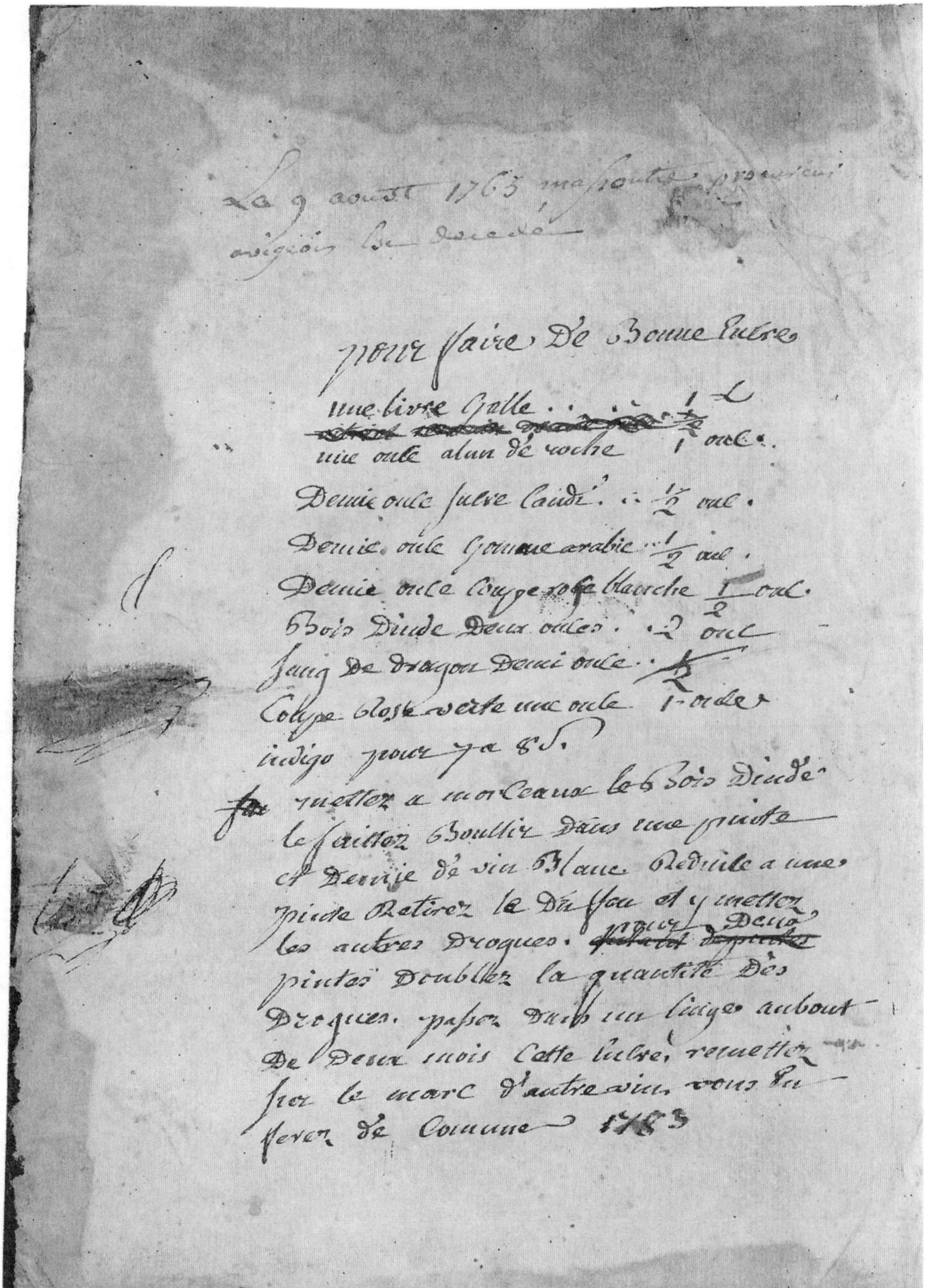

Le 9 aoust 1763 ma [illegible] premier
avignon le [illegible]

pour faire De Bonne Ancre

une livre Galle .. 1 L
une once alun de roche 1 onc.
Demie once sucre Candi .. 1/2 onc.
Demie once Gomme arabie .. 1/2 onc.
Demie once Couperose blanche 1/2 onc.
Bois Dinde Deux onces. 2 onc
Sang de dragon Demi once. 1/2
Couperose verte une once 1 once
indigo pour ya 8 s.
mettez a morceaux le bois dinde
le faittez Boullir dans une pinte
et Demie de vin Blanc Redhuite a une
pinte Retirez le du feu et y mettez
les autres Drogues. pour Deux
pintes Doublez la quantité Des
Drogues. passez dans un linge aubout
De Deux mois Cette ancre, remettez
sur le marc d'autre vin. vous en
serez de Comme 1763

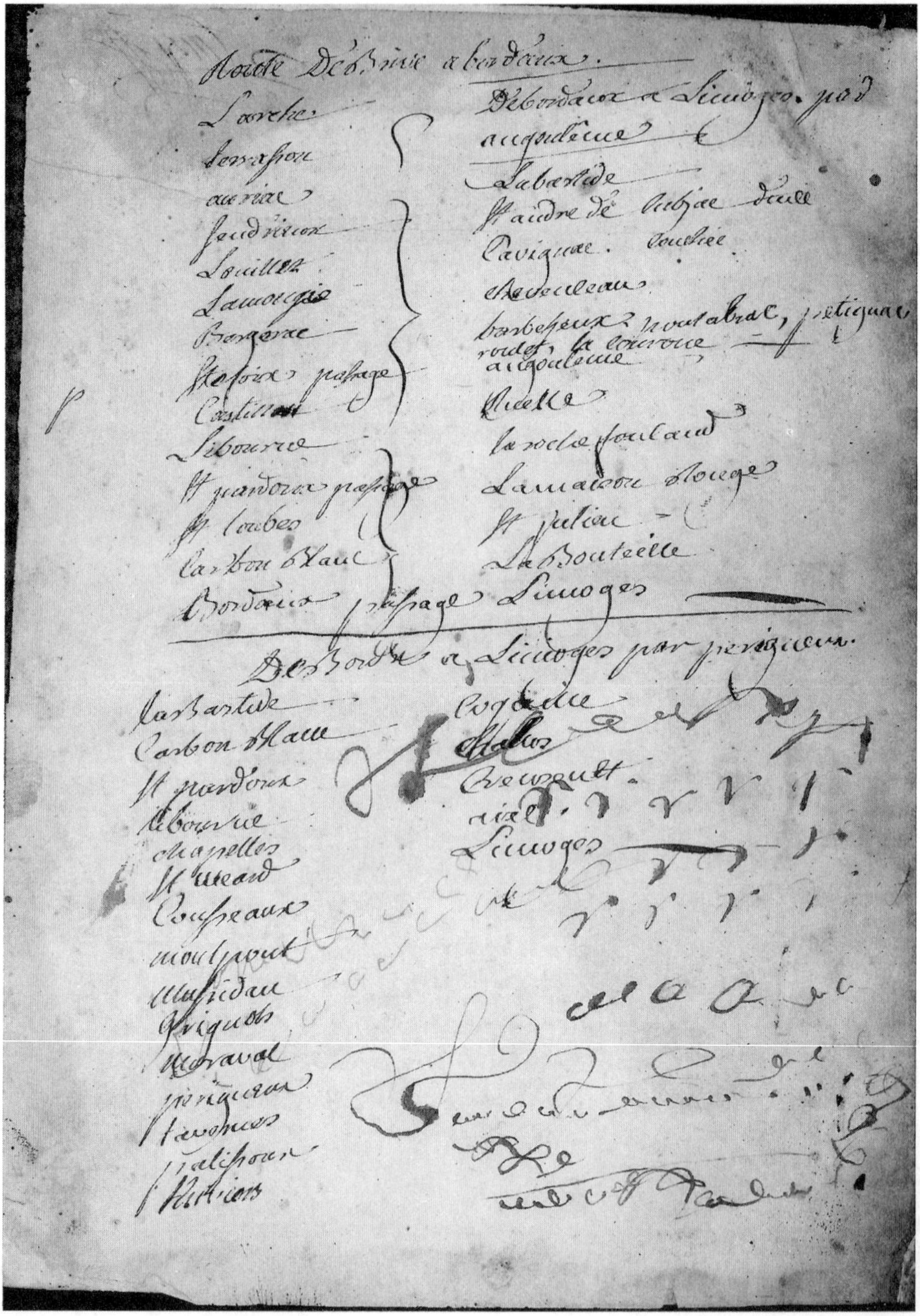

Routte de brive a bordeaux

Larche
Terrasson
Azeriac
Jeudirieux
Lesilleu
Lamorgie
Bergerac
Ste foix passage
Castillon
Libourne
St pardoux passage
St loubes
Carbon blanc
Bordeaux passage

De bordeaux a Limoges par angouleme
Labastide
St andre de Cubzac
Cavignac
Montlieu
Barbezieux montabrac, petignac
roullet, la couronne
angouleme
Rivelle
la roche foucaud
La maison rouge
St julien
La Bouteille
Limoges

De Bordx a Limoges par perigueux

la bastide
Carbon blanc
St pardoux
libourne
chapelles
St medard
Coutreaux
montpont
Mussidan
Triquets
Moraval
perigueux
Tavernes
Chaliiboux
Thiviers

Cognac
Chalus
Gouvoult
aixe
Limoges

marie la leu a été mariée avec jean besse qui étoit
avant chez elle, de leur mariage provenu trois enfents
Besse le vene mort, sa veuve se remaria, du
second lit il vint quatre enfens, marie la leu
se voyant malade fait son testament, y legue
un legs a chacun de ses enfens. tant du premier
lit que du second; et institue pour son heritier
universel son second mary

ce testament a été consulté aux sr pontier
et de lort de primolie avocats a uzerche qui ont
decidé que linstitution universelle en faveur du
second mari ne pouvoit etre soutenue et que sa
femme ne pouvoit luy leguer qu'une simple legitim
egalle au plus fort a la legitime de droit dun des
enfens de la testante

ils ont encore decidé que l'heredité de ladite
la leu étoit divisible et par egalle portion, entre
les trois enfents du pr lit, mais non entre
les enfens du second lit qui ne pouvoient exiger
du chef de leur mere que cequelle leur avoit
legué par son testament qui se soutenoit
quant a eux pour leurs legs malgré le vice de
linstitution universelle qui ne peut avoir deffet

N°.
De la Bibliothéque de Mr.
G. TOUZY, Conſeiller
du Roi au Préſidial & Séné-
chal de Brive.

REGLEMENS
SUR
LES SCELLÉS ET INVENTAIRES,
EN MATIERE CIVILE ET CRIMINELLE.
AVEC

LES PRINCIPES QUI ONT DONNÉ LIEU A CES REGLEMENS & qui en expliquent la Pratique ; Des Observations sur les Droits qu'ont les Parties de requerir les appositions, levées de Scellés & confections d'Inventaire ; La capacité des Juges & Officiers, leurs competences ordinaires, par prévention, suite ou privilege sur ces Matiéres ; La forme d'apposer & lever les Scellés, & faire inventaire, suivant les differentes Coûtumes, & les divers Usages des Provinces du Royaume ; & les formules & Models des Procès verbaux d'apposition & levée des Scellés & des Inventaires.

On y trouve aussi plusieurs Decisions sur les Competences des Sieges & des Juges ; Les Regles prescrites aux Notaires par les Ordonnances & Arrests, pour la confection & perfection de leurs Actes ; & quantité de Reglemens pour toutes les Matieres de Judicature, jusqu'à present non donnés au Public.

A PARIS,

Chez DENIS MOUCHET, à l'entrée de la Grand-Salle du Palais, à la Justice.
ET
PIERRE PRAULT, Quay de Gêvres, au Paradis.

M. DCC. XXXIV.

AVEC PRIVILEGE DU ROY.

APPROBATION.

J'AY lû par ordre de Monseigneur le Garde des Sceaux, un Manuscrit intitulé : *Reglemens sur les Scellés & Inventaires*. Je n'y ai rien trouvé qui puisse en empêcher l'impression. A Paris ce 26. Novembre 1732. CAPON.

PRIVILEGE DU ROY.

LOUIS par la grace de Dieu, Roy de France & de Navarre : A nos amez & feaux Conseillers les gens tenans nos Cours de Parlement, Maîtres des Requêtes ordinaires de notre Hôtel, Grand-Conseil, Prevôt de Paris, Baillifs, Sénéchaux, leurs Lieutenans Civils & autres nos Justiciers qu'il appartiendra, Salut. Notre bien amé DENIS MOUCHET Libraire à Paris, Nous ayant fait remontrer qu'il souhaiteroit continuer à faire réimprimer & donner au Public, les *Reglemens sur les Scellés & Inventaires, tant en matiere Civile que Criminelle. De la maniere de poursuivre les Crimes dans les Tribunaux. Des minorités, tutelles, & curatelles, par le sieur* MESLE' ; s'il nous plaisoit lui accorder nos Lettres de continuation de Privilge sur ce necessaires, offrant pour cet effet de les faire réimprimer en bon papier & beaux caracteres suivant la feüille imprimée & attachée pour modele sous le contre-scel des presentes. A ces causes voulant traiter favorablement ledit Exposant ; Nous lui avons permis & permettons par ces Presentes, de faire réimprimer ledit Ouvrage ci-dessus specifié en un ou plusieurs Volumes, conjointement ou séparément, & autant de fois que bon lui semblera, sur papier & caracteres conformes à ladite feüille imprimée & attachée sous notredit contre-Scel, & de les vendre, faire vendre & débiter par tout notre Royaume pendant le tems de six années consecutives ; à compter du jour de la date desdites Presentes : Faisons défenses à toutes sortes de Personnes de quelque qualité & condition qu'elles soient, d'en introduire d'impression étrangere dans aucun lieu de notre obéïssance ; comme aussi à tous Libraires, Imprimeurs & autres, d'imprimer, faire imprimer, vendre, faire vendre, débiter ni contrefaire ledit Ouvrage ci-dessus exposé, en tout ni en partie, ni d'en faire aucuns extraits, sous quelque pretexte que ce soit, d'augmentation, correction, changement de titre, ou autrement, sans la permission expresse & par écrit dud. Exposant, ou de ceux qui auront droit de lui, à peine de confiscation des Exemplaires contrefaits, de trois mille livres d'amende contre chacun des contrevenans, dont un tiers à Nous, un tiers à l'Hôtel-Dieu de Paris, l'autre tiers audit Exposant, & de tous dépens, dommages & interests ; à la charge que ces Presentes seront enregistrées tout au long sur le Registre de la Communauté des Libraires & Imprimeurs de Paris, dans trois mois de la date d'icelles ; que l'Impression de cet Ouvrage sera faite dans notre Royaume & non ailleurs, & que l'Impetrant se conformera en tout aux Reglemens de la Librairie ; & notamment à celui du 10. Avril 1725. & qu'avant de l'exposer, le Manuscrit ou Imprimé qui aura servi de copie à l'impression dudit Ouvrage, sera remis dans le même état où l'Approbation y aura été donnée, ès mains de notre très cher & féal Chevalier Garde des Sceaux de France, le Sieur Chauvelin ; & qu'il en sera ensuite remis deux Exemplaires dans notre Biblioteque publique, un dans celle de notre Château du Louvre, & un dans celle de notre très-cher & féal Chevalier Garde des Sceaux de France, le Sieur Chauvelin, le tout à peine de nullité des Presentes ; Du contenu desquelles vous mandons & enjoignons de faire joüir l'Exposant ou ses ayans causes pleinement & paisiblement, sans souffrir qu'il leur soit fait aucun trouble ou empêchement. Voulons que la Copie desdites presentes, qui sera imprimée tout au long au commencement ou à la fin dudit Livre, soit tenuë pour dûëment signifiée ; & qu'aux Copies collationnées par l'un de nos amés & feaux Conseillers & Secretaires, foi soit ajoûtée comme à l'Original. Commandons au premier notre Huissier ou Sergent, de faire pour l'execution d'icelles tous Actes requis & necessaires, sans demander autre permission, & nonobstant clameur de Haro, Charte Normande, & Lettres à ce contraires : CAR tel est notre plaisir. DONNE' à Fontainebleau le vingt sixiéme jour du mois d'Aoust, l'an de grace mil sept cens trente trois, & de notre Regne, le dix huitiéme. Par le Roy en son Conseil. *Signé*, SAINSON.

Registré sur le Registre VIII. de la Chambre Royale des Libraires & Imprimeurs de Paris, N°. 576. Fol. 576. conformément aux anciens Reglemens, confirmés par celui du 28. Février 1723. A Paris le 30. Aoust 1733. Signé, G. MARTIN, Syndic.

Je fais part au sieur P Prault pere, de la moitié au present Privilege, pour ce qui regarde les *Reglemens sur les Scellés & Inventaires* seulement, suivant l'accord fait entre nous. A Paris ce 10. Septembre 1733. D. MOUCHET. *TABLE CHRONOLOGIQUE.*

AVERTISSEMENT

Sur la Collection des Reglemens.

LEs Reglemens dont on a eu besoin pour donner cet Ouvrage, ont déterminé à les y mettre en entier, quoiqu'on eût pû n'en donner que des extraits capables de justifier ce qui étoit avancé dans les dissertations faites pour faciliter leur application aux Scellés & Inventaires. Le Lecteur est donc averti qu'il y a dans cet ouvrage une quantité considerable de Reglemens sur l'administration de la Justice, dont la Table Chronologique & la Table des Matieres, aideront à faire usage dans le besoin, particulierement sur les fonctions des Juges & autres Officiers & sur les compétences des Tribunaux.

Si les personnes attentives aux devoirs qu'elles ont à remplir dans la Judicature daignoient joindre l'étude de ces Reglemens, à celle des autres, des derniers tems, qui se trouvent dans les Recüeils imprimés en 1690, & 1712. par l'ordre des Chancelliers de France; & dans une autre compilation intitulée, Nouveaux Reglemens de Justice; aussi-bien que dans le recüeil des Arrêts & Reglemens concernant les fonctions des Procureurs du Parlement de Paris; & suppléer ainsi à ce qui peut avoir été obmis dans la derniere édition de la collection donnée au public sous le nom de Neron. On pourroit former des maximes sur ces Reglemens qui seroient propres à faire cesser les variations qui arrivent souvent dans la pratique judiciaire.

Les Loix des Grecs recüeillies pour les Romains, qui ne ré-gissoient d'abord que par un droit incertain & par des usages, fournirent la matiere des Loix fameuses des 12 Tables : *Quarum ferendarum authorem fuisse decemviris hermodorum quemdam Ephesum; exulantem in Italia quidam retulerunt,* L. 2. §. 4. ff. *de origine Juris.* Ç'a été dans cette vûë qu'on a donné ici les Reglemens en entier, esperant que leur étude pourroit conduire à quelque fixation de la Jurisprudence, si utile & si désirée; même dans les autres matieres que celle des Scellés & des Inventaires.

REGLEMENS

A MESSIEURS

LES JUGES OFFICIERS, ET AVOCATS DE LA BARRE DUCALE DE MAYENNE.

MESSIEURS,

IL eſt bien juſte de vous preſenter un Ouvrage venu de Vous, & qui fut le ſujet des Conferences, que dans le déſir de rechercher la plus grande exactitude de la Juſtice, vous avez tenuës enſemble en l'année 1731.

Vous verrez, MESSIEURS, *que nous avons mis tous nos ſoins pour raſſembler ce qui peut concerner la matiere des Scellés & Inventaires, digne objet de vos ſolides Reflexions! dont*

a ij

la redaction qui nous a été remise, a conduit le Recüeil de Reglemens que nous donnons au Public.

Nous nous estimerons heureux, si nous nous trouvons avoir rempli les Vœux que vous faites continuellement pour l'accomplissement le plus parfait des Regles de la Judicature, dans un Tribunal dont la dignité attira l'attention particuliere de Messieurs les Commissaires des Ordonnances de 1667. & 1670. (a) Tribunal que le Parlement a consideré (b) comme ayant une Jurisdiction si étenduë, qu'à son avis, il merite l'application des Regles pratiquées dans les plus grands Sieges de son Ressort.

(a) Procès verbal de l'Ordon. de 1667. titre 27. art. 29. du Projet.

(b) Arrêté du Parlement du 11 Juil. 1673.

Ce sera toujours une gloire pour nous, d'avoir reçu de vos mains de quoi satisfaire le Public, par un Ouvrage utile à tous ceux qui travaillent à l'administration de la Justice, & d'estre avec le respect & la reconnoissance qui s'unissent en nous,

MESSIEURS,

Vos très-humbles & très-obéïssans Serviteurs, D. MOUCHET, & P. PRAULT.

personnes, mais eû égard à ce qui leur sera dû, s'il monte aux trois quarts du total des dettes.

Art. VII. En cas d'opposition ou de refus de signer des délibérations par les créanciers, dont les créances n'excederont le quart du total des dettes, Voulons qu'elles soient homologuées en Justice & exécutées comme s'ils avoient tous signé.

Art. VIII. N'entendons néanmoins déroger aux Privileges sur les meubles, ni aux privileges & hypoteques sur les immeubles qui seront conservés, sans que ceux qui auront privilege ou hypoteque puissent être tenus d'entrer en aucune composition, remise ou atermoyement, à cause des sommes pour lesquelles ils auront privilege ou hypoteque.

Art. IX. Les deniers comptans & ceux qui procederont de la vente des meubles & des effets mobiliers, seront mis ès mains de ceux qui seront nommés par les créanciers à la pluralité des voix, & ne pourront être vendiqués par les Receveurs des Consignations, Greffiers, Notaires, Huissiers, Sergens ou autres personnes publiques, ni pris sur iceux aucun droit par eux ou les dépositaires, à peine de concussion.

DECLARATION DU ROY,

Portant que les procès & differends Civils pour raison des Faillites & Banqueroutes, seront portés pardevant les Juges & Consuls, jusqu'au premier Janvier 1716.

Donnée à Versailles le 10. Juin 1715.

Registrée en Parlement le 3. Juillet 1715.

LOUIS, par la grace de Dieu, Roi de France & de Navarre : A tous ceux qui ces presentes Lettres verront ; Salut. Nous avons été informé qu'un grand nombre de Marchands & Négocians s'étant inconsidérement chargé d'une quantité surabondante de Marchandises Estrangeres, & n'en pouvant trouver assez promptement le débit, étoient hors d'état de s'acquitter actuellement des emprunts qu'ils auroient faits ; ce qui auroit obligé quelques-uns d'entre eux de faire faillite, & pourroit en reduire plusieurs à cette facheuse extrémité : Et comme nous avons appris qu'il y a plus d'imprudence que de mauvaise foi dans leur conduite ; que le désordre arrivé dans les affaires de quelques-uns, est capable d'en causer un pareil dans la fortune d'un grand nombre d'autres ; que s'ils restoient exposés aux poursuites rigoureuses de leurs Créanciers, & que la connoissance de ces faillites fût portée en differentes Jurisdictions, les conflicts, la longueur, l'embarras & les frais des procedures acheveroient de ruiner les Marchands & Negocians contre qui elles seroient faites, & causeroient une perte certaine, tant aux débiteurs qu'aux créanciers : Nous avons estimé que le bien public & celui des Particuliers exigeoient que Nous fissions chercher les moyens d'arrêter & de prévenir les suites dangereuses du trouble qui est actuellement dans le Commerce ; Et que Nous ne pouvions y apporter un remede plus efficace pour ménager également les interêts des créanciers & des débiteurs, que d'attribuer pendant un temps limité la connoissance des Procès & differends nés & à naître, à l'occasion des faillites qui sont survenuës ou qui surviendront dans la suite, à des Juges qui par leur profession sont particulierement instruits des affaires du négoce, & qui administrant la Justice gratuitement & avec des temperamens convenables, facilitent aux débiteurs les moyens de se liberer sans faire aucun préjudice à la sûreté des Créanciers. A ces causes, & autres à ce Nous mouvans, de l'avis de notre Conseil, & de notre certaine science, pleine puissance & autorité Royale, Nous avons dit, statué & ordonné, disons, statuons & ordonnons, voulons & Nous plaît ; Que tous les procès & differends civils mûs & à mouvoir pour raison des faillites & banqueroutes qui sont ouvertes depuis le premier jour d'Avril de la présente année, ou qui s'ouvriront dans la suite, soient jusqu'au premier Janvier 1716. portés pardevant les Juges & Consuls de la Ville, où celui qui aura fait faillite sera demeurant ; Et pour cet effet Nous avons évoqué & évoquons tous ceux desdits procès & differends qui sont actuellement pendans & indecis pardevant nos Juges ordinaires, ou autres Juges inférieurs, ausquels Nous faisons très-expresses inhibitions & deffenses d'en connoître à peine de nullité, & iceux procès & differens avec leurs circonstances & dépendances, Nous avons renvoyé & renvoyons pardevant lesdits Juges & Consuls, à qui Nous en attribuons toute Cour, Jurisdiction & connoissance, sauf l'appel au Parlement dans le ressort duquel lesd. Juges & Consuls sont établis. Voulons que nonobstant ledit appel & sans préjudice d'icelui, lesdits Juges & Consuls continuënt leurs procedures, & que leurs Jugemens soient exécutés par provision. Voulons pareillement que jusqu'audit jour premier Janvier 1716. il soit par lesdits Juges & Consuls, à l'exclusion de tous autres Juges & Officiers de Justice, procedé à l'apposition des Scellés & confection des Inventaires de ceux qui ont fait ou feront faillite : Et au cas qu'ils eussent des effets dans d'autres lieux que celui de leur demeure, Nous donnons pouvoir ausdits Juges & Consuls de commettre telle personne que bon leur semblera pour lesdits Scellés & Inventaires, qui seront apportés au Greffe de la Jurisdiction Consulaire, & joints à ceux faits par lesdits Juges & Consuls. Voulons aussi que les demandes à fin d'homologations des déliberations de créanciers, Contrats d'atermoyement & autres actes passés à l'occasion desdites faillites, soient portés pardevant lesdits Juges & Consuls pour être homologués, si faire se doit ; & que lesdits Juges & Consuls puissent ordonner la vente des meubles, & le recouvrement des Effets mobiliers, & connoissent des Saisies mobiliaires, oppositions, revendications, contributions & generalement de toutes autres contestations, qui seront formées en consequence desdites faillites & banqueroutes. N'entendons néanmoins empêcher qu'il ne puisse être procedé à la Saisie réelle & aux criées des immeubles pardevant les Juges ordinaires ou autres qui en doivent connoître, jusqu'au Bail judiciaire exclusivement, sans

N ij

préjudice de l'execution & du renouvellement des Baux judiciaires précedemment adjugés, & sans qu'il puisse être faite aucune autre poursuite ni procedure, si ce n'est en consequence de déliberations prises par les créanciers à la pluralité des voix, dont le nombre excede la moitié du total des dettes. Voulons en outre que jusqu'audit jour premier Janvier 1716. aucune plainte ne puisse être renduë, ni Requête donnée à fin criminelle contre ceux qui auront fait faillite; Et deffendons très expressement à nos Juges ordinaires & autres Officiers de Justice de les reçevoir, si elles ne sont aussi accompagnées de délibérations & du consentement des créanciers dont les créances excedent la moitié de la totalité des dettes: Et quant au procedures criminelles commencées avant la datte des presentes, & depuis ledit jour premier Avril 1715. Voulons qu'elles soient continuées, & que néanmoins nos Juges ordinaires & autres Officiers de Justice soient tenus d'en surseoir la poursuite & le jugement, sur la simple requisition des créanciers dont les créances excederont pareillement la moitié du total de ce qui est dû par ceux qui ont fait faillite, & en consequence de déliberations par eux prises & annexées à leur Requête.

Si donnons en mandement à nos Amez & Féaux Conseillers, les Gens tenans notre Cour de Parlement, à Paris, que ces presentes ils ayent à faire lire, publier & registrer & le contenu en icelles garder & executer selon leur forme & teneur, nonobstant toutes Ordonnances, Edits, Declarations, & autres choses à ce contraires, ausquels nous avons dérogé & dérogeons par cesdites presentes; aux copies desquelles, collationnées par l'un de nos amés & féaux Conseillers-Secretaires, voulons que foi soit ajoutée comme à l'Original: Car tel est notre plaisir. En témoin de quoi Nous avons fait mettre notre Scel à cesdites presentes. DONNE' à Versailles le dixiéme jour de Juin, l'an de Grace mil sept cent quinze, & de notre Regne le soixante-treiziéme. Signé, LOUIS, & plus bas, Par le Roy, Phelypeaux. Vû au Conseil, Desmaretz. Et scellé du grand Sceau de cire jaune.

Registrées oüi & ce requerant le Procureur General du Roy, pour être executées selon leur forme & teneur, suivant l'Arrest de ce jour. A Paris en Parlement le troisiéme jour de Juillet mil sept cens quinze.

Signé Dongois.

DECLARATION DU ROY,

QUI proroge jusqu'au premier Septembre 1731. l'attribution donnée aux Jurisdictions Consulaires, pour connoître des Faillites & Banqueroutes.

Donnée à Versailles le 19. Septembre 1730.

Registrée en Parlement.

LOUIS, par la grace de Dieu, Roi de France & de Navarre : A tous ceux qui ces presentes Lettres verront, SALUT. Nous avons par notre Declaration du 31. Août 1729. ordonné que tous les Procès & differends civils, mûs & à mouvoir pour raison des faillites & banqueroutes qui étoient ouvertes depuis le premier Janvier 1721. ou qui s'ouvriroient dans la suite, seroient jusqu'au premier Septembre de la presente année portés pardevant les Juge & Consuls de la Ville où celui qui auroit fait faillite seroit demeurant ; & pour cet effet Nous aurions évoqué tous ceux desdits Procès & differens qui étoient alors pendans & indecis pardevant les Juges ordinaires, ou autres Juges inferieurs, ausquels Nous aurions fait très-expresses inhibitions & défenses d'en connoître, à peine de nullité : Les motifs qui Nous ont porté à proroger depuis plusieurs années cette attribution aux Juges & Consuls, n'ont pas cessé ; Nous sommes même informés du derangement arrivé depuis peu dans la fortune de plusieurs Marchands & Negocians, & c'est une nouvelle raison qui Nous détermine à continuer encore pour un tems ladite attribution. A CES CAUSES, & autres à ce Nous mouvans, de l'avis de notre Conseil, & de notre certaine science, pleine puissance & autorité Royale, Nous avons par ces presentes signées de notre main dit, declaré & ordonné, disons, declarons & ordonnons, voulons & Nous plaît, que tous les procès & differends civils, mûs & à mouvoir pour raison des faillites & banqueroutes qui seront ouvertes depuis le premier Janvier 1721. ou qui s'ouvriront dans la suite, soient jusqu'au premier Septembre de l'année prochaine 1731. portés pardevant les Juge & Consuls de la Ville où celui qui aura fait faillite sera demeurant ; & pour cet effet Nous avons évoqué & évoquons tous ceux desdits Procès & differends qui sont actuellement pendans & indecis pardevant nos Juges ordinaires, ou autres Juges inferieurs, ausquels Nous faisons très-expresses inhibitions & défenses d'en connoître à peine de nullité ; & iceux procès & differends, avec leurs circonstances & dépendances, Nous avons renvoyé & renvoyons pardevant lesdits Juge & Consuls, ausquels Nous en attribuons toute Cour, Jurisdiction & connoissance, sauf l'appel au Parlement dans le ressort duquel lesdits Juge & Consuls sont établis. Voulons que nonobstant ledit appel, &

ſans préjudice d'icelui, leſdits Juge & Conſuls continuent leur procedure, & que leurs Jugemens ſoient exécutés par proviſion : Voulons pareillement que juſques audit jour premier Septembre 1731. il ſoit par leſdits Juge & Conſuls, à l'excluſion de tous autres Juges & Officiers de Juſtice, procedé à l'appoſition des ſcellés & confection des Inventaires de ceux qui ont fait ou feront faillite ; & au cas qu'ils euſſent des effets dans d'autres lieux que celui de leur demeure, Nous donnons pouvoir auſdits Juge & Conſuls de commettre telle perſonne que bon leur ſemblera pour leſdits Scellés & Inventaires, qui ſeront apportés au Greffe de la Juriſdiction Conſulaire, & joints à ceux faits par leſdits Juge. Voulons auſſi que les demandes à fin d'homologation des deliberations des créances, contrats d'atermoyement, & autres actes paſſés à l'occaſion deſdites faillites, ſoient portés pardevant les Juge & Conſuls, pour être homologués ſi faire ſe doit, & que leſdits Juge & Conſuls puiſſent ordonner la vente des meubles, & le recouvrement des effets mobiliaires, & connoiſſent des ſaiſies mobiliaires, oppoſitions, revendications, contributions, & generalement de toutes autres conteſtations qui ſeront formées en conſequence deſdites faillites & banqueroutes. N'entendons néanmoins empêcher qu'il puiſſe être procedé à la ſaiſie réelle & aux criées des immeubles, pardevant les Juges ordinaires ou autres qui en doivent connoître juſqu'au Bail judiciaire excluſivement, ſans préjudice de l'exécution & du renouvellement des Baux judiciaires precedemment adjugés, & ſans qu'il puiſſe être fait aucune autre pourſuite ni procedure, ſi ce n'eſt en conſequence des deliberations priſes à la pluralité des voix, par les créanciers dont les créances excedent la moitié du total des dettes. Voulons en outre, que juſqu'audit jour premier Septembre 1731. aucune plainte ne puiſſe être renduë ni Requête donnée à fin criminelle contre ceux qui auront fait faillite ; & défendons très-expreſſement à nos Juges ordinaires & autres Officiers de Juſtice de les recevoir, ſi elles ne ſont accompagnées des deliberations, & du conſentement des créanciers dont les créances excedent la moitié de la totalité des dettes : & quant aux procedures criminelles commencées avant la date des preſentes, & depuis ledit jour premier Janvier 1721. voulons qu'elles ſoient continuées, & que néanmoins nos Juges ordinaires & autres Officiers de Juſtice, ſoient tenus d'en ſurſeoir la pourſuite & le Jugement, ſur la ſimple requiſition des créanciers dont les créances excederont pareillement la moitié du total de ce qui eſt dû par ceux qui ont fait faillite, & en conſequence des deliberations par eux priſes, & annexées à leur Requête. N'entendons néanmoins que tous ceux qui ont fait faillite, ou la feront ci-après, puiſſent tirer aucun avantage de l'attribution accordée aux Juge & Conſuls, & des autres diſpoſitions contenuës en la preſente Declaration, ni d'aucune deliberation ou d'aucun contrat ſigné par la plus grande partie de leurs créanciers, que Nous avons declaré nuls & de nul effet, même à l'égard des créanciers qui les auront ſignés, ſi les faillis ſont accuſés d'avoir dans l'état de leurs dettes, ou autrement, employé ou fait paroître des créances feintes ou ſimulées, ou d'en avoir fait revivre d'acquittées, ou d'avoir ſuppoſé des tranſports, ventes & donations de leurs effets en fraude de leurs créanciers ; voulons qu'ils puiſſent être pourſuivis extraordinairement comme banqueroutiers frauduleux, pardevant nos Juges ordinaires ou autres Juges qui en doivent connoître, à la Requête de leurs créanciers qui auront affirmé leurs créances en la forme qui sera ci-après expliquée, pourvû que leurs créances composent la moitié du total des dettes ; & que lesdits banqueroutiers soient punis de mort, suivant la disposition de l'Article XII. Titre XI. de l'Ordonnance de 1673. Défendons à toutes personnes de prêter leur nom pour aider & favoriser les banqueroutes frauduleuses, en divertissant les effets, acceptant des transports, ventes ou donations simulées, & qu'ils sçauront être en fraude des créanciers, en se declarant créanciers ne l'étant pas, ou pour plus grande somme que celle qui leur est dûë, ou en quelque sorte & maniere que ce puisse être : Voulons qu'aucun particulier ne se puisse dire & pretendre créancier, & en cette qualité assister aux assemblées, former opposition aux Scellés & Inventaires, signer aucune deliberation ni aucun contrat d'atermoyement, qu'après avoir affirmé ; sçavoir, dans l'étenduë de la Ville, Prévôté & Vicomté de Paris, pardevant le Prévôt de Paris ou son Lieutenant, & pardevant les Juge & Consuls dans les autres Villes du Royaume où il y en a d'établis, que leurs créances leur sont bien & legitimement dûës en entier, & qu'ils ne prêtent leur nom directement ni indirectement au debiteur commun, le tout sans frais. Voulons aussi que ceux desdits pretendus créanciers qui contreviendront aux défenses portées par ces presentes, soient condamnés aux galeres à perpetuité ou à tems, suivant l'exigence des cas, outre les peines pecuniaires contenuës en ladite Ordonnance de 1673. & que les femmes soient, outre lesdites peines exprimées par ladite Ordonnance, condamnées au bannissement perpetuel ou à tems. Voulons que tous Marchands, Négocians, Banquiers & autres qui ont fait ou qui feront faillite, soient tenus de déposer un état exact & détaillé, certifié veritable, de tous leurs effets mobiliaires & immobiliaires, & de leurs dettes, comme aussi leurs Livres & Registres, au Greffe de la Jurisdiction Consulaire dudit lieu, ou la plus prochaine ; & que faute de ce, ils ne puissent être reçûs à passer avec leurs créanciers aucun Contrat d'atermoyement, Concordat, Transaction ou autre Acte, ni obtenir aucune Sentence ou Arrêt d'homologation d'iceux, ni se prevaloir d'aucun sauf-conduit accordé par leurs créanciers. Et voulons qu'à l'avenir lesdits Contrats & autres Actes, Sentences & Arrêts d'homologation, & saufs-conduits, soient nuls & de nul effet, & que lesdits debiteurs puissent être poursuivis extraordinairement comme banqueroutiers frauduleux, par nos Procureurs generaux, ou par leurs Substituts, ou par un seul créancier sans le consentement des autres, quand même il auroit signé lesdits Contrats, Actes ou saufs-conduits, ou qu'ils auroient été homologués avec lui. Voulons aussi que ceux qui ont precedemment passé quelques Contrats ou Actes avec leurs créanciers, ou qui ont obtenu des saufs-conduits, ne puissent s'en aider & prevaloir, ni des Sentences ou Arrêts d'homologation intervenus en consequence, défendons à nos Juges d'y avoir aucun égard, si dans quinzaine pour tout delai, à compter du jour de la publication des presentes, les debiteurs ne deposent leurs Etats, Livres & Registres en la forme ci-dessus ordonnée, & sous les peines y contenuës, au cas qu'ils n'y ayent ci-devant satisfait : & pour faciliter à ceux qui ont fait ou feront faillite, le moyen de dresser leursdits états ; Voulons qu'en cas d'apposition de scellé sur leurs biens & effets, leurs Livres & Registres leur soient remis & delivrés, après néanmoins qu'ils auront été paraphés par le Juge, ou autre Officier commis par le Juge qui apposera lesdits scellés, & par un des créanciers qui y assisteront, & que les feuillets blancs, si aucuns y a, auront été bâtonnés par ledit Juge ou autres Officiers ; à la charge qu'au plus tard après l'expiration dudit delai de quinzaine, lesdits Livres & Registres, & l'Etat des effets actifs & passifs, seront déposés au Greffe de la Jurisdiction Consulaire, ou chez un Notaire, par celui qui aura fait faillite, sinon voulons qu'il soit censé & reputé banqueroutier frauduleux, & comme tel poursuivi suivant qu'il a été precedemment ordonné. Declarons nulles & de nul effet toutes Lettres de respit qui pourront être ci-après obtenuës, si ledit Etat des effets & dettes n'est attaché sous le Contre-Scel avec un Certificat du Greffier de la Jurisdiction Consulaire, ou du Notaire entre les mains duquel ledit Etat avec les Livres & Registres aura été deposé ; le tout sans deroger aux usages & privileges de la Jurisdiction de la conservation de Lyon, ni à la Declaration du 30. Juillet 1715. intervenuë pour le Châtelet de notre bonne Ville de Paris. Si donnons en Mandement à nos amés & feaux Conseillers les Gens tenant notre Cour de Parlement à Paris, que ces presentes ils ayent à faire lire, publier & registrer, même en vacations ; & le contenu en icelles garder & exécuter selon leur forme & teneur, nonobstant toutes Ordonnances, Edits, Declarations & autres choses à ce contraires, ausquelles Nous avons dérogé & dérogeons par ces presentes ; aux copies desquelles, collationnées par l'un de nos amés & feaux Conseillers Secretaires, voulons que foi soit ajoûtée comme à l'Original : Car tel est notre plaisir, en témoin de quoi Nous avons fait mettre notre Scel à cesdites presentes. Donne' à Versailles le dix-neuviéme jour de Septembre, l'an de grace mil sept cens trente, & de notre Regne le seiziéme. Signé, LOUIS. *Et plus bas*, Par le Roi. Phelypeaux. Vû au Conseil, Orry. Et scellé du grand Sceau de cire jaune.

Registrée, oüi, & ce requerant le Procureur General du Roi, pour être exécutée selon sa forme & teneur, & copie collationnée d'icelle envoyée dans les Bailliages & Sénéchaussées du ressort, pour y être lûë, publiée & registrée ; Enjoint aux Substituts du Procureur General du Roi d'y tenir la main, & d'en certifier la Cour dans un mois, à la charge que le present enregistrement sera réiteré au lendemain de la Saint Martin : Et sera le Roy très-humblement supplié, après l'expiration du terme prescrit par la presente Declaration, de vouloir bien maintenir l'ordre des Jurisdictions suivant les Ordonnances, suivant l'Arrest de ce jour. A Paris en Parlement en Vacations le sixiéme d'Octobre mil sept trente. Signé, du Franc.

CHAPITRE

THÈSES

- Jean-Luc ALLEMAND : *La notion de Chambre de Commerce et d'Industrie en droit français*, Faculté de droit de Lyon III, 1988.
- Jean-Claude ATTUEL : *La Justice, la Nation, Versailles sous la Révolution, 1789-1792*, Th. Université Paris XII Val de Marne 1988.
- Valéry BARATIER : *Le régime financier des Chambres de Commerce*, Aix-en -Provence, Marseille, 1939.
- Michel BAZEX : *Corporatisme et droit administratif*, Université de Toulouse, faculté de droit et de sciences économiques.
- Roland DRAGO : *Les crises de la notion d'établissement public*, Université de Paris, Faculté de droit, 1948.
- Françoise DREYFUS : *Le principe de la liberté du commerce et de l'industrie dans la jurisprudence du Conseil d'Etat*, Paris, 1971.
- M. HERSCHER : *Les Chambres de Commerce*, Faculté de droit, Paris, 1937.
- Claude LEFEVRE : *L'égalité devant les charges publiques en droit administratif*, Th. Droit, Paris, 1948.
- LONG,WEIL,BRAIBANT,DELVOLVE,GENEVOIS *Les grands arrêts de la jurisprudence administrative Sirey 10éme édition 1993.*
- André-Pierre NOUVION : *L'institution des Chambres de Commerce, pouvoirs et contrepoids*, Th. Paris II Panthéon Assas, LGDJ 1992.
- Serge PASSERON : *L'autonomie de gestion des établissements publics nationaux*, Librairie générale de droit et de jurisprudence R. Pichon et R. Durand Auzias 1968. Th; Faculté de droit et des sciences économiques, Nice 1968.
- Eric PEUCHOT : *L'obligation de désintéressement des agents publics,* Thèse pour le doctorat d'Etat Université d'économie et de sciences sociales de Paris II, mars 1987.

TRAITÉS ET OUVRAGES GÉNÉRAUX

Orientation bibliographique. Dans les pages qui suivent le lecteur retrouvera seulement une partie de la bibliographie de L'institution des chambres de commerce op. cit. et les compléments propres au présent ouvrage.

1- traités, publications spécialisées

- Georges BURDEAU : *Les libertés publiques*, 4° éd., Librairie juridique de droit et de jurisprudence.
  - *Traité de science politique*, 7 vol., LGDJ 1949-1956.
- René CHAPUS : *droit administratif général*, Editions Montchrestien, 4° édition 1988, Tome I, 2° édition 1987, Tome II.
- René CHAPUS : *Droit administratif général*, Tome I, 9ème édition p. 345, réédition 1998.
- Robert DELOROZOY : *Entreprendre, agir, servir;Une vie*...Préface de Jean-Paul NOURY, président de l'ACFCI et de Didier SIMOND, président de la CRCI Ile de France, imprimerie Bussière à Saint-Amand, 1999.
- Roland DRAGO : *Cours de Science Administrative*, 4° année, licence en droit 1985.
- Christian DUBOST : *Le nouveau système comptable des CCI, concepts et pratiques*. Préface deDominique STRAUSS-KAHN. Nouvelles editions fiduciaires, Levallois-Perret, 1991.
- Peter F. DRUCKER : *La pratique de la direction des entreprises*, Bibliothèque du Management, Edition d'organisation, Paris 1957.
- Alain FRENET : *Les libertés publiques en France*, Thémis P.U.F. 1976.
- Olivier DUGRIP, Luc SAÎDJ : *Les établissements publics nationaux*, LGDJ, collection Systèmes, 1992.
- J. GANDOUIN : *Correspondance et rédaction administrative*, A. Colin, Collection U.

A.GIFFARD: *Précis de droit romain*. Paris librairie Dalloz 1938 Tome 1 et 2 1938.

François GODINOT, membre de l' ADGCCI, association des directeurs généraux des CCI, Bernadette CHOLLET-SNITER, chef du service juridique Jean-Philippe CAVANT et collaborateurs, *CCI PRATIQUE*, ACFCI-ADGCCI, 45 avenue d'Iéna, Paris 1998.

Jacques GUBI, Claude BOUR : *Annuaire des expertises,* publication de l'association des directeurs généraux des CCI, ADGCCI, 45 avenue d'Iéna, 75116 Paris, 1996.

Henri HAUSER : *Les régions économiques*, Préface de M. CLEMENTEL, ministre du commerce et de l'industrie, Grasset, Ed., Paris, 1918.

Jacqueline-Lucienne LAFON : *Juges et consuls, A la recherche d'un statut dans la France d'ancien régime*, Economica, Paris 1981.

Jacques de LANVERSIN : *De la contribution des patentes à la taxe professionnelle*, Paris, Librairie générale de droit et de jurisprudence, Revue de science financière, p. 44 et suivantes, 1974.

Jean LESCURE : *Etude sociale comparée - Des régimes de liberté et des régimes autoritaires*, Paris Edition Domat Montchrestien, 1945.

Jean-Philippe LEVY : *Cours d'institutions politiques et sociales de l'antiquité*, 1962-1963.

Marshall MAC LUHAN : *La galaxie Gutenberg. pour comprendre les médias 1968 : du cliché à l'archétype*, édition Heurtebise, 1973.

Bruno MAGLIULO : *Les Chambres de Métiers*, P.U.F., 1985.

André-Pierre NOUVION : *L'Institution des chambres de commerce, Pouvoirs et contrepoids*, LGDJ Paris 1992

André-Pierre NOUVION : *Répertoire commercial Dalloz. Fascicule CCI*, février 1995 et mise à jour annuelle.

Pierre PUAUX : *Les Chambres de Commerce et d'Industrie*, P.U.F., mai 1998; du même auteur, "Quel avenir pour les CCI ? "1999.

Jean MARCHAL : *Les Chambres de Métiers : rôle et fonctionnement*. Notamment pp. 6 et 7. Cours de l'Institut d'Etudes corporatives et sociales pour l'Ecole des Hautes Etudes Artisanales, Paris, 1943..

Maurice ROBERT : Les artisans et les métiers , PUF ; mai 1999.

Philippe SUSSEL : La France de Napoléon Ier, collection Histoire de la France. Denoël, 1970

Marcel WALINE, *Droit administratif*, 8° édition Sirey 1959.

-CCI DE VERSAILLES: CCI et collaborateurs. Archives. Thierry Robert; centenaire de la Chambre. *Cent ans de modernité*, novembre 1999.

- *Recueil des fac-similés des textes applicables aux chambres de commerce françaises*, CCI de Versailles.Val d'Oise-Yvelines , 1999. Mise à jour annuelle.

-*Les CCI, principaux textes des origines à nos jours*. CCI de Paris Paul Lenormand, Gabrielle Cote Colisson et collaborateurs, 1999.

2- Ouvrages généraux

- Louis ALTHUSSER : *Montesquieu, la politique et l'histoire*, P.U.F. 1969.
- Julien BENDA : *La Grande Epreuve des Démocraties*, E.M.F. 1942.
- Michel BOUVIER : *L'Etat sans politique*, Librairie générale de droit et de jurisprudence, 1987.
- J. BURNHAM : *L'ère des organisateurs*, Calmann-Lévy, 1947.
- Félicien CHALLAYE : *Petite histoire des grandes philosophies*, P.U.F., Paris 1948.
- Robert CHRISTOPHE : Le siècle de Monsieur Thiers Librairie académique Perrin Paris 1966.
- Victor DURUY:*Histoire romaine*,22° édition,Hachette 1913.*Histoire grecque*,9° édition,Hachette 1876.
- François de FENELON : *Les aventures de Télémaque,* Paris Ernest Flammarion, 1937
- Bertrand de JOUVENEL : *Vers les Etats-Unis d'Europe*, Librairie Valois 1930.
- Maxime KOVALEVSKY : *La fin d'une Aristocratie - République de Venise,* Bocca Frères, 1929.
- Eric LE NABOUR : *Les deux Restaurations*. Tallandier, 1992.
- Henri LEPAGE : *Demain le libéralisme*, Coll. pluriel, Livre de poche Librairie générale française, 1980.
- Gérard LINGER : *Lamartine, poète et homme d'Etat*, Flammarion, 1998.

- H. DU MOULIN DE LABARTHETE : *Le temps des illusions* : *Souvenirs 1940-1942*. La diffusion du livre, Paris 1947.
- Pierre NOUVION (de) et Emile LIEZ : *La vie exemplaire de Mlle Bertin, marchande de modes de la Reine et femme d'affaires sous la Révolution*. Paris H. Leclerc, éditeur 1911.
- Georges NOUVION : *Monopole et liberté*, Frédéric Bastiat, Paris, Edition Guillaumin, 1905.
- Victor NOUVION (de) : *Histoire de Louis-Philippe 1er* Paris Didier 1857 –1864, 4 vol. in 8..
- E.N. ROCHEVERRE: *Et le drapeau!...Et le régiment?...L'héroïque folie*,Chastanier,Nîmes,1899
- Denis de ROUGEMONT : *L'aventure occidentale de l'homme* . Albin Michel 1957.
- Guy SABIN : *Jean Bichelonne, 1904-1944*. Paris, Edition France-Empire, 1991.
- Philippe SEGUIN : *Louis Napoléon le Grand*, Grasset 1990
- Hippolyte TAINE : *Les origines de la France contemporaine. L'ancien régime*, Tome I, 1876, Tome II, 3° édition 1894.
- Alexis de TOCQUEVILLE : *De la démocratie en Amérique*, Collection Le Monde en 10/18, 1963.
- Mercure de France N° XIX 1er Germinal AN 9. *Suite du résumé sur la dernière session du Corps législatif.* pp.382 à 388 . .Didot jeune An IX.
- *Actes officiels du gouvernement provisoire précédés du récit des évènements qui se sont accomplis les 22, 23 et 24 février 1848 et du manifeste " A l'Europe " de Lamartine, Membre du Gouvernement provisoire de la République française et ministre des affaires étrangères.* Barba, 4 bis rue de la Paix, et Garnot , 7 Rue Pavée-St-André -des -Arts, 1848.
- Institut du travail Université Lumière Lyon 2 : *La transformation de la représentation nationale en France*. 1996.
- CERAP (Centre d'Etudes et de Réflexion pour l'Action Politique, 289 rue Lecourbe Paris 16ème) : *Le Banquet*, revue du CERAP, 2ème semestre 1993.
- *Le Petit Robert Grand Format*, édition juin 1996.

INDEX GENERAL

INDEX ALPHABÉTIQUE GÉNÉRAL PAR MOTS-CLEFS

INDEX GENERAL

INDEX GENERAL

INDEX GENERAL

INDEX GENERAL

F

G

représentants désignés inscrits sur la liste électorale, loi du 16 juillet 1987, Lexique él.
54,58,63,64,68 à 70,79,81,86,89,90,91,92.

INDEX GENERAL

PRATIQUE ET DROIT DES CHAMBRES DE COMMERCE ET D'INDUSTRIE FRANCAISES

TABLE DES MATIÈRES

INTRODUCTION GÉNÉRALE

TABLE DES MATIERES

Première partie

PRATIQUE ORDINAIRE DE L'INSTITUTION

TABLE DES MATIERES

Deuxième partie

CONSTRUCTION JURIDIQUE DE L'INSTITUTION ET SON ÉVOLUTION DEPUIS 1992

CONCLUSION

PERSPECTIVES POUR LE TROISIEME MILLENAIIRE

Pratique et droit des chambres de commerce et d'industrie françaises

---

Achevé d'imprimer sur les presses de

NEO typo imprimerie

1c, rue Lavoisier - 25000 BESANÇON
Dépôt légal : 26879